本书为2017年度江西省文化艺术科学规划项目一般项目《如何保护景德镇御窑厂周边历史街区、走整体申遗之路》（编号：YG2017313）的阶段性成果。

中国瓷器出口之路的语言交际研究

ZHONGGUO CIQI CHUKOU ZHILU DE YUYAN JIAOJI YANJIU

刘立煌　邵　千　著

国家一级出版社　中国纺织出版社　全国百佳图书出版单位

内 容 提 要

中国瓷器历史悠久，随着瓷器制造技术的精进，瓷器产量不断增长，瓷器颜色由单一逐渐演变成多样化，瓷器逐渐成为影响我国历史以及文化的重要一员。同时，在历史当上，瓷器作为我国独具特色的产品销往世界各地，风靡全球，并在这些贸易国的历史文化中留下了一道道色彩鲜明的印记。“瓷”在语言体系以及文化中不仅代表陶瓷这种器物，还由此衍生出一系列的新奇用法。例如，在中国古代谚语中有“没有金刚钻，别揽瓷器活”，表示能力不够就不要做难度较高的工作。方言中的“瓷实”一词有结实、牢固之意，也有朋友间情谊深厚之意。这些由瓷器所衍生出的词汇以及文化在国外也有许多体现。本书根据瓷器发展史以及瓷器贸易史发现、总结这些现象，探讨瓷器对语言文化的影响。

图书在版编目（CIP）数据

中国瓷器出口之路的语言交际研究 / 刘立煌，邵千著. -- 北京：中国纺织出版社，2018.11
ISBN 978-7-5180-5669-9

Ⅰ. ①中… Ⅱ. ①刘… ②邵… Ⅲ. ①瓷器 – 出口贸易 – 语言艺术 – 研究 – 中国 Ⅳ. ① F752.65 ② H019

中国版本图书馆 CIP 数据核字 (2018) 第 265594 号

责任编辑：闫 星　　　　责任印制：卢永康

中国纺织出版社出版发行
地址：北京市朝阳区百子湾东里 A407 号楼　邮政编码：100124
销售电话：010-67004422　传真：010-87155801
http：//www.c-textilep.com
E-mail：faxing@c-textilep.com
中国纺织出版社天猫旗舰店
官方微博 http：//weibo.com/2119887771
定州启航印刷有限公司　各地新华书店经销
2019 年 4 月第 1 版第 1 次印刷
开本：787 × 1092　1/16　印张：13.25
字数：286 千字　定价：49.80 元

前　言

语言和贸易的关联十分紧密，尤其是在国际贸易当中，语言互通是国际贸易进行的基础，因此大量相关文献、书籍研究了语言对国际贸易的影响。然而，在国际贸易发展的过程中，也不可避免地对各国语言文化产生了影响。国际贸易促使人们了解其他国家的文化、风俗、语言等，而这些也不可避免地渗入到本国的语言文化之中。因此，本书希望对国际贸易之于语言文化的影响进行研究。纵观世界国际贸易史，对世界语言文化产生深刻影响的贸易当中，陶瓷贸易无疑具备历史悠久、范围广泛、影响深远的特点，因此本书将以陶瓷贸易为切入点，对国际贸易在世界语言文化发展史上产生的影响进行探讨。

陶瓷是世界文化史上的一颗明珠，其产生、发展与传播伴随着人类生产技术、审美与文学艺术作品创作的发展，伴随着世界各国之间的语言文化交流。瓷器出口之路则记载了陶瓷在世界范围内普及与传播的时间顺序和空间延伸，瓷器出口之路也是我国语言文化在世界范围内产生影响的历史记载。

我国的瓷器文化曾伴随国际贸易影响整个世界，从日本对我国陶瓷的不断模仿、从东南亚将我国陶瓷视为神圣之物、从西方对我国外销瓷器的狂热追求可见一斑。之后，在我国陶瓷文化的影响下，各国也开始了尝试烧制自己的瓷器的探索之路，但每一个地方的名窑瓷器几乎都能看见我国陶瓷文化的影子。在不断的贸易和文化交流中，我国陶瓷也发生了显著的改变，融入了许多其他民族的艺术特色。在历史上，陶瓷的烧造几乎遍布世界各地，并且都和当地的生活紧密相连，创造出了具有多种形式和鲜明艺术风格的作品。这些作品在不同程度上表现出了不同国家和地区的生活方式、风俗习惯和审美情趣，蕴含着独特的民族文化。

除此之外，由于陶瓷兼具实用性和审美功能，它不仅在世界文化艺术史上留下了浓墨重彩的一笔，也对世界各国的语言文化发展产生了不可忽视的影响。例如，仅“瓷器”一词在英语中就有四种翻译：ceramics、china、porcelain 和 pottery。彩陶、釉陶、青花、唐三彩等陶瓷专有名词也都能在英语中体现，并且有许多学者也在研究如何将这些名词翻译得既准确又不失我国瓷器的独特韵味。陶瓷之所以能够对世界语言文化产生如此深远的影响，其本身的魅力功不可没，出口贸易的传播作用也不可忽视。

笔者完成此书，希望为广大学者研究陶瓷之路、国际贸易对语言文化的影响、世界陶瓷文化等内容提供资料与借鉴，书中不足之处也希望得到广大读者的批评指正。

刘立煌　邵千

2018 年 6 月

目 录

第一章 国际贸易对语言的冲击及影响简述

第一节 国际贸易影响语言的原因

一、语言交流在国际贸易活动中影响巨大

谈及国际贸易与语言文化之间的联系，最多的研究成果还是关于语言对于国际贸易的影响。作为一项国际商业活动，国际贸易整个过程都伴随着双方语言以及文化的交流与碰撞。了解并尊重对方的语言习惯以及文化可以说是交易成功与否的决定因素之一。

（一）语言文化对国际贸易影响的机理

随着经济全球化进程的加深，语言文化对国际贸易发展所产生的作用日益突出和显现。这种影响既可表现为直接性的，也可以表现为间接性的。直接性的影响体现为贸易磋商和贸易实现过程中语言文化的“同质性”沟通成本的减少和信任感的增强，它有可能影响贸易格局和贸易规模；间接性的影响体现为通过对贸易基础产生影响，从而影响到国际贸易的发生和发展，它有可能影响的是贸易内容。无论是直接性影响还是间接性影响，都包含了经济发展和国际贸易深层次的互动演化。

1. 基于语言文化的民族特色产业发展是进行国际贸易的重要基础

一个国家的语言文化包含精神层面和物化层面，精神层面作为依托显性地体现在有形的器物上，因此有了体现文化特征的建筑、工具、食物等。同时，语言文化也体现出了宝贵的资源特征，影响着民族成员的生产、交换和消费等。其中，语言文化对生产方式和内容影响巨大，在一定程度上影响着民族产业的形成和发展。

从生产要素的角度看，语言文化是一个民族地区独特的优势资源，是形成民族地区特色产业的基础。不同的语言文化决定了不同的生活和生产方式，基于遵从语言文化传统而产生的消费需求也有很大的差异性。这种需求差异直接导致了生产和供给的差异，因此，在少数民族地区满足本民族需求的民族特需品及具有语言文化特色的产品生产是区域经济中的一个重要组成部分。在经济全球化的今天，民族地区特色产业成为了有形商品国际贸易的基础。目前，很多少数民族地区出口具有鲜明民族特色的产品。

2. 语言文化“异质性”赋予产品的差异化促进国际贸易的产生并强化竞争力

不同语言文化特色迥异，这决定了所生产的产品具有内隐的或者外显的文化特征显

著不同，因此该产品具有明显的异质性。在市场竞争条件下，产品差异性是国际贸易产生的重要原因。产品所具有的独特的文化价值会对异国的消费者形成强大的吸引力，进而产生消费需求。古代中国的丝绸、瓷器，印度的香料、珠宝，法国的葡萄酒、服装等贸易都是典型。这些商品之所以能在世界贸易史上久负盛名，推动各国对外贸易的发展，原因就在于这些商品中蕴含丰富独特的语言文化和文明。罗能生等人认为“不同国家的文化特质决定了商品文化的差异，由于差异化的商品文化诉求可以满足不同消费者多样化的消费偏好和精神需求，从而产生了新的贸易需求”，因此，文化差异是国际贸易产生的重要根源和依据。

这种产品一般具有较强的地域性和民族性，从投入的要素构成来看又具有独特性，基本上无法简单复制模仿。这种差异往往会强化该产品在国际市场上的绝对优势，使得该产品在国际市场上极具竞争力，带给出口方更大的贸易利益。这种语言文化差异带来的产品在国际市场上的竞争力，类似于技术密集型产品拥有了“核心技术”，成为“拳头产品”。同时，语言文化作为要素从供给角度看存在稀缺性，在民族成员之间它是公共产品，但对非民族成员存在一定的排他性。因此，以语言文化作为投入要素而生产的产品存在一定的稀缺性，使得该产品在国际市场上具有强大的竞争力并保持一定的垄断性。

很显然，现代国际贸易中，无论是有形贸易还是无形贸易，产品中融入更多的语言文化因素，充分利用丰富的语言文化资源，是扩大国际贸易和增强国际贸易竞争力的有效途径。

3. 语言文化“同质性”形成的语言文化禀赋优势有利于强化国际贸易关系

（1）语言文化禀赋优势

任意两个民族的文化之间都存在“同质性”或“异质性”的关系。不同民族在文化价值观念、风俗习惯、语言文字和宗教信仰等方面存在的差异性即为“异质性”，相反则存在“同质性”。在一个国家内部不同民族间既存在“异质性”，也存在“同质性”，如维吾尔族、回族等语言文化有很多不同，但在宗教信仰方面，他们都信仰伊斯兰教。同时，不能否认的是在不同国家之间也存在语言文化的“同质性”。在人类历史发展的长河中，由于战争、迁徙、移民、政治经济文化交流等原因，存在同一民族在世界不同地域或集中居住或散居的历史发展事实及民族融合现实。随着政治、经济、文化等变迁，根源于同一民族但居住于不同国家和地域的民族成员融合于当地的生活和生产，世代繁衍，逐步形成了有新的称谓的民族。虽然称谓有差异，历经数世纪一些文化特征也有差异，但是，由于他们同根同源，在语言、宗教信仰、饮食习惯等显著特征方面依然存在很大的相似性，具有“同质性”，尤其是同样的宗教信仰和天然的血缘关系，他们之间存在着语言文化方面极大的认同性。

在探讨国际贸易的影响因素的框架下，语言文化禀赋优势指在一个国家的对外贸易中，国内某一个相对聚居的民族基于历史等原因具有和贸易伙伴国主要民族相同或者相似的宗教信仰、语言、文化价值观念和风俗习惯等，这使得本国该民族与贸易伙伴国主要民族在国际贸易中因为语言文化高度认同而更易达成贸易的一种文化上的比较优势。

（2）语言文化禀赋优势对国际贸易的有力推动

一直以来，经典国际贸易理论从技术水平、要素禀赋状况和规模经济等方面寻求贸易产生的动因，文化（包括语言文化）一直未进入正式的贸易理论研究范畴。近年来，国内外学者逐渐认识到作为社会制度的主要组成部分，文化对经济、对国际贸易的影响无法忽视。作为语言文化符号的宗教信仰、语言等对国际贸易具有影响的结论也达成了广泛共识。在经济全球化日益深入的今天，各民族间的经济交往、人员流动、物流等规模前所未有，语言文化在国际贸易中也为不同国家的各民族贸易搭起了桥梁。不同国家具有相同或者相似语言文化的民族通过语言文化的认同性结成了广泛的网络，如居住在不同国家的具有同样宗教信仰的信徒对宗教信仰的共享能够产生信任和亲密网络，共同的语言、语言文化价值观念和风俗习惯等都具有相似的有助于形成网络的特征。该网络通过不同渠道来促进国际贸易，这种效应被学术界称为贸易的“网络效应”。

经济学家们认为网络效应发挥作用的渠道主要是通过语言文化在宗教、语言等方面的认同性来减少国际贸易的障碍。在国际贸易中，由于交易双方处于不同的国家和地区，面临不同的社会经济文化背景、法律制度和交易规则等，交易存在着很大的风险性和不确定性。共同的宗教信仰、语言、文化价值观念和风俗习惯等有利于在不同国家和地区的交易者之间建立信任，沟通信息，拉近双方的关系，建立亲密感，从而有利于国际贸易的进行。

对于语言文化“同质性”所产生的国际贸易的“网络效应”，学术界有比较丰富的研究，Brocker 和 Rohweder 认为语言相似性和认同具有明显的贸易促进效应，在语言相同的两个国家之间的贸易量比不同语言国家之间的贸易量多 50%。有学者运用引力模型进行相关研究，在控制了影响国际贸易的各种因素之后发现，共享宗教文化的不同国家之间的确存在双边贸易显著的现象。比如，在其他条件相同情况下，与另一个国家共享特定宗教文化的人越多，这些国家间的双边贸易量就越大。

基于上述分析，可以看到世界上不同地区存在同质性关系的语言文化价值观念、宗教信仰、风俗习惯、相同或相近语言等，更容易互相认同和接受，其产品也更容易进入对方市场并得到消费者认可，双方之间更容易存在联系紧密的贸易关系。

因此，我们可以得到的结论是：由于各种原因一国和地区某一民族的语言文化内嵌于世界其他地区的语言文化网络中，该民族（或者民族地区）就具有了语言文化禀赋优势，这从根本上将有利于双方贸易规模的扩大。由于语言文化网络强调同质性，因此具有一定的排他性特征，这将明显影响到贸易格局，有利于具有文化禀赋优势的民族（或者民族地区）参与到网络内的贸易中。从长期来看，随着该民族拥有的要素禀赋的变化，还会影响贸易潜力。

（二）研究语言对经济活动影响的学科——语言经济学

早在学者们从经济学视角研究语言之前，经济学鼻祖亚当·斯密就指出经济活动离不开语言，种种社会活动和市场交易惯例、思维和制度规则都是语言现象，人类没有语言，或者不研究语言在人类行为和市场机制运作的作用，就很难理解和把握人类经济社会的内在秩序以及变迁机理。美国自由主义经济学家费里德曼（Milton Friedman）也指出，语言和市场一样，是一个复杂的演化系统，无需设计，但能在互动中逐渐发展。语言学家萨丕尔和布龙菲尔德也零星提及了语言发展与经济活动的关系，这也是后人对语言经济学概念提出的基础和前奏。

语言经济学概念的提出也证明了语言在国际贸易活动中的重要性，随着语言经济学的发展，越来越多的学者开始从语言经济学的视角来研究语言对国际贸易的影响。

1. 语言经济学的形成过程

“语言经济学”（Economics of Language）一词最早出现在1965年Marschak发表在《行为科学》杂志上的一篇短文里。语言的使用为什么随着某些变化而变化？为什么有些语言很好地保存了下来，而另一些却逐渐消亡？Marschak（1965）从这些问题出发，给出了他对语言问题的经济学思考，其核心观点是：经济学与探求语言的优化之间有着密切关系；语言作为人类经济活动中不可缺少的工具，也具有价值、效用、成本和收益等经济特性；一种语言的某些特征随着时间的推移被保留下来或被抛弃，主要取决于该语言在最短的时间内传递最大信息量的能力。同时，他从信息经济学的角度解释了语言的经济学性质，认为语言具有与其他资源一样的经济特性，即“价值”（Value）“效用”（Utility）“费用”（Cost）和“收益”（Benefit）。这是经济学家首次正式地从经济学的角度来分析语言问题。

语言经济学的发展与其特定历史背景下的现实需求密不可分。二战结束后，一些殖民地国家纷纷独立建国，民族情绪高涨，再加上殖民的历史遗留问题导致在官方语言选择和语言政策上面临困境。语言问题困扰最突出的要数加拿大，因英法战争带来的英语和法语之争；移民潮的大批涌现给移入国的语言政策制定带来很大的挑战；20世纪70年代后期欧洲政府官方语言政策的制定问题亟待指导；20世纪90年代末民族国家内部的多元文化现象与语言的“外部网络性”问题之间的权衡意识苏醒等（汪丁丁，2001），这一系列问题成为语言经济学发展的直接动机，使得一些国家试图运用经济学的方法来分析语言现象。因此，以美国和加拿大为首的北美国家的研究学者成为探讨语言与经济关系的先驱者，欧洲紧随其后。语言经济学研究的初衷是帮助移民快速融入当地社会，进入劳务市场，在人力资本理论和教育经济学的理论下研究语言经济学。

逐渐地，语言经济学延伸到语言与经济发展研究，有学者用数据来论证语言对贸易活动的影响，也有很多研究试图量化语言对某地区经济产生的影响。随着经济学家对语言的重视度提高，人们开始从经济学角度评价国家语言决策问题，使该学科变得更有实际价值和实践意义。后来亦有学者逐渐意识到经济学语言束缚现象，反省经济学理论自身的语言问题，尤其是以色列博弈经济大师鲁宾斯坦的纲领性著作《经济学与语言》的问世，引发了人们用语言学的方法研究经济学问题。这一系列新问题的衍生，不断被学者们发现、提出、分析和解决，使得语言经济学成为了一个宏大而有价值的研究学科。

2. 语言经济学定义

语言经济学发展较晚，研究者还没有给它一个很明确的定义。由于其研究方法在很大程度上受到经济学的影响，因此，Grin 于 1994 年给语言经济学下过这样的定义："语言经济学属于理论经济学的范式，它把经济学通常的概念和手段应用到研究存在语言变量的关系上，尤其对那些经济变量传统上也起作用的关系感兴趣。" 1996 年，他又指出"下此定义是基于这样一个原则，即经济学的特点不在于它研究的话题，而在于研究那些话题采用的方法。从这个意义上说，把经济学的论证推理方法应用到语言问题上就成为语言经济学的一部分"。可见，Grin 是从所用的工具和分析方法来区别语言学和语言经济学的。

《语言经济学》一书在 Grin 给出的定义的基础上更进一步地进行了拓展：语言经济学是理论经济学的一个分支，它运用经济学通常的概念和分析方法及其工具，把语言作为变量，不仅研究语言本身产生、发展、演化和变迁的规律和路径，而且考察语言在经济活动中的作用以及语言和经济活动之间的关系。内容大体应包括：用经济学的方法和工具研究语言的产生、发展、变迁、传播的机理以及不同国家和地区所用语言的异同及其根源；语言在人类活动中，特别是人类的经济活动的运用规律；研究某个国家和民族或地区的语言政策与当地经济活动的相互关系及其演变规律；经济学语言自身的应用及其演变规律。另外，还包括一些语言哲学，语言经济学和其他语言学科之间的关系，语言经济学和其他经济理论分支之间的联系和区别，特别是和制度经济学之间的联系。

3. 语言经济学的内容

语言经济学作为经济学的一个研究领域可以追溯到 20 世纪 60 年代中期。信息经济学的开拓者 Jacob Marschak 于 1965 年在致力于信息经济学的研究时揭示了语言的经济学性质，认为语言作为人类经济活动中不可缺少的工具，具有与其他资源一样的经济特性，即价值（value）、效用（utility）、费用（cost）和收益（benefit）。因此，对这四个方面的分析及其相互关系的探讨成为语言经济学的重要内容。

（1）语言与收入的关系

语言与收入的关系一直都是语言经济学最主要的研究方向之一，探讨语言与收入的关系主要从两个视角入手。一方面，某一人群或社会阶层归属于一个特定的语言种群，该种群在社会经济中实物和金融资产所占份额比较低，则归属于这一特定语言种群的社会阶层也将获得劣势的收入水平。研究结果表明，教育水平或者其他合理的因素和语言水平相关，特定语言种群成员的收入理所当然会与其他种群成员的收入有所差别。另一方面，讨论第二语言对收入的影响。语言经济学家不是从种族歧视的角度，而是从语言沟通费用的角度来考察这两者的关系。

（2）语言与经济发展

这个方向的研究成果很多，而且内容各异，主要是考察在商品的生产、交换和消费过程中语言所起的作用。有些学者研究过语言在广告和客户关系中的作用，尤其是在双语国家或地区，这方面的研究成果大部分是实证性、描述性的。还有学者从"跨文化管理"的角度来解释语言对经济的作用，他们并没有把语言作为一个单独的变量，而是指出文化差异在生产和交换中的作用，语言差异是作为文化差异的一部分来影响生产和交换的。Hoeevar 分析了把语言作为影响生产的一个单独变量后生产成本函数的变化，Sabourin 考察了具有一定外语能力的雇员和要求一定外语能力的工作岗位之间的匹配过程。这些研究成果至今仍是最基础的理论。

从宏观角度上，有些学者试图把经济体内工人的语言能力和经济体的外部贸易联系起来（Stanton & lee，1995），但是这个联系只是叙述性的，没有任何实证验证。很多研究都试图量化特定语言的出现对某些地区经济的影响（Cinneide & Keane，1998；Sproull，1996）。Albert Breton 在《语言和双语主义》中提出，国际贸易中的语言障碍类似于进行贸易的两个国家间的地理距离，要克服这种距离是要花费成本的，这种成本类似于运费，是支付给翻译人员的薪酬。

（3）语言的“网络效应”与语言的动态发展

1994 年诺贝尔经济学奖获得者之一 Reinhard Sehen 与经济学家 Jonathan Pool 合著的《外语技巧分布的博弈均衡》中验证了语言的“网络效应”：当更多人使用一种语言时，对其他人来说，在其他条件相同的情况下，这种语言变得更有用了。语言的这种性质明显不同于公共产品，也不同于私人产品。毫无疑问，网络效应在语言动态发展中发挥着重要作用。语言的网络效应在解释语言动态发展的应用这个问题上体现在两个方面：一是不同语种的发展过程，尤其是小语种的生存问题；二是世界通用语言的出现，尤其是在网络经济条件下通用语言的出现问题。

对于语言的动态发展问题，社会语言学家的理论难以解释，但对经济学家来说，这成为了语言经济学的一个重要研究问题。John 和 Yi 在 1996 年提出了语言随经济发展进化的一般过程：第一阶段，由于地理位置的原因，两种语言群落并存，并且它们很少有经济往来；第二阶段，其中一个群落经历了一个长期的繁荣时期，如工业化；第三阶段，另一个语言群落被收到经济力量强大的群落中，只懂经济力量弱小群落语言的人越来越少。针对如何保持和发展小语种的问题，语言经济学目前提出的解决办法是通过政府的语言政策鼓励对劳动力市场上小语种掌握者的需求，提高小语种人群的收入，由需求来刺激供给，激励越来越多的人学习小语种。

（4）语言经济学中的语言政策分析

语言经济学通过同时考虑经济变量和语言变量之间的关系为语言政策提供有效的引导。语言经济学不仅通过严格地测量语言的货币费用和价值来讨论一国语言的经济效用，而且全面地测度了语言政策的社会成本和个人成本以及预期的社会效益、个人效益和文化效益，从不同语言的总成本和总收益比较来指导国家语言政策。在语言政策方面语言经济学硕果累累，近年来，F. Grin 在语言政策研究方面做出了很多成果，其中最引人注目的是通过调查数据的分析来指导瑞士双语教育的公共政策。

由以上内容可见，语言对经济活动尤其是国际贸易活动有巨大的影响。因此，在各国贸易交流逐渐加强的过程中，国际贸易势必也会反过来影响各国语言体系的变化与发展。最直接的表现就是：① 各国在世界范围内的经济地位在很大程度上决定了其语言的传播广度；② 除英语外，一国人民学习最多的外语是跟其有大量外贸合作的国家的语言；③ 随着两国贸易的进行，舶来品、国外新鲜事物会给本国语言体系注入新元素。

国际贸易会涉及双方的语言、文化习俗、思想等元素，在长期的贸易合作关系中，贸易伙伴国的文化习俗、语言习惯、处事思想或多或少会影响贸易从业者，而这种影响又会通过教学、贸易从业人员的辐射效应继而影响更多人。例如，美国人听到赞美时喜欢说“谢谢”而不是“哪里”“过奖”，不喜欢被他人问及年龄、工资等私人问题，那么，与美国人进行贸易合作的业务员在交流过程中会注意这些问题并有意遵从对方的习惯。在长期的贸易工作当中，贸易从业者也会渐渐接受这样的习惯。两国之间语言文化习惯的相互影响一直都存在，而国际贸易无疑是加速这种影响的方式之一。如果是特产、文化产品或者是节日用品的贸易，则会涉及这一产品的相关知识。以陶瓷为例，在进行贸易之前，进口方业务员必须先了解我国的陶瓷文化、陶瓷产地、陶瓷种类以及陶瓷质量鉴定方法、简单的陶瓷烧制流程以及陶瓷烧制时长等相关知识，才能使贸易更加顺利地进行。陶瓷所携带的文化元素以及相关的语言体系必然会融入他国的文化和语言中去。

二、国际贸易对语言文化的影响同样巨大

在交通并不发达的时代，国际贸易周期都很长，除却往返的时间，国外商人购进货物还需要在本地停留很长时间，因此，会有大量外国人在本地居住。随着两国之间的交流加深，有些人会借两国贸易的机会迁移到外国，如我国早期的部分华侨。此外，还有一部分传教士，较为熟知的有罗明坚、利玛窦、殷弘绪等。这些人促进了母国语言及文化的传播，也加快了本地语言以及风俗文化向其母国的扩散进程。

（一）因外国商人留驻所产生的“短期语言”

贸易商人是最先与贸易国产生大量语言文化交流的人，而两国人在语言不通、文化不熟的环境下进行交易也对当时的语言交流以及文化产生了一定影响。例如，19 世纪 60 年代，鸦片战争前后，大量外国人居住在我国上海，其中大部分人是为经商而来，他们在语言不通的情况下通常会找一些本地人作为翻译，“洋泾浜”这个词就来源于那时。

洋泾浜英语形成于 18 世纪的广州，是中国人同英国商人进行贸易使用的语言，词汇以英语为主，杂有广东话、葡萄牙语、马来语以及印地语，而语法结构是广东话。上海租界设立后，原来在香港、澳门、广州以及南洋的洋行纷纷在上海开设分支机构，作为买办和职员的广东人也到了租界，他们用会粗略英语的人充当贸易中间人。同时，上海本地及外地商人为了能与外商直接往以来跻身上流社会，开始学习简单的英语会话。于是在洋泾浜附近出现了一种语法不准，带有中国口音的英语，称为“洋泾浜英语”。姚公鹤在《上海闲话》一书中是这样对洋泾浜英语下定义的“洋泾浜话者，用英文之音，而以中国文法出之也”。

洋泾浜英语正是外国贸易商人长期留驻本地而形成的。从语言学习方面来说，洋泾浜英语是最低等的英语学习现象，随着贸易程度的加深以及越来越多的人开始正式学习外语，这种语言现象渐渐消失。但在当时来说，其对本地的语言体系产生了巨大影响。

"Long time no see"这样的语句虽然十分怪异，却被许多以英语为母语的人所接受，成为了一种习惯用法。

（二）随着贸易而进行的人口迁移对语言文化的影响

在过去，国际贸易发展的过程中常常伴随着人口的迁移，大量外国人到本国定居。迁移人口所带来的文化影响是潜移默化、不可避免的。

例如，17世纪初因国际贸易关系，中国东南沿海人民（尤其是闽南人）大量移居菲律宾谋生。华侨在菲律宾主要从事商业、手工业等活动，他们凭借自身的勤劳和智慧，在各个行业占据了重要位置。华侨最初来菲律宾的主要目的在于经商，但因为大量华侨在菲律宾社会经济生活中扮演着重要的角色，他们与菲律宾人民的接触日益广泛，也就自然而然地将中华语言以及文化带到了菲律宾。当时，中国发达的封建文化水平远远高于菲律宾的文化水平，因而中菲两国文化交流中更多的是中华文化对菲律宾产生影响，而菲律宾文化则更多的是在物质上对中国产生影响。在两国文化交流中，华侨起着重要的作用，他们将中华文化传入菲律宾，又将菲律宾文化的精华带回中国。

（三）传教士等人群对两国语言文化的影响

传教士一般是指基督教会（包括旧教和新教）派出去传教的人，但是纵观历史，西方传教士中不只有为教会工作的人，还有一大部分人脱离了教会的本职工作，成为贸易往来、文化交流、技术交流的先驱者，如法国的部分传教士受法国科学机构委任派驻到中国进行科学考察。这样的传教士往往带着本国的若干特产以及著作，跟随贸易队伍或者往来客船到他国，一方面将本国的教会宗旨、文化习俗、部分科技传播到当地，另一方面将当地的风土人情、发展状况、有贸易价值的产品等传回母国。

17世纪至18世纪，由传教士译著的介绍中国儒家文学、哲学的书籍，如《论语》《四书》《道德经》等，对欧洲社会产生了很大的影响，基督教文化受到冲击，圣经的权威遭到了质疑。他们的本意是找出基督教教义与中国儒家思想的一致性，将传教工作在更广的范围内进行。但是，由于对汉语不够熟悉，这些翻译作品中出现了很多错误，随着这些翻译著作在西方社会的推广，也渐渐对西方语言文化产生了巨大影响。

欧洲与中国的语言文辞句法相差甚远，而传教士编撰的字典问世晚且数量稀少，对中国语言的介绍缺乏详细而严肃的解释说明。在翻译活动中，除译者本身有意识地曲解外，还受到了原作品和翻译实践自身的制约。译者一般不可能完全获得作者原来想表达的意思，而读者是通过自己的视角来阅读的，多数时候会受到自己的文化观念影响。对中国典籍翻译而言，欧洲中心主义和文本解释中的相对性问题成为了影响真实度的两大因素。

作为西方人了解中国的使者，早期来华的传教士为了达成使更多中国人皈依天主教基督教的目的，常常会主观臆断地篡改中国的思想和语言。例如，克莱尔克杜撰出《由其弟子Sai Ngo看孔子的物理学》这样的长篇导言，其目的是劝导一位俄罗斯君王进行现代化。把孔子与西方兴起的自然科学联系起来，毫无根据地扭曲孔子的言论。

更有甚者认为孔子信奉上帝，其弟子也必然信奉上帝，这些人把“shangdi”改成了“Tai Chi”或是“Li”。这两个概念更像是柏拉图哲学中的实体概念，于是孔子的思想被认为是自然法则的分支，孔子本人也自然成了唯物主义的先驱。这些理论直接影响了法国启蒙运动，并产生了意想不到的效果。

伏尔泰作为法国启蒙运动中的巨擘，坚决反对天主教教义，提倡用道德来代替宗教。他在 *Caté chisme Chinois*（《中国教理问答》）中介绍了孔子的“友爱”思想。在他看来，这是一种近乎神圣的感情，不屈从于任何外在的指令，是内心激荡着的一种自由的情感。然而，把这种论据放在传统中国文化的背景下是格格不入的。因为孔子提倡的“友爱”是建立在宗法制的基础上的，这种宗法制是远超其他社会关系的。

书中也提及了他对“Kieng-tian”的误读。因为一谈到基督教，人们便立刻想到“上帝”，上帝是基督教崇拜的唯一至上的神。然而，“上帝”一词不是西方人的首创，它是地道的中国产品，熟悉《诗经》等古籍的人都知道这一点。基督教最初传入中国时，传教士们称其崇拜的神为“天主”，称其宗教为天主教。为了附会、适应中国文化，传教士利玛窦花了大量的精力试图让中国人相信“天主”就是中国人所说的“上帝”。这样的误读在欧洲影响广泛，很明显，伏尔泰也是受害者之一。

钱德明神甫认为，翻译本《道德经》中的“yi”“hi”“ouei”分别对应汉字的“夷”“希”“微”，宣扬三位一体的教理，这三个品质则构成了耶和华（J é hovah）的名字。这种天真的自以为是的态度，说明其极力用基督教神学附会儒学，他们在译介中国典籍时突出强调中国宗教的内容。译文的《中庸》十六以老子的“道”的方式来给西方文化中的精灵、鬼神下定义，这种强加的耶和华的魅力实在是无中生有。他们反复搜罗引证中国古代关于“上帝”的语句，认为《尚书》和《大雅》中的上帝就是《圣经》中的造物主上帝。另外，耶稣会将中国人祭拜的天等同于基督徒膜拜的上帝，认为中国人所称的“天”“上天”“上帝”与欧洲人称呼上帝时所用的“Lord”恰相对应。在西方，《论语》最初可能是被当作近似基督伦理箴言来阅读的，或者由于预示了基督教神学，孔子因此被发现是值得尊崇的。与其说在翻译中这种解读常常受到支持，不如说它更为恰当地适应了当时的目的。

这些翻译虽然很大程度上歪曲了我国的传统思想与文化，但是在当时，确实是中西语言文化交流的快速途径，极大地丰富了西方的语言与文化体系。除此之外，法国传教士殷弘绪还将我国的制瓷工艺技术详细地传到了西方社会，使得我国独特的制瓷原材料、工艺与流程流传到西方，丰富了西方的瓷器语言文化与制瓷工艺。

第二节　国际贸易影响语言发展的几个方面

语言的主要功能就是交流，交流是语言的第一需要。当交流的对象和范围等因素发生变化，必然会引起语言的变化，引起交流双方的相互学习。当交流的对象增多时，选择某种语言得以凸显，而这种选择的主导因素，从早期的军事因素发展到经济因素，随着历史的发展，经济因素成为主导因素。早期人类社会是以农业生产为主体的农业经济，科技水平不高，交通工具简陋，直接导致了经济贸易的范围较小。交通运输的艰难大大影响了进行贸易的频率乃至经济贸易中的商品种类。因此，商业交换双方在语言上障碍较小，国际经济贸易对于语言和语言对于经济的重要作用没有凸显出来。

近现代语言的大范围传播经历了两个阶段：第一阶段是依靠武力军事通过政策手段完成的。例如，殖民时期由武力进行征服和占领，通过殖民统治，强行推行殖民教育，推广殖民语言，维护殖民统治。这一时期，语言的推广主要依靠坚船利炮，依靠殖民者的武力，通过殖民者制定的教育政策实现语言的推广。这对于殖民者的经济发展具有一定的促进作用。第二阶段是现代商品经济时代，语言的传播主要依靠现代商品经济贸易的推广。通过经济交流，同时带动语言的交流和传播，国际经济贸易对于语言传播的影响，取代了武力军事的政策推行。

本书认为，国际贸易对语言发展的影响大致分为新生词汇构成、语言习惯以及词汇语义变化等。

一、新生词汇构成

新生词汇构成是指借由国际贸易过程，两国的语言文化产生交流和融合，一国将另一国的一些词汇经过直接音译或者意译后，转化为自己的词汇，也就是借词（或者叫舶来词）现象。

（一）中国的舶来词

中国的舶来词有很多，涉及的国家和地区也很多。下面以语种划分，举例进行说明，从英语中得来的借词如下表（表 1–1）。

表1–1　部分汉语中的英语借词

音译借词	咖啡 coffee	巧克力 chocolate	雪茄 cigar
	色拉 salad	起司 cheese	三明治 sandwich
	虎列拉 cholera	歇斯底里 hysteria	休克 shock
	维他命 vitamin	奎宁 quinine	钙 calcium
	派力司 palace	的确良 dacron	马拉松 marathon
	奥林匹克 Olympic	吉他 guitar	扑克 poker

（续 表）

意译借词	电视 television	篮球 basketball	时报 times
	激光 laser	飞机 aeroplane	火车 train
	交响乐 symphony	夜总会 night club	黑人 negro
	罢工 go on strike	工会 trade union	面包 bread
	应召女郎 call girl	智商 I. Q.	盲文 braille
	基督徒 Christian	圣经 Bible	教堂 church
音译兼意译	酒吧 bar	冰淇淋 icecream	萨门鱼 salmon
	汉堡包 hamburger	咖喱粉 curry	杧果 mango
	拍纸簿 pad	吉普车 jeep	敌百虫 dipterex
	硼酸 boric acid	来复枪 rifle	马海毛 mohair
	霓虹灯 neonlamp	迷你裙 microskirt	卡片 card
	绷带 bandage	X 光 X ray	爵士乐 jazz

巧克力作为一种被赋予“爱情”标签的食物，在近现代的国际贸易中一直很受欢迎。著名品牌德芙（Dove）和费列罗（FERRERO ROCHER）也是音译而来，值得一提的是，品牌名称翻译一直是影响品牌知名度、产品销售和消费者对产品的依赖度的重要因素之一。在我国，国外品牌翻译大多数是音译加上一定程度的美化，如 Dove 没有翻译为“得福”而是“德芙”，否则，它在我国年轻消费群体中的地位绝对不同，由此可见语言对贸易的重要影响。

从日语中得来的借词也有许多，汉语中的日语借词可以追溯到隋唐时期，中日之间的语言文化交流一直十分频繁。除了贸易交流，古代汉语中的日语借词来源大概有四种，即访日游记、留日学生、日书翻译和词典编撰。在今天，日本对中国的文化输出也是日语借词的一大来源。汉语吸收的日语词汇类别大致有三种：增添了新意的中国古典词汇，这多是一些学术性词汇，如文化、投机等；和制汉语词汇，即利用汉语构词法将单个汉字组合成的词汇，如道具、大本营、话题、要素、景气等；翻译西方著作时的词汇，如美学、抽象、电流、财团等。

汉语吸收日语词汇的方式有如下几种：将日语词汇按照汉字读音，其意义不变，如学位、体育、刺身等；将日语词汇按照汉字音读，改变其意义，如“料理”在日语中表示菜，虽然中国人现在也会将日本菜叫作日本料理，但是大多数情况下“料理”表示“处理”的意思；忽略日语中的假名，只按照汉字读音，如手续（手続き）、取缔（取り締まる）等；直接音译词语，如榻榻米、寿司、天妇罗等。

汉语中的法语借词比较少，但是也有一部分经常使用，如洛可可（rococo）、蒙太奇

（montage）、芭蕾舞（ballet）、贝雷帽（Beret）、香槟酒（champagne）等。

（二）其他语言中的汉语舶来词

汉语流传到其他语言中的词汇也很多，考虑到英语的普及性，本书以英语为例分析其他语言中的汉语舶来词。在英语词汇里面，有关英语与不同语言和文化间存在语言接触的证据随处可见。语言接触所带来的结果之一就是，讲英语的人有时从语义场借用的语词反映了两种文化之间接触的本质（McKnight 1923，Serjeantson 1935，Chan & Kwok 1985，Cannon 1987）。举例来说，学者们通常认为古英语借用大量拉丁语外来词，使他们成为宗教术语，如当代英语中的“altar”（祭坛）“chalice”（圣餐杯）“litany”（连祷）“mass”（弥撒），都反映了当时罗马基督教在英格兰的重要地位。同样，在现代英语初期，从荷兰语借用的航海词汇，如“commodore”（海军准将）“cruise”（巡游）“deck”（甲板）“reef”（缩帆）或“yacht”（快艇）——说明当时荷兰在航海界的统治地位对说英语的人们产生了重要影响。借自汉语的词汇同样也形成了语义场，反映出讲汉语与讲英语的人们之间相互接触的本质。借自汉语官话方言（主要指北京方言）的词汇典型地映射出中国的“上层”文化，很多词汇涉及哲学、宗教、历史、政治、艺术和文学等诸多领域。借自广东方言的词语则包括了大量与各种食品有关的单词，而厦门方言则为英语提供了各种茶类名称的词汇，如“tea”这个词本身就取自厦门方言。

研究汉语借词的语言源头时会出现两个复杂因素。第一，汉语借词有多个主要来源，包括官话、粤语及其他汉语方言；第二，他们在被借用于英语之前常通过另一种语言来传播，通常是日语。因此，汉语借词由多种词汇组成，这些词汇来源不尽相同，相互之间不易理解。我们不应认为汉语借词仅来自一种源出语，我们可以利用类型学或历史的证据来判断哪一种汉语方言成为哪个借词的源出语。

英语中的汉语借词大致分为以下几种。

1. 意借词

即用英语译出对应汉语词的借词来表达中国特有的事物，如 Four Books（《四书》），Five Classics(《五经》),running dogs(走狗),Hundred Flowers(百花齐放),Long March(长征)，lose face（丢脸），bean curd（豆腐），spring roll（春卷）等。又如常用来处理中国特色事物名称的方法。China，Chinese 这些表示“中国”的构词成分，形成汉语借词。例如，Chinese lily（水仙），China rose（月季花），Chinese cabbage（大白菜），China town（唐人街），Chinese dragon（麒麟），Chinese boxing（中国拳击），Chinese ink（墨），Chinese horn（唢呐）。

2. 音借词

音译借词即谐音词借入英语的主要途径是通过汉语方言和英语变体。这些音译词有的用威氏拼法，有的用现代汉语拼音。美味佳肴跨越国界，深受不同国家人民的喜爱。大部分中国菜的英译名称运用描述法借入英语中，如酥炸牛肉（deep fried crispy beef）；

有些以音借词形式吸收到英语中，如豆腐（tofu）、点心（dimsum）、鸡蛋芙蓉（egg fuyung）、炒面（chow mein）。这些词是从广东话或福建话传入英语的，因为当时广东和福建到国外谋生的华侨比较多。另外，独具特色的音借词也被引入到英语中，如大掌柜（tycoon）是闽粤传统叫法的音译，赌场（Casino）是福建话的音译，感谢（cumshaw）则是厦门方言的音译。

3. 音意借词

英语中汉语借词的基本借用方法，就是通过音译和意译。一般情况下，音译词属语音翻译，不考虑词义对应；意译词只根据词义翻译，不考虑语音问题；而音意借词，则要兼顾语音与词义两方面。这类词数量不多，它由两部分组成：音译 + 意译。例如，tung oil（桐油），brick tea（砖茶），Beijing Opera（京戏），peking Duck（北京鸭），lantian men（蓝田猿人），soy flour（豆粉），soy milk（豆奶）等。

二、语言习惯

众所周知，各国的语言习惯均不相同，如语法、语句结构、语气词使用等方面。但是在国际语言文化交流的过程中，他国的一些语言习惯也会对本国语言产生影响。

例如，在英语中有许多中文俗语的应用。

金蝉脱壳（escape like a cicada by casting off its skin；slink off）

近水楼台先得月（A waterfront pavilion gets the moonlight first；或者 The one nearer the waterside sees the moon first；或者 have the convenience to do something A baker's wife may bite of a bun 或者 A brewer's wife may drink of a tun）

强龙难压地头蛇（Even a dragon cannot pin down a snake in its own haunt；on ones own turf）

无风不起浪（There are no waves without wind；There's no smoke without fire）

新官上任三把火（a new boss lights three fires；a new boss always raises hell；new broom wipes clean）等。

同时，一些中式英语或者中国的习惯用语也逐渐被英语国家所接受，如 laowai（老外），bad fengshui（坏风水），iron rice bowl（铁饭碗），little red book（毛主席语录），special economic zone（经济特区），three cups chicken（三杯鸡）等，这些大多数为中国特有的词汇将其翻译为英语所得。除此之外，还有一些类似于洋泾浜英语的语句，如 long time no see（好久不见），chin chin（请请）。

三、词汇语义变化

在各国语言文化中，双方语言中相同事物可能表示的意义不同。例如，在英语文化中，狗多带有褒义，lucky dog（幸运儿），love me，love my dog（爱屋及乌）；而在中国语言文化中，狗多带有贬义，走狗、看门狗等。随着两国语言文化交流的深入，英语文化中也逐渐接受了走狗这种表达方法，在英语中“狗”不再只是褒义。在日语中“祭”字表示节日的意思，但是在中文中，“祭”往往跟丧礼、祭奠联系在一起。现在一些接触日系文化较深的人经常会将“樱花祭”“校园祭”这样的词汇挂在嘴边，虽然只是部分人群，但是双方语言习惯之间的影响和融合显而易见。“酱”“桑”在中文中很难跟人联系起来，但是在日语中，这两个词是一种对人的称呼，“林酱”相当于“小林”，“林桑”相当于“林先生 / 女士”。类似的词汇还包括“屋”，屋在日语中除了房子的意思，还有店的意思，如酒屋、料理屋，这一用法 19 世纪末开始在汉语中出现。例如，1879 年黄遵宪的游记《日本国志》出现了“料理屋”（餐馆）,1889 年叶庆颐的《策鳌杂摭》出现了“两替屋”（外汇兑换店）。20 世纪后期“屋”作为店名的用法才真正被汉语接受，表示的都是小型、精品、专卖型的“店名”。

可见，历史上语言文化交流融合的现象很多，在当今社会中更是屡见不鲜。在现代社会，虽然文化交流的渠道增加，但是国际贸易仍是最主要的方式。国际贸易已不仅是以扩大销售市场为目的，文化输出、提升国际地位、进行全球化战略，都是国际贸易的发展方向。在这样的国际背景下，语言文化和国际贸易之间的相互影响和作用更加明显。

第三节 瓷器贸易是语言交际研究很好的切入点

2016 年，法国塞夫尔陶瓷制造局特展在西安曲江艺术博物馆举办，前来参观的市民和游客络绎不绝。这些来自欧洲的瓷器，不仅向市民展示了一场盛大的法国瓷艺展，也诉说着古丝绸之路在中西方文化交流中的特殊意义，以及中西方瓷器艺术的交流历史。

在中外经济文化交流史上，中国陶瓷是丝绸之路中的重要商品，同中国丝绸一样长期风靡整个欧洲，影响过欧洲人的生活和审美。西安作为古代丝绸之路的起点，也是秘色瓷和唐三彩的故乡，举办一场法国皇家御用陶瓷器特展，让西安市民欣赏到一场盛大的法国瓷艺展，不仅是中法文化民间交流的一件盛事，也是瓷器爱好者的福音。本次展览主题是“跨越三个世纪的优雅：1740—2016 塞夫尔制造局”，展出 100 多组（300 余件）精美绝伦的法国塞夫尔瓷器，带领参观者去探索这间历史悠久的窑场及其与中国文化的渊源。

对于大部分中国人来说，塞夫尔国家陶瓷制造局是个比较陌生的名字，但是在欧洲，“塞夫尔”家喻户晓，它是“皇家奢华”的代名词。本次展览特别甄选了一批塞夫尔的标志性作品，分成四大部分（制造局之精髓、瓶兮生梦境、历史与权威之盛宴、万千器象）、九大主题（白之矜贵非凡、蓝之精微玄妙、金之淬炼升华、瓶兮生梦境、从装饰艺术到五十年代、历史与权威之盛宴、线之优雅、奢华演绎、艺术瓷塑）来呈现自 18 世纪以来，这个皇家御用陶瓷是如何一代又一代地将其优雅卓越的手工艺传承下来的。展出的艺术品基本上都带有塞夫尔的视觉标志——白、蓝、金三色，其中变化无穷的蓝色韵律被命名为“塞夫尔蓝”，被视为稀有的宝物，广受追捧。展品中有一件为“中国帝王

（乾隆）”雕像，它是根据供职于中国内廷的意大利传教士潘庭章为乾隆皇帝所绘的水彩画而创作的。1776 年塞夫尔出版了一款以乾隆肖像为图案的瓷板，被路易十六收藏于凡尔赛宫至今；第二批以此画像为题材创作的素瓷塑像，于 1781 年赠予了中国乾隆皇帝本人，诉说着中法两国在陶瓷工艺中的古老渊源。引人注目的是，此次展览中有一件雕塑大师罗丹（Auguste Rodin）在艺术生涯中创作的唯一一件陶瓷作品，极其珍贵。这些作品是对中国瓷艺的尊重，充分体现出法国作为欧洲文化中心的高贵气质与浪漫情怀。

谈到中外贸易，就不得不提陶瓷贸易；谈到中外文化交流，瓷器文化也是避不开的选题；要谈国际贸易对中外语言文化的影响，陶瓷贸易绝对是最适合的方向之一。本节将从以下几个方面讲述选取瓷器贸易作为切入点的原因。

一、中外陶瓷贸易历史悠久

（一）瓷器发展历史概述

瓷器是由陶器发展而来，陶器约在一万两千年前就已经出现，经历了粗陶、彩陶、黑陶、灰陶、陶塑、白陶等工艺的发展与演变后，我国劳动人民制作出了跟以往陶器完全不同的器物——瓷器。瓷器最早出现在新石器时代晚期，那时候只是原始的青瓷。经历改进与发展，直到东汉时期制瓷工艺才算成形，在唐代陶瓷工艺开始兴盛，直到明清时期，陶瓷艺术一直在不断发展，呈现出绚烂多姿、百花齐放的陶瓷制造文化。

1. 新石器时代

陶器的产生和发展是同人们的生活和生产实践紧密相连的，在原始时代，人们把泥巴晾干后用火烧烤成坚硬的盛器用于盛水、存放食物等，这便是陶器产生的初始。最新的考古资料表明，我国境内目前发现最早的陶器遗址有位于江西万年县内的仙人洞遗址、广东英德青塘、灵山滑岩石洞、广西桂林甄皮皮岩。其主要品种有灰陶、彩陶、黑陶和几何印纹陶等，手法粗糙，构图新颖流畅，表现了当时制陶的技术水平。

2. 夏至两晋时期

在商朝殷墟的遗址中，出土了很多陶片、各种款式的陶罐，这些陶器上的纹饰、符号、文字与殷商时代的甲骨文和青铜器有着密切的联系。陶器在当时已经不局限于盛物器皿，应用范围广泛，大致可分为日用品、建筑、殉葬、祭祀礼品类等。而秦汉的建筑多用木料来架构，不易久存，如秦代的阿房宫和汉代的未央宫，都无法完整保存下来，但仍可在残存的废墟中发现瓦当及汉砖等遗物，借以略窥古代建筑的规模。两汉时期，釉陶大量替代铜质日用品，从而使陶器得到了迅速发展。由于对加工技巧的掌握，随之出现图案及造型生动活泼的陶器装饰品，这具有极高的艺术价值，这是陶向瓷的过渡桥梁。两晋时期到南北朝，陶瓷成就主要体现在越窑，以青瓷为主，极尽装饰之能事，有较高的艺术水平。

3. 隋唐五代时期

隋朝虽短，但在瓷器烧制上有了新的突破。不但有青瓷烧造，白瓷也有了很好的发展，而且在装饰手法上有了创新，如在器物上有另外的泥片——贴花。到了唐代，瓷器制作发展到成熟的境界，跨入了真正的瓷器时代。陶与瓷区别的关键在于火烧温度，汉代产有瓷器，但温度不高，质地脆弱只能算是原瓷。发展到唐代，不但釉药发展成熟，而且火烧温度能达到一千摄氏度以上，所以我们说唐代是真正进入了瓷器时代。

4. 宋元时期

瓷业在宋代随各地新兴窑场不断出现而发展，涌现出不少驰名中外的瓷窑，所谓五大名窑——定、汝、官、哥、钧就是其中的代表。宋代瓷器形成品种丰富多彩、造型简洁优美、装饰方法多样化的特点。官私名窑名瓷风格各异，百花争艳，各具独特风格之美。宋代早期的产品主要是青白瓷，随着技术的不断提高，逐渐发展为白釉瓷。明代白釉瓷瓷质如脂似玉，创造了独具一格的“象牙白”，被视为中国白瓷代表，其装饰工艺主要有刻、画、印花等。德化白瓷具有质地洁白、细腻如玉、釉面光滑、击声如磬的特点，故有“中国白”之称。其特制的薄胎产品，薄如蝉翼，精美绝伦。德化民间雕塑艺人将雕塑与瓷艺结合，擅长制作白瓷观音，是举世公认的白瓷珍品。德化白瓷不求色彩之华丽，而是追求单纯、素洁、典雅之美，对所利用的材料有充分的认识，设计定位与取向是准确的，充分显示着历代匠师们的创造智慧。如果说景德镇窑的白瓷是以青白釉著称于世，德化白瓷则是以乳白色为主，釉层腴润，光色如玉，显示着冰清玉洁的特质，蕴涵着耐人寻味的魅力，相比之下具有异曲同工之妙。元代时期也有新的发展，如青花和釉里红的兴起，彩瓷大量的流行。元代的制瓷业窑址进一步增多、产量进一步扩大，制瓷工艺有了新的突破。青花瓷结束了以前瓷器的釉色“仿玉类银”的局面，其明净素雅之感具有中国传统水墨画的效果，所以一经出现，便深受人们喜爱。

5. 明清时期

我国的陶艺发展到明代又进入了一个新的旅程。明代以前的瓷器以青瓷为主，而明代之后以白瓷为主，特别是青花、五彩成为了明代白瓷的主要产品。此时瓷胎趋向薄、细、白的需求，在坯身上记录款式也从此开始，年代、堂号、人名都有，使研究考据有更确实的辨认。清朝中国瓷器可谓登峰造极，清初的瓷器制作技术高超，装饰精细华美。清代彩瓷在明代的基础上有了很大发展，工艺创新，分化出更多的彩色，墨彩、蓝彩、金彩也出现在五彩瓷器画面上，色彩淡雅是其特点，进而丰富了清代瓷器装饰。

（二）中外陶瓷贸易史与海上瓷器之路

中国陶瓷出口始于汉朝，兴于唐代，盛销于明清。在这一千多年的历史长河中，大量中国陶瓷销往世界各地。这种专门销往国外的陶瓷器就叫“外销瓷”，他们既是中国打开国门迈入世界的历史见证，也为世界各国认识和了解中国文化艺术提供了平台。由于瓷器沉重易碎，我国古代大部分瓷器出口采取海运运输模式，瓷器贸易之路沿着海上丝绸之路行进，并在此基础上延伸到了更多国家。另有一部分商人沿丝绸之路将瓷器贩往内陆地区。

1. 两汉魏晋南北朝时期

据《汉书・地理志》记载，西汉时期，从雷州半岛横越南海，绕马来半岛，经过缅甸到达印度南部和斯里兰卡的航路已经畅通。"赍黄金杂缯而往""市明珠、璧琉璃、奇石、异物"等记载说明这条航路不仅是使节之路，更是海上商路。东汉时期，海外交通进一步发展，不仅造船数量和种类更多、结构更先进，而且航船已广泛利用信风、使用风帆在大海上航行。魏晋南北朝时期，中国对外贸易的海上航线延伸得更远，中国帆船已经把目标指向了波斯湾。据《太平御览》引康泰《吴时外国传》载："从加那调洲乘大舶，张七帆，时风一月余日，乃入大秦国也。"两汉魏晋南北朝时期，瓷器处于初期发展阶段，海外贸易的商品以丝绸为主。这个时期航海和造船技术的发展，尤其是"海上丝绸之路"的开辟，为隋唐以后瓷器外销的发展奠定了基础。

2. 隋唐五代时期

隋唐五代时期是我国陶瓷史上制瓷业第一个大发展的时期，陶瓷手工业生产在全国达到相当普及的程度。这个时期的窑址遍及 14 个省 70 多个县，瓷器生产的质量和产量在满足内销的基础上，已经完全具备了外销的能力。

中国瓷器的外销兴起于唐代中晚期。瓷器作为外贸的重要商品之一，不仅输出到东南亚邻国，而且大量输往中东地区，并转运到遥远的非洲。从考古资料来看，在东北亚的朝鲜、日本，东南亚的菲律宾、马来西亚、印度尼西亚，南亚的巴基斯坦、斯里兰卡，中东的伊朗、伊拉克和阿曼等地区以及非洲的一些古文化遗址中，都发现了不少晚唐、五代时期的瓷器。埃及首都开罗南郊的福斯塔特，是 9 世纪一个非常繁荣的城市，到 12 世纪成为废墟。1912 年、1964 年和 1966 年在废墟的几次发掘中，出土了属于我国的陶瓷残片达一万二千片，其中有许多唐代越窑青瓷碎片。

唐代海外贸易的发展尤其是瓷器的大量外销，与航海和造船技术的发展密切相关。如果说魏晋南北朝时期中国帆船已把目标指向波斯湾，那么到唐代便直接开通了广州至波斯湾的航线，极大地改变了"惟当时西端止于印度"，且中国帆船常借助"蛮夷贾船转送致之"的状态，不仅无需陆路转运和沿岸逐岛航行，而且可以跨海直航，主航线也得以延伸。从印度半岛南端，沿今阿拉伯海东岸一直驶入阿曼湾和波斯湾，甚至继续沿着海岸南行，直抵东非南部海滨，从而在中国与非洲东岸国家之间建立了最早的直接联系。唐代的这条航线，在《新唐书》所收贾耽的《广州通海夷道》、成书于九世纪中叶的《中国印度见闻录》以及成书于 10 世纪中叶的《黄金草原和宝石矿》中都有比较明确的记载。

唐代的造船业已经比较发达。唐代海船以船身大、容积广、构造坚固、抵抗风浪能力强、适于远航而著称于太平洋和印度洋上。《新唐书》记载，贞观时阎立德在洪州造"浮海大船五百艘"。《西山杂志・王尧造舟》载："天宝中，王尧于勃泥运来木材为林銮造舟。舟之身长十八丈，次面宽四丈二尺许，高四丈五尺余。底宽二丈，作尖圆形。桅之高十丈有奇。银镶舱舷十五格，可贮货品三至四万担之多。"随着国际海上交往的频繁，唐代造船生产能力不断扩大，造船地点几乎遍及全国各地，且主要造船基地多与盛产丝绸和瓷器的地区相一致。这说明造船与丝、瓷生产相互推进，相得益彰。

3. 宋元时期

宋代制瓷业在唐、五代的基础上又有了飞跃发展，开始进入我国陶瓷史上的繁荣时期。宋元时期的瓷器不仅在量、质、美方面综合发展，而且因工艺先进而降低了成本，瓷器超过丝绸一跃成为海外贸易的主要商品。南宋赵汝适任福建路市舶提举时所撰写的《诸蕃志》是一部详细记载宋代瓷器对外贸易的重要文献，书中列举了与我国进行瓷器贸易的国家和地区有三十多个，包括现在的越南、柬埔寨、印度尼西亚、马来西亚、菲律宾、印度、斯里兰卡，直至非洲的坦桑尼亚。

到元代瓷器行销的范围进一步扩大。1341 年，汪大渊附舶远游海外归来著有《岛夷志略》，书中记载我国瓷器行销的范围有五十多个国家和地区，其中包括北非和东非部分地区。宋元两代采取了一些鼓励海外贸易的措施，"以来远人，通远物"。对外贸易尤其是陶瓷贸易，获利非常丰厚。《宋会要辑稿》记载："市舶之利最厚，若措置合宜，所得动以百万计。"朱彧的《萍洲可谈》曾记载其盛况："船舶深阔各数十丈，商人分占贮货，人得数尺许，下以贮物，夜卧其上，货多陶器，大小相套，无少隙地。"海外贸易的兴旺促进了海外交通进一步发展并迅速达到空前状态，开创了中国航海史上的新局面。

宋元两代不仅沿用了前代开辟的"海上丝绸之路"，而且将其主航线延伸得更远，并拓展了许多支线。由于瓷器已逐渐成为中国对外输出的大宗商品，而且大量瓷器外销主要依靠海运，所以这个时期"海上丝绸之路"实际上已经转变为"海上瓷器之路"。宋船不仅在至东南亚、南亚和波斯湾的航线上畅通航行，而且能横渡印度洋到达佐法尔和亚丁。《岭外代答》记载："大食国，诸国之总名也。有国千余所，知名者特数国耳。有麻离拔国。广州自中冬以后发船，乘北风行，约四十日大地名兰里。博买苏木、白锡、长白藤。住至次冬，再乘东北风，六十日顺风方至此国。"据考证，所谓的麻离拔即今佐法尔地区，在希罗多德时期称为"香国"或"香岸"，是香料的大贸易港。《诸蕃志》"大食国条"记载："自泉发船，四十余日至兰里，博易住冬。次年再发，顺风六十余日方至其国。"这是看似与"兰里——麻离拔"航线相似，实则不同的另一条横渡印度洋的航线。

从以上记载可以看出，当时的宋船能熟练掌握这个海域的季风规律，避开阿拉伯海的风暴，顺利横渡印度洋，这是继承了前人航海经验的结果。不仅如此，宋船还能远航至北非和东非海岸。宋代与埃及有航线相通，苏丹埃得哈布港是埃及和北非地区与经由印度而来的中国船只进行贸易的主要港口，进口货物以中国瓷器占第一位。国内外都有学者认为宋船远航曾至东非海岸，罗威的《东非史》记载：在宋代王安石时期，中国同东非的贸易兴盛已达到前所未有的地步。皮尔斯的《桑给巴尔》一书记载：约在 1270 年，有证据证明一个中国船队访问过阿察尼亚（东非）海岸。宋代"兰里——佐法尔、兰里——亚丁、兰里——马尔代夫——东非"航线，乃是明代郑和下西洋时横渡印度洋的先驱。

元代统治者历来重视商业活动，采取了一些促进海外贸易的政策。例如，元世祖时宣布“其往来互市，各从所欲”。元至元十四年（1277年）以后相继设立了泉州、温州、杭州、广州等市舶司，提出了“罢和买，禁重税”，公布“市舶则法”，奖励优待海商。元代与中国交往的海外国家和地区见诸文献的就有两百多个，大大超过了宋代。著名的马可·波罗来中国走的是陆路，回国走的是海路。驰名世界的《马可·波罗游记》，不仅是中西文化交流史上的一颗明珠，而且所叙述的中国富庶繁荣，在欧洲引起了轰动，对世界历史也产生了深远影响。摩洛哥旅行家伊本·巴图塔航海来华，在泉州登岸，他的《游记》赞誉泉州是“世界最大的港口”，介绍了中国与印度、阿拉伯半岛以及波斯湾地区的海运贸易盛况。

宋元时代海外贸易和交通的大发展与航海和造船技术的大发展密切相关。在宋代，指南针实际应用于航海，这是航海技术划时代的进步。当时的海员已能熟练掌握气象航海技术（季风、气象预测）、地文航海技术（陆标定位、航路指南、航用海图、航迹推算、运用指南针和罗盘）、天文航海技术（天文定向、定位）等。宋代的造船技术先进，造船的产量高，所造船舶不仅载重量大，而且航行性能好，安全可靠。据文献记载，宋代海船以载重60吨~120吨（1吨=1000千克，下同）居多，载重300吨左右的也不少，而且还出现了载重600吨左右的大海舶。《岭外代答》广舶条记载：“浮南海而南，舟如巨室，帆若垂天之云，柁长数丈。一舟数百人，中积一年粮。”可见船的规模之大。宋船壳板采用了二重和三重板技术，船舱间密隔，船底呈V形，捻缝水密，有较高的抗沉性。船上装备精良、设备齐全，船型优良，使用了舭龙骨等，不仅航速快，而且适航性好。元代，在航海技术方面，观察海洋气象更加数量精确，进一步掌握了“牵星术”，广泛使用罗盘导航。海上航行“惟凭针路定向行船，仰观天象以卜明晦”，将自宋以来出现的海道图更加向前发展了一步。元代的造船业发达，船舶数量多，造船技术领先于世界。元代船舶的气势由摩洛哥探险家、旅行家伊本·巴图塔的描述可见一斑。“华船之构造、设备、载量皆冠绝千古”“中国船分大中小三级，大者有船员千人，即水手六百，卫兵四百。有三帆至十二帆，皆以篾编成，并有随行船相伴。随行船有三分半大、三分一大、四分一大三级。此等往来马拉巴海岸与中国间船，除泉州、广州外，他处皆无造之者”。

4. 明清时期

明代和清代的康、雍、乾三朝是中国瓷器生产的黄金时代。制瓷业高度集中，官窑和民窑规模宏大，许多窑口分布于沿海一带，尤其是景德镇依靠丰富的制瓷原料和水利资源等自然条件以及成熟的技术，形成群龙之首，成为全国的瓷业中心和享誉全球的瓷都。制瓷工艺成熟，发明了彩瓷等，烧造量也十分惊人，制瓷产量和质量都达到了历史最高水平。

明清时期瓷器的出口达到高峰，行销范围几乎遍及五大洲。明代瓷器输出主要是通过朝廷对外国的赠予，入贡国使节的回程贸易，永乐、宣德年间郑和大规模的远航贸易，民间的海外贸易等途径。此外，还有阿拉伯人、缅甸人、马来西亚人、印度人等直接来华贸易。到16世纪以后，葡萄牙人、荷兰人、西班牙人和英国人相继东来，将我国瓷器贩运到欧洲及世界各地。到18世纪下半叶，德、意、英、法和奥地利等国纷纷仿造中国瓷器，加之中国长期闭关锁国，瓷器外销受到严重影响。进入19世纪以后，由于欧洲制瓷业的发展，鸦片战争后我国制瓷业迅速衰落等因素，中国瓷器外销每况愈下，进入尾声。

郑和七下西洋是明代船舶贸易和海外交通发展的顶峰，明瓷之所以能大量输出到印度洋乃至东非地区，与郑和下西洋关系密切。郑和船队曾到达亚洲、非洲39个国家和地区，最远到达坦桑尼亚沿岸。郑和船队在东非海岸主要目的地是索马里、肯尼亚、坦桑尼亚，而这一带正是发现明瓷遗物最多的地区，因此东非大量输入明瓷，是郑和船队到此访问的结果。中国航海和造船业也因郑和下西洋达到鼎盛，从此以后，海禁使之从巅峰跌落，开始走下坡路，直到清代晚期衰败，这与瓷器外销衰落的历史轨迹相吻合。

虽然在漫长的历史长河之中，国外制瓷业也渐渐发展起来，逐渐在世界陶瓷贸易上占据一席之地，但是，我国瓷器文化对其影响一直未曾消失，世界范围内也保存着有关我国陶瓷文化的大量历史资料以及瓷器。

二、陶瓷文化在世界上传播广泛、影响深远

我国自古以来就是世界上最大的瓷器输出国，精美的瓷器制品经由海上丝绸之路运往世界各地，极大地丰富了全世界人民的物质生活和精神生活，瓷器也因此成为中国的名片。

唐代及五代时期，波斯、阿拉伯商人纷纷来我国经商，多到广州登岸；当时扬州是南北交通的要冲，因此成为胡商云集之地；明州紧连越窑诸窑址，又是天然良港，日本遣唐使及商船大多从这里登岸；泉州也是以其优越的地理条件很快成为当时著名的对外贸易港口。我国的陶瓷就是经这些港口，东输朝鲜、日本，或由波斯、阿拉伯商人贩运到南海诸国，而后转运到世界各地。当时出口的瓷器主要有长沙窑瓷、三彩瓷、越窑青瓷、巩县窑瓷、邢窑白瓷、耀州窑青瓷、鲁山窑瓷以及广东诸窑瓷器等。

明清时期，由于世界资本主义的发展，我国瓷器的对外贸易进入了一个新的阶段，郑和下西洋是我国对外贸易史上的盛举，使中国瓷器广泛流传到南亚、西亚和非洲各地，其中青花瓷尤受欢迎。中国和欧洲直接的瓷器贸易始于明代，16世纪葡萄牙是第一个和中国直接进行瓷器贸易的欧洲国家。此后，中国瓷器大量流入里斯本，致使里斯本很快代替了中世纪意大利的威尼斯，成为欧洲专门销售东方古董和中国手工艺品的中心。邻国西班牙则是把菲律宾作为和中国进行贸易的据点，将购买来的中国瓷器转运，横渡太平洋到达墨西哥的阿卡普尔科，然后再由西班牙商船运回欧洲。荷兰从17世纪开始代替葡萄牙垄断了欧洲国家和中国的瓷器贸易，到了18世纪中叶，欧洲市场上经营中国瓷器的主要有法国、英国。此外，德国、俄国、丹麦、奥地利、瑞典、美国等也被中国瓷器所吸引接踵而来。明清时期，我国输出的瓷器主要是景德镇的青花瓷、彩瓷等，还有许多纹饰图案是依照外商从欧洲带来的样品，由中国绘瓷工人精心摹绘的，题材大致包括纹章瓷、人物图画（诸如神话、宗教故事和风俗画）、船舶图画以及码头风景画、花卉图四种。下面以东南亚、西欧为例讲述陶瓷文化在世界范围内的影响。

（一）中国瓷器对西方文化的影响

就中西经济美术文化的交流与互动而言，18 世纪是一个黄金时代。中西经济的交流促进了中西美术文化的交流，同时中西美术文化的交流也促进了中西经济的交流，两者彼此往复推进，形成了良性的互动交流关系，由此开创了一个中西经济美术文化交流与互动的黄金时代。诚如美国学者乔纳森·戈尔茨坦在《费城与中国贸易（1682—1846年）——商业、文化及态度的作用》中所言："对中国的艺术品和产品由衷地热爱，从而轻松地转变了占统治地位的古典模式，这又反过来对进口商产生了经济影响。"最明显的特征是西方出现了"中国热"和"中国装饰风"，并反作用于中国出口艺术的西化。18 世纪中西经济交流主要集中在丝绸、茶叶、瓷器和家具等大宗货物贸易上，其中扮演着中西经济美术文化交流与互动的重要角色是瓷器和家具。前者不仅是中西经济交流的主要商品，同时也是中西美术文化交流互动的出色媒体，后者的意义在于通过中西经济文化的交流，玻璃画（油画）从附属于家具的装饰艺术中独立出来，成为中西美术文化交流互动历史的"镜子"。本节主要研究中国瓷器与中西经济美术文化的交流和互动。

人们通常把 18 世纪欧洲与中国的经济文化双向交流称为"中国热"时代，而对中国瓷器艺术的热爱，构成了西方"中国热"的显著特征，并因此推动了中西经济交流向经济文化交流与互动的层面转化。最突出的历史事件是 1792 年英国政府派遣马戛尔尼携带大量瓷器使华，使团中有一人记载道："他们（中国人）特别欣赏钟和德比厂的瓷瓶。但是他们对我们说，你们认为我们的瓷器好，还是你们的瓷器好？我们的回答是：我们认为，我们的瓷器是同类中极珍贵的，否则我们不会拿来献给皇帝。至于对中国瓷器的评价，从我们的商人每年在广州大量购买中国瓷器运往英伦这件事就可以看到了。"英国来华特使用本国德比厂仿造的中国瓷器作为礼物并引起中国人的欣赏，一方面说明 18 世纪中西关系已从经济交流的层面上升到经济与文化交流互动的境界；另一方面说明西方"中国热"的程度——通过经济交流和文化互动，在物质文明和精神文明上坚忍不拔地赶超中国。换句话说，中国瓷器艺术在 18 世纪中西经济美术文化交流与互动上起着举足轻重的作用。这从马戛尔尼离开中国时，乾隆皇帝亦赠 400 余件中国瓷器作为回礼，得到了证明。

其实，中国瓷器艺术文化在西方社会经历了从神话到黄金般珍贵再到"中国热"时代的过程中，瓷器已被逐渐普及、西化。

从神话般的瓷器到黄金般的瓷器，这是中西早期经济交流与文化互动的开启过程。欧洲最早有关中国瓷器的描述来自《马可·波罗游记》对中国廷基（福建德化）瓷器生产的描述："从某个地下坑洞采掘一种特殊的黏土，把它堆成堆，任其曝晒、风吹、雨打，从不翻动它，历时三四十年，黏土质地变得更加纯化精炼，就可以把它做成上述碗杯形状，再用想要的色彩在其上着色，入炉烧制。人们挖泥堆土，是为他们的子孙贮备制瓷原料。"

从此，关于中国瓷器的种种神话盛行不竭，甚至有的欧洲人迷信中国瓷器"可以清除所盛食物或饮料的毒素”。这种富有传奇色彩的神话，把马可·波罗“历三四十年”的神话演绎夸张成令欧洲人倾倒的文化神话最终又增添了诗意。欧洲1716年出版的《大帝繁华狂诗》咏叹道：

“看这个瓷器，
我被它的美丽所诱惑，
魂牵梦萦。
它来自新的世界……
它来自中国，
在大地孕育了百年之久。”

中国瓷器神话般的传说吸引了大量西方商人沿着通往东方的新航线纷至沓来，直接展开对华贸易。

欧洲人在与中国的经济文化交流中历经了海上相互厮杀掠夺贩运，扬起了贸易致富的风帆，把中国的陶瓷艺术等工艺美术品带入了西方，拉开了中西经济美术文化交流与互动的序幕。在18世纪的欧洲，中国瓷器影响其文化发展的因素有以下几点。

①对中国瓷器的酷爱迷恋形成欧洲早期“中国热”的一种时髦风尚，中国黄金般的瓷器成了装点宫殿豪门的美术器物，推动了中西经济、美术、文化的交流与互动。写于1610年的《葡萄牙国王记述》对中国瓷器充满赞美之言：“这种瓷瓶是人类所发明最美丽的东西，看起来要比所有的金、银或水晶瓶都更为可爱。”从17世纪末到18世纪，欧洲的帝皇、女王、王室成员和贵族均不遗余力地订制收藏瓷器。显而易见，中国黄金般的瓷器由于其特殊的艺术品位成为了一种装饰象征。

②18世纪西方的“日用品革命”为中西经济、美术、文化的交流与互动推波助澜。中国瓷器除陈设瓷外，还有日用瓷。随着茶叶销往西方，欧洲逐渐兴起品茗的习惯，欧洲医生邦迪高指出每日饮茶能治百病，饮茶之风更是遍及欧洲每个阶层。茶叶大量销往欧洲，导致中国日用瓷尤其是餐饮用具在欧洲各阶层普及。此时，中国瓷器不仅因价格低廉风行欧洲，而且还成为了欧洲民宅居室内的装饰陈设。比如，荷兰民居中的壁炉上和器物的托座上，经常摆放中国瓷器装饰点缀，家庭的玻璃橱中也陈列着中国瓷器。在英国，大文豪艾迪生在《恋人》杂志曾发出这样的慨叹：“女性热爱瓷器，同样是另一种麻烦的事情。”

③由于瓷器大量进口使得欧洲金银大量流失，欧洲在进口中国瓷器时，也在积极寻求制造瓷器的方法以求自给自足。而后，模仿中国瓷器的造型以及绘画在很长一段时间内都是欧洲瓷器制造的主流。1760年，英国伍斯特瓷厂仿华瓷之制，制成与中国瓷器极其相似的餐具，该厂1763年在《牛津杂志》上公开吹嘘：“中国瓷器和伍斯特瓷器用具可以混合起来同用，不能发现差异。”以至于1792年英国政府特使马戛尔尼来华携带大批德比厂生产的瓷器献给中国皇帝，令中国人刮目相看。因此，中国瓷器在中西经济、美术、文化交流中的作用已从历时性单向交流迈入了双向互动交流竞争的时代。

中国出口艺术的西化，特别是外销瓷的西化，是18世纪中西经济、美术、文化交流与互动的一个引人入胜的重要课题。其西化的主要表现在于："在输入欧洲的那么多中国漆器、瓷器和壁纸上所见的欧洲风格及影响，造型与装饰母题，压根不是中国趣味的表现，而仅仅是衡量欧洲买主们玩赏中国趣味的一个尺度（图 1–1）。"为适应西方消费者的玩赏需要，中国外销瓷等艺术的西化，说明中西文化已进入双向交流与互动的新境界，促进了 18 世纪中西经济文化的密切交流，因而形成了良性的互动交流关系。中国外销瓷器艺术的西化特征表现为以下几个方面。

图 1–1　广彩满装西洋人物图瓷碗

1）中国外销瓷上的装饰绘画，大部分是按西方顾客所提供的铜版画、版画为蓝本或西方画家绘制的画稿和设计图样复制到瓷器上。17 世纪末，中国瓷绘画家"都能很准确地摹仿铜版画的图案"。当时广州的瓷绘画师曾根据英国擅长花卉铜版画的画家蒙诺耶尔（Monnoyer）的作品，绘制了一对直径 15 英寸的花卉纹瓷盘，花纹以黑金两色描绘。18 世纪 30 年代，景德镇开始烧制墨彩珐琅，其特点是以纤细的灰黑线条勾勒，故可以成功地摹仿欧洲的铜版画和蚀刻画。比如，广彩《黑漆描金十字架上的基督瓷盘》（澳门博物馆和荷兰艺术历史博物馆均有相同藏品）和以广州和伦敦河岸景貌为边饰的《汤盘》，其题材内容和构图与广州外销西画有一定的潜在联系。这时中国的瓷绘画师已具有相当高的复制铜版画的水准。

2）由于墨彩珐琅复制铜版画的突出成就，以及宫廷御窑珐琅彩绘在景德镇烧制的成功，这一时期景德镇专营瓷器彩绘装饰的作坊犹如雨后春笋般涌现出来。法国来华传教士殷弘绪在其著名的书简中便记述了景德镇有"窑厂三千座"。到景德镇来订烧珐琅彩和粉彩绘制西洋画装饰的客商络绎不绝，中国瓷绘艺术因此得以进一步西化。"画碧眼棕发之人，其于楼台花木，亦颇参用界算法"熔色彩和透视技法为一炉已见端倪。对此，朱琰在《陶说》中指出："今瓷画样十分之，则洋彩得四，写生得三，仿古二，锦缎一也。"

3）中国外销瓷绘基地的转移直接影响了西画东渐的进程，进而为西洋画从瓷绘装饰中独立出来，奠定了基础。1740 年之前，景德镇绘制的"洋器"属于"专售外洋者，商多粤人，贩去与西人载市，式多奇巧，岁无定样"，这表明了景德镇瓷器彩绘所受西画影响的频率以及外销输出口岸在广州。1740 年之后，由于订烧瓷的数量激增和要求复制上色的准确性十分严格，订制者与彩绘画师之间的联系因交通远隔不便，于是外销瓷的彩绘装饰转到广州来进行，这就导致了广彩的兴隆。

（二）中国陶瓷文化在东南亚地区的影响

1. 中国陶瓷文化在东南亚的传播方式以及领域

中国陶瓷文化在东南亚的传播是伴随着中国陶瓷器物输往东南亚的过程实现的。唐代以前，中国史籍虽未明确记载，但印度尼西亚、马来西亚各地出土的汉唐陶器及瓷器证明其存在的真实性。11 世纪之后，无论是官方史志还是私人著作，都明确记载了中国陶瓷是输往东南亚的主要商品之一。其中，陶瓷通过商业贸易输入东南亚地区的途径有两个：一是官方海外贸易；二是民间海外贸易。无论是出于政治目的还是商业利益，官方朝贡贸易和民间朝贡贸易都是中国陶瓷文化在东南亚传播的主要方式。此外，海外移民也是中国陶瓷文化在东南亚传播的一个重要媒介。

中国陶瓷文化在东南亚传播的过程中，与当地的饮食、建筑、宗教信仰、社会习俗等领域融合，促进了陶瓷文化在东南亚新的发展。

（1）日常生活及饮食领域

陶瓷传播到东南亚地区之前，东南亚人们的饮食器具主要是以植物茎叶和果壳制成，陶瓷出现后迅速成为他们餐具的普遍选择。东南亚山区居民习惯饮用生水，由于水污染或者山洪暴发等，有的河流的水不能直接饮用，于是他们使用陶器或者瓷器将水沉淀一星期或是一个月，直到清澈后再饮用。最开始这一工作一直是当地土陶完成，随着中国的釉陶和瓷器通过贸易进入东南亚后，迅速取代了当地土陶。16 世纪至 17 世纪，闽粤等地所盛行的工夫茶随着华人大规模移居传播到了东南亚。“东印度茶之消费皆由我国输入，因该地华侨甚多，华侨均嗜祖国茶，其品质与香味均优于爪哇茶。国茶之输入东印度者，以闽茶为最多，粤茶次之。”工夫茶的饮用离不开泡饮茶叶的器具，无形之中推动了陶瓷饮茶器具在东南亚的传播。东南亚的陶瓷茶具种类比较单一，主要包括壶、碗、杯、罐等（图 1–2）。

图 1–2　19 世纪末拉玛五世定烧茶壶

除此之外，陶瓷酒具、酒杯在东南亚也十分盛行。

（2）建筑领域

中国陶瓷在东南亚建筑中的应用可以概括为两个方面：一是瓷瓦，在东南亚房屋建筑从竹木结构转向砖瓦结构的过程中曾发挥着重要作用；二是装饰，中国瓷器无论在屋脊、墙壁等建筑外观上还是在室内陈设上，都对东南亚的建筑起着装饰作用。在建筑材料方面，东南亚长期以来一直使用木材、竹子、棕榈作为建材，16 世纪以后，随着华人、西亚人大量涌入东南亚，砖瓦结构的建筑越来越广泛，屋顶使用的瓷瓦也越来越得到上层人士的喜爱，逐渐代替了茅草。只在上层社会推广的瓷瓦文化逐渐成为阶级地位的象征，有的国家甚至明文规定只有达官贵人才能使用。在越南、泰国等国家，往往可以看到采用中国瓷器碎片镶嵌的宫殿、寺庙等建筑物外墙、地面以及院内陈列的其他物品上的装饰图案（图 1–3）。

图 1–3　越南西贡天后古庙

（3）宗教信仰以及社会习俗

中国陶瓷传入东南亚后与一些宗教信仰发生联系，和当地的经济、社会生活融为一体。因此，中国陶瓷在东南亚社会生活中的应用与东南亚不同历史时期的宗教发展有着密切联系。

在东南亚的一些岛屿上，山区的少数民族由于交通闭塞，与外界联系较少导致开化较晚，但仍保留着一些原始宗教信仰的残余。他们信仰万物有灵、祖先崇拜和精灵崇拜，同时也普遍崇拜中国陶瓷。他们认为中国陶瓷具有某种魔力，不仅可以治病、通神、媚神，而且还有保护性。例如，民大脑岛上的 Maguindanao 族人患病之后，除了使用各种草药和祈求神灵保护之外，还借助中国瓷器使用符咒。在菲律宾的山地，居民举行宗教仪式时用瓷器或瓷碟盛着白饭、栗子及其他祭品，并用手轻叩，瓷器发出清脆的声音，他们相信借此可以邀请神明前来参加庆典。同时，由于佛教、印度教、伊斯兰教在东南亚的盛行，出现了一批专门宣扬宗教的装饰题材瓷器（图 1-4）。

图 1-4 以《薄伽梵往事书》中的人狮那罗辛哈和他的妻子

在某些地方，陶瓷还会作为殓葬器物，也有在墓碑上镶嵌陶瓷碎片的习俗。骨瓮和墓碑装饰都是反映墓主身份的象征，例如，越南顺化嗣德陵以青花瓷片镶嵌的墓壁上，有平面故事人物图像、几何图形和立体双龙戏珠的图案（图 1-5）。

图 1-5 越南顺化嗣德陵

虽然本书只以东南亚和西欧为例，但是在我国瓷器辉煌的历史上，陶瓷文化几乎遍及整个世界，日本、朝鲜、美洲以及亚洲内陆各国都有我国瓷器文化的痕迹。应该说世界文化的发展史上留有我国瓷器文化浓墨重彩的一笔。

三、陶瓷在世界范围内衍生的文化习俗

随着陶瓷的不断外销，世界范围内都掀起了一场“中国陶瓷热”，世界各国对陶瓷的喜爱和狂热深入到了生活和习惯中。渐渐地，他们开始将瓷器融入自己的文化之中，以瓷器为基础，形成了自己独特的瓷器文化。

（一）日本的茶道文化与中国陶瓷

镰仓时代（1185—1333年），日本高僧南浦昭明禅师来到我国浙江省余杭区天目山的径山寺求学取经。他在学习了该寺院的茶宴仪程后，首次将中国的茶道引进日本，成为中国茶道在日本的最早传播者。日本的《类聚名物考》对此有明确记载：“茶道之起，在正元中筑前崇福寺开山南浦昭明由宋传入。”日本的《本朝高僧传》也有“南浦昭明由宋归国，把茶台子、茶道具一式带到崇福寺”的记述。

由此可见，中国茶文化是日本茶道的源头，中国文人、僧侣于饮茶时所形成的“他界观念”以及文人、僧侣们对幽寂、高远情趣的体味和追求，都是日本茶道形成的基础。日本茶道文化是在中国茶文化的基础上融入了日本传统文化、审美、丰富的茶道精神和内涵，最终形成独树一帜的茶道文化。

随着茶文化进入日本，中国的饮茶用具、陶瓷茶具（图1-6）也自然进入日本，因此日本茶道与陶瓷从未分开过。日本各地文献和出土的同种类型、用途之茶碗均表明茶陶在很久之前就出现在日本。公元867年6月，京都安祥寺的开山惠运之《安祥寺伽蓝缘起并流记资财帐》，931年7月，宇多法皇向仁和寺施入之目录《仁和寺御室御物实录》均有“茶垸”“青茶垸”“白茶垸”和“茶研”等文字。另《本朝无题诗》（约1161年）中，中原广俊（1602—？）的《访禅林寺》：“樵老过山携竹杖，厨儿取水洗茶瓯，黄昏钟响频惊耳，俗客欲归僧可留。”藤原基俊（？—1142）的《冬日游圆觉寺》：“茶烟向晚树阴暗，香火烧春华气新。”这些诗句描绘了日本9世纪末10世纪初饮茶的情形，内容提到了茶瓯、茶烟、茶灶。

图1-6 从中国进口的陶制茶壶

日本的茶道文化讲求和、敬、清、寂的精神要求，包含了茶道文化独特的美学属性。而茶陶在茶道文化中也有不容忽视的作用。《山上宗二记》中记载有村田珠光的一句话："草屋前系名马，陋室里设名器，别有一番风趣。"可以看出，日本茶席的布置常常引用美学中的对比美感。日本茶道活动中，常常使用不同地区所产的陶瓷茶具，使不同风格的陶瓷茶具相互衬托，甚至不同的茶道环节也要使用不同风格的茶陶。

日本茶文化经过长时间的发展，茶道的流派应用阶层众多，各流派与各个阶层茶具的使用选择上自然不同，茶陶道具制品相对丰富多元。茶道自室町时代开始蓬勃发展，而因应茶道而生产的茶陶最早反映了日本"用"的操作美意识。茶道最深层的美感意识是透过环境、气氛，配合茶道具的演绎，把属于不同流派、不同地域及不同属性的美感个性呈现出来。茶事活动是一个传播"用"之美感的舞台，透过它表达出茶陶的地域特色和最深度的灵性之美。茶陶在茶道活动中不仅是喝茶的工具，所使用的食器类、酒器类、茶器类，还有装饰在壁龛的花器类和香器类，全部都有茶陶参与其中。整个茶事过程中使用之器具以陶瓷器最多，茶事活动之主轴"饮茶"更是以陶瓷为主。

茶事是茶道艺术的表现形式，是茶道理念的实践。茶事的类型有很多，如正午的茶事、朝茶事、夜咄的茶事、晓的茶事、饭后的茶事、临时的茶事、一客一亭的茶事、口切的茶事、初风炉的正午茶事、雨中的茶事、立礼的茶事等。茶具是茶事中必要的道具之总称，其中包括神圣道具、怀石道具、点前道具、水屋道具、待合和露地道具五大类。茶陶道具主要是在神圣道具、点前道具、怀石道具、水屋道具中使用。

① 神圣道具就是陈设在茶席的神圣空间——床之间的道具，如挂物、香炉、花入、薄板、文房具等，其中茶陶道具有香炉（图 1-7）、花入、文房具等。

② 点前道具是点茶时所必要的道具，点茶时有风炉、釜、风炉先、敷板、盖置、棚、长板、茶入、薄茶器、茶碗、茶杓、茶筅、水指、建水、柄杓、茶箱等。其中茶陶道具有风炉、盖置、茶入、茶碗、水指、建水等。

③ 怀石道具是食用茶怀石料理之际所用的道具，膳、饭碗、汁碗、碟子、汤次、饭器、酒器、通盆、八寸、向付、烧物钵等。其中陶瓷部分有膳、饭碗、碟子、汤次、饭器、酒器、向付、烧物钵等。

④ 水屋道具是在水屋中使用的道具，主要目的是供应茶会上相关活动的准备道具，客人并无法看见，但所使用的道具与看见的是一致的。

图 1-7　七官青瓷狮子香炉

日本茶道自出现起就与陶瓷相伴，在茶道步入兴盛之后，日本更是开始自行烧制茶陶用具。但是很长一段时间里，日本茶道所使用的茶具都由中国外销到日本，直至今日仍有许多中国瓷器被奉为日本国宝（图 1-8）。因而，我国的陶瓷文化对日本茶道的形成和发展影响深远。

图 1-8 日本国宝南宋油滴天目茶碗大阪东洋陶瓷美术馆藏

（二）世界范围内的陶艺文化

陶艺，广泛讲是中国传统古老文化与现代艺术结合的艺术形式。从历史的发展可知，陶瓷艺术是一门综合艺术，经历了一个复杂而漫长的文化积淀历程。它与绘画、雕塑、设计以及其他工艺美术等有着无法割舍的传承与比照关系。

“陶艺”之说发源于西方现代艺术运动。由于 20 世纪二三十年代德国包豪斯运动的发起，许多艺术家打破门户之见，介入到陶瓷及诸多工艺美术领域，用以扩大现代艺术的表现领地和表现形式，并丰富艺术的语汇。艺术家们以其新观念、创作激情和丰富的想象力，注入到陶瓷这一新的表现媒体中，打破了传统的陶瓷工艺美术冷冰冰的、毫无生气的装饰形式，注入了丰富的人文内涵和精神活力，冲破了传统的规范和器皿之形的约束。传统的陶瓷工艺美术，终于能以一种清新的文化品格——“陶艺”，而进入到纯艺术的领域中。在漫长的历史中，中国陶瓷的足迹几乎遍及全世界，因而陶艺在不同的地区也有不同的发展和特色。

1. 西方陶艺

（1）西方陶艺起源

作为一种艺术形式，陶艺创作首先强调艺术家独特的个性和表现方式，那些创造出的艺术品以服务于个人为宗旨。陶艺的产生，既有历史必然性，又带有偶然的机遇性。第一次世界大战以后，大量有特色的手工制陶作坊（或工作室）相继出现。他们为了生存，纷纷投入到各种实验中，使得陶瓷的花色品种日新月异。他们还联络了一些美术家帮助设计，但设计者们从不参与制作，仅是在纸上描绘一下，由陶工们去成型、烧制，甚至一幅巨型壁画也是这样完成的。当美术家与陶工相互协作后，情况就完全不同了。美术家提出陶工能够接受的想法，然后亲自接触泥料，从陶工那里学习一些必要的技巧，以丰富自己的工艺知识，更加有力地表达创作意图。

罗丹是最早利用陶瓷材料的雕塑家。他在贝勒斯主持的工作室当助手，在此期间独立绘制了许多花瓶装饰，在实践中开创了一些新的手法，把雕刻技术融于陶瓷装饰上，而装饰的题材和形式完全是传统样式。1903 年，他用釉陶制作了《加莱义民》群雕之一的胸像，以及《巴尔扎克》头像。尽管他所做的工作还远不能与陶艺联系在一起，但他以其艺术实践证明黏土所具有的不同生命——黏土不再单纯作为从草图到最后用贵重材料完成作品之间的初级媒介物。大概与罗丹同一时期，巴克蒙和夏普雷等人在奥特伊尝试用彩釉和化妆土的装饰手法，这些技法后来被广泛使用，这些艺术家是西方现代陶艺的奠基人。麦迪是一个了不起而又名不见经传的陶艺家，他为画家们提供了一些造型简单的陶器——细颈花瓶、球瓶等，新的材料和立体造型立即激起了画家们的创作热情。之后，陶瓷的制作材料——黏土被雕塑家、画家等艺术工作者所熟知，越来越多地被应用到艺术创作中来。

二次大战以后，欧美诸国经济迅速发展，同时带来了精神生活多样化的要求，产生了稚拙艺术、回归自然等思潮。造型艺术领域受到了来自新建的艺术思想的影响，强调广泛采用各种材料，发挥材料固有的本性，陶艺在这个时期真正出现了。

西方社会涌现出了大批陶艺杰出工作者。米罗的名字早已为众人所熟知，他的陶艺与他的绘画一样，被看成是不朽的杰作，阿纳森称米罗的艺术是“20 世纪的一种新语言”。阿蒂加曾协助毕加索、马尔凯等人创作陶艺，他们对陶艺流派的创建、陶艺制作手段的应用和创新有着杰出的贡献。伊尔里·里奈在《瓦洛里陶瓷业的复兴》中谈道：“自从毕加索从玛多娃那里学会了如何使用传统的施釉和烧制方法，他对青釉、化妆土等各种材料都热衷起来。”毕加索的狂热，无疑是对瓦洛里地区陶艺发展的一个激励。在整个西方国家，由于对艺术实践的尊重和对大画家的崇拜，促使现代陶艺备受青睐。20 世纪 50 年代以后，几乎所有在现代美术史上有一席之地的艺术家都或多或少地参与过陶艺创作。

（2）美国现代陶艺

第二次世界大战结束后，众多现代艺术的先驱人物，如皮特·蒙德里安（Piet Mondrian）、马克斯·恩斯特（Max Ernst）等都离开了欧洲，在美洲海岸度过余生。以纽约为中心，一个又一个画家大胆地创造着当时在大多数观众眼中充满陌生的作品。这一群画家的作品被总称为“抽象表现主义”绘画，其中每一个画家都将绘画语言推到了简单的极处。对于杰克逊·波洛克（Jackson Pollock）而言，绘画似乎只是滴落的颜料形成的无数交织混杂的线条，以这种直觉的方式，仅以线条或者色彩构成作品的画面。抽象表现主义不注重主题，而强调创作本身，追求不确定的效果。这些特征对于传统西方绘画是具有突破性的，所以“抽象表现主义成了美国贡献给西方现代艺术的新风格”。

评论家克莱门特·格林伯格是“新风格”的早期拥护者，他将其形容为“美国风格的绘画”。正是这种“美国风格”影响了美国现代陶艺的发展，黏土开始成为包含颜料、画布等的综合媒介。陶艺家张扬自己的创作个性，表现自己的创作理念，敢于变革，不再以传统的标准去约束陶艺创作，抛弃了陶瓷的实用功能，通过陶瓷材料表达出个体的艺术情感。艺术家以一种开放、包容的胸怀融合不同的创作理念，汲取各种营养。所以现代陶艺能率先在美国这片土地上开花结果，涌现出一批造诣非凡的陶艺家，带动了整个现代陶艺的发展。

在二战前后的数十年间，在美国和亚洲之间有着大量的学者和艺术家通过个人旅行、翻译介绍亚洲宗教、哲学和艺术理论，以及涌向美国的亚洲移民艺术家，促成了一种现代艺术在美国和亚洲之间的跨文化交流。中国的书法、水墨画及其画论，日本禅宗、浮世绘、草间弥生和小野洋子等战后移民美国的日本艺术家，都对美国战后的观念艺术及其艺术形式产生过重大影响。

对于美国现代陶艺的发展来说，日本的禅宗思想与民间陶艺起着直接的作用。最早把日本陶艺介绍到美国的是巴纳德·李奇（Bernard Leach），一位英国的陶艺家、陶艺理论家。美国人通过他的著作《A Potter's Book》，了解到了中国、日本及朝鲜等国家的陶瓷美学。在这本书中，李奇主张“从‘包豪斯’到‘宋’的崭新理念，明确地提出陶瓷艺术的东西洋和合”。李奇认为陶艺应该摆脱地域性限制，无束缚地追求泥土与情感的结合，开放式地去体悟东西方文化融合的乐趣。1953 年，李奇陪同日本陶艺家滨田庄思（Shoji Hamada）、日本民艺理论家柳宗悦（Soetsu Yanagi）访问美国。在美国访问期间，李奇向美国人介绍东洋文化对西方的影响，柳宗悦向西方人讲授佛教美学思想，滨田庄思则通过实践向美国陶艺家展示其独特的艺术魅力，这些举动在美国陶艺界掀起了热潮。与欧洲工业文化下的陶瓷不同的是，从滨田庄思的陶盘中可以品出人情味来，朴素、自然、幽玄、孤高、寂静、不均齐等禅宗美学思想渗入到作品中，这是一种与传统西方截然不同的艺术语言。这种具有东方色彩的陶瓷艺术风格影响了当地美国陶艺家。李砚祖曾说：“进入 50 年代，美国成为西方现代陶艺的代表者。它的崛起，一方面从欧洲侨民中获益，另一方面则是在寻找陶艺的更高境界和表现语言时，认识到了东方禅宗思想和传统陶艺的杰出和深刻处。”这两方面因素是美国现代陶艺的催化剂，推动了美国陶艺的变革。

美国现代陶艺首先是在西部地区发生的，这里有丰富的资源、广阔的海岸线，高耸的落基山脉，粗犷的西部砂岩，新兴的大学陶艺教育，整个西部地区彰显着乐观、自由、独立、冒险的精神。这里的地理人文环境造就了美国现代陶艺的兴起。

20 世纪初，东部地区作为美国的经济、文化、政治中心，在艺术方面已经有了空前的发展，来自世界各地的艺术家们在绘画、雕塑等美术领域取得了非凡成就。在西部地区的艺术家们目光自然而然地转移到了陶瓷艺术上，那些把目光转移到陶瓷艺术上面的艺术家们大多数是美术院校的任课老师，或者是已完成学业的毕业生。他们没有把自己局限在陶瓷工艺范畴内，他们摒弃循规蹈矩，在荒漠中开辟新的道路，用黏土实现自己的艺术价值。

在美国的陶艺界内，普遍认为美国现代陶艺形式的表达开始于 1954 年，即彼得·沃克思（Peter Voulkos）来到洛杉矶担任奥蒂斯美术学院陶艺教师时。沃克思的创作手法体现出李奇和滨田庄思的即兴、偶发的陶艺风格，以及抽象表现主义画家的直觉和自发的艺术风格。他摒弃陶艺创作中过分强调工艺性的作风，主张不完整、不对称的陶艺美学，他在陶艺风格上的突破影响了在奥蒂斯美术学院学习的学生。"他和他的学生们在南加州奥蒂斯美术学院的探索被评论界称为'奥蒂斯陶泥革命'。沃克思的努力成了一种催化剂，将美国的陶瓷艺术从工艺美术的范畴推进到了纯美术的范畴，在现代陶瓷艺术史上建立了不可磨灭的功勋。"

2. 日本陶艺

在日本，"陶艺"这一概念十分笼统和模糊。从现象上看，"陶艺"这一概念的运用，非常简单而明了：凡机械生产的陶瓷制品均为产业陶瓷；凡手工制作的陶瓷制品均称为陶艺，因此，"陶艺"在日本的实际解释就是"手艺"。我们不否定手艺具有一定的文化内涵，但传统的手艺所体现的人文内涵和创造意识毕竟浅显，最多只具有"准艺术"或"次艺术"的文化品格——工艺美术。如果陶艺抽掉了艺术的精神因素、人文内涵及创造力的发挥，剩下的也就只有陶艺之"名"，而无陶艺之"实"了。这足以证明日本陶艺文化那种重"名"轻"实"，重形式轻精神，重表象轻本质的文化特征。

这并不是说日本缺少注重人文内涵及创造意识的陶艺作品。事实上，日本的陶艺和许多文化现象一样，形成了一种两极分离组合状态。一方面，一批接受了西方艺术观念的激进的陶艺家，在日本曾以相当前卫的姿态，企图通过陶艺体现他们的艺术观念，创造人文精神，企图在陶艺的表现形式上寻求新的突破。但由于他们过于西方化，缺乏对东方文化、东方艺术的深入思考，因而既影响不了另一极的传统陶艺，更形成不了主流。另一方面，传统陶艺则在日本浓厚的民族文化意识的支持下，得到了大力的宣传、扶植和发展。但由于日本的传统陶艺缺乏对更高的文化品格的追求，只注重实际的社会效应和经济效应，因而，这种浅文化形成的优势和弊端就显示出来了：作为与生活密切相关的实用陶艺，得到了极大的丰富和发展；而具有更博大、更精致的文化格调的陶艺，不易多见，也就是说，日本传统陶艺难得看到"阳春白雪"。

传统陶艺在日本社会生活中、民众心目中、各种重要的展览场合、各种市场上，均起着主导地位，发挥着重要的影响。这是传统陶艺以一种文化的姿态步入商品世界，并和民众的生活息息相关分不开的，因而，传统陶艺无可辩驳的是日本陶艺的主流。

在日本，尽管前卫陶艺家在 20 世纪 50 年代便接受了"陶艺"这一理念，但真正的发展，还是以加藤唐九郎为代表的传统陶艺家，他们在 70 年代以后做了大量的工作。在六七十年代，作为经济产业，日本的产业陶瓷得到了极大的发展，并在世界陶瓷市场上占有一席之地。经济的发展和技术的进步，为陶艺的发展奠定了良好的物质基础。日本作为一个陶瓷出口大国，对"陶艺热"起到了推波助澜的作用。在西方陶艺热的冲击下，本来许多已经萎缩了的地方民窑土陶，却在 20 世纪 70 年代的"陶艺热"中，重新得到了重视。日本开始重新开发利用、扶植和宣传这些民窑土陶，这些本来相当原始的土陶，符合了现代人的追求：回归自然、原始主义等文化心理，而且也更贴近日本人的民族文化心理。于是在20世纪70年代中后期和80年代初期，各种陶艺作坊、陶艺教室如雨后春笋般地发展起来了，一些制陶高手的陶艺作品，一时洛阳纸贵，卖价扶摇直上。通过二三十年的宣传、诱导，日本民众已普遍形成了欣赏民窑土陶的心理。因此，传统陶艺作为一种大众文化，也取得了不可动摇的主流地位。

第四节 瓷器输出与进出口地语言及文化间的相互影响

从古至今，国家之间的文化交流与融合从未停止过，如古代佛教、伊斯兰教等宗教文化进入中国，中国道教、孔子思想等文化在西方社会的传播；在现代，圣诞节、感恩节等“洋节”文化在我国的流行，以及国外对我国传统春节文化的关注等。国家间的文化输出与物质输出之间联系紧密，举例来说，西方圣诞文化在我国的流行必然使得其他国家带有圣诞元素的产品在我国市场上取得一定优势；而带有圣诞元素的产品在我国消费市场上流行，又使圣诞文化在我国进一步传播；圣诞文化作为外来文化，在我国的传播过程中会因为我国人民的习惯、思想、文化等原因而改变，而这些改变又会传导到产品输出国，他们在向我国出口带有圣诞元素的产品时，就会迎合我国消费者的喜好，在产品上做出改动。

陶瓷作为一种艺术文化，也作为一种广泛使用的国际化产品，在它身上体现出的文化与产品贸易之间的相互影响更为突出。

一、陶瓷对进出口地语言及文化的影响

（一）陶瓷对瓷器产地语言及文化的影响

1. 由陶瓷而生的景德镇里弄文化

（1）景德镇陶瓷文化的内涵

景德镇陶瓷文化是千年沉淀下来的与陶瓷生产相关的物质、精神、制度、行为等融合而成的，是集地方文化、时代特征、特定政治背景、文化时尚、工艺水平、美学思想等诸多因素在内的手工业文化，包括原料开采、工艺流程、行业制度、名匠名人、器物形制、装饰风格、作坊、瓷行、生产习俗、行规、市场、窑神崇拜、御窑、民窑等内容。具体表现为制度文化、器物文化、装饰文化、工艺文化和与陶瓷行业有关的民风民俗等。

景德镇能以一个行业支撑城市的千年命脉，引领世界陶瓷生产潮流六百年之久，确实是一个值得研究的课题。除社会政治原因、地理因素和御窑因素以外，其中一个重要的原因就是它有一套相对成熟和完善的制度。千年景德镇所形成的陶瓷制度文化，所沉淀的行业自律，特色鲜明，是中国陶瓷文化的重要内容。高度精致的分工体系、整体营销制度、次品瓷器专卖、发达的行业中介组织、宽松有度的用工制度、从业人员的自律

意识和强有力的行业他律环境，共同构成了景德镇陶瓷制度文化的丰富内涵。

从哲学的角度看，景德镇陶瓷装饰文化的理念和哲学思想也是极其丰富的，如以人为主体、强调器物的功能性、反映人们的生活方式、器物整体上注重人与自然的和谐、重视器和道的统一、功能与装饰的结合等在当代工艺美术领域仍然有很高的思想价值。

此外，景德镇的陶瓷民俗文化，如窑神崇拜、开红禁、开黑禁、买位置、写书薄、烧太平窑、买扁担、“做春窑”“扯八中”“扯尾巴”“撞火窑”等行规，也是景德镇陶瓷文化的一个重要组成部分。

（2）景德镇陶瓷文化聚落

景德镇陶瓷文化是景德镇地区的人们在长期的社会实践中，手工技艺和传统文化相结合的产物，是两千年沉淀下来的与陶瓷生产相关的物质、精神、制度、行为的融合，是集地域文化、时代特点、工艺水平、美学思想等诸多因素在内的文化形式，涵盖了原料开采、工艺流程、技艺传承、生产习俗、行业制度、窑神崇拜等诸多内容。

景德镇陶瓷文化聚落是以传统陶瓷文化为主要特色的聚落，包括各种古老村落和古街巷。这些聚落形成了中国最宏大的传统陶瓷文化景观，成为了中国传统陶瓷文化最典型代表。同时他们有各自独特的历史发展脉络，很多聚落现在仍然进行陶瓷生产，孕育陶瓷文化。景德镇本土文化是聚落的主体，既与其历史和文化传统有关，也与自然环境密切相关，这些聚落在延续自身传统特色的同时，也受到了外来文化的影响。历史中的景德镇是以御窑厂为中心，围绕着手工制瓷的工序和不同种类的瓷器生产及销售，呈一种同心圆式的街巷分布。但随着时间的推移，很多陶瓷文化聚落已经逐渐衰落甚至消失了。

景德镇陶瓷文化聚落（图 1–9）主要包括三个方面：一是空间上依托古陶瓷聚落形成的新的文化聚落。这类文化聚落由于政策和成本等原因从市中心外迁至市郊的城中村，自发形成了新的陶瓷文化聚落，如樊家井、筲箕坞、老厂新厂、老鸦滩等。二是自身属性发生转变，但依然从事与陶瓷生产、生活相关的传统陶瓷文化聚落，如三宝蓬。三宝蓬在历史上是著名的磁石生产地，随着资源的枯竭，其价值也在失去。但近几年三宝蓬陶艺村让原本逐渐淡出人们视野的三宝蓬重新回到了大家的视线。现在三宝蓬不再生产磁器反而成为了世界各国陶瓷文化爱好者的聚集地。世界各国大师齐聚此地，互相激发灵感，开发创意陶瓷，并实现了集陶瓷创意、会议、生产、销售、休闲“一站式”体验。三是由于政府规划或者依托陶瓷高校形成的陶瓷文化聚落，因为缺乏古陶瓷聚落做依托，该类陶瓷文化聚落最终沦为了卖场或者创意陶瓷区。

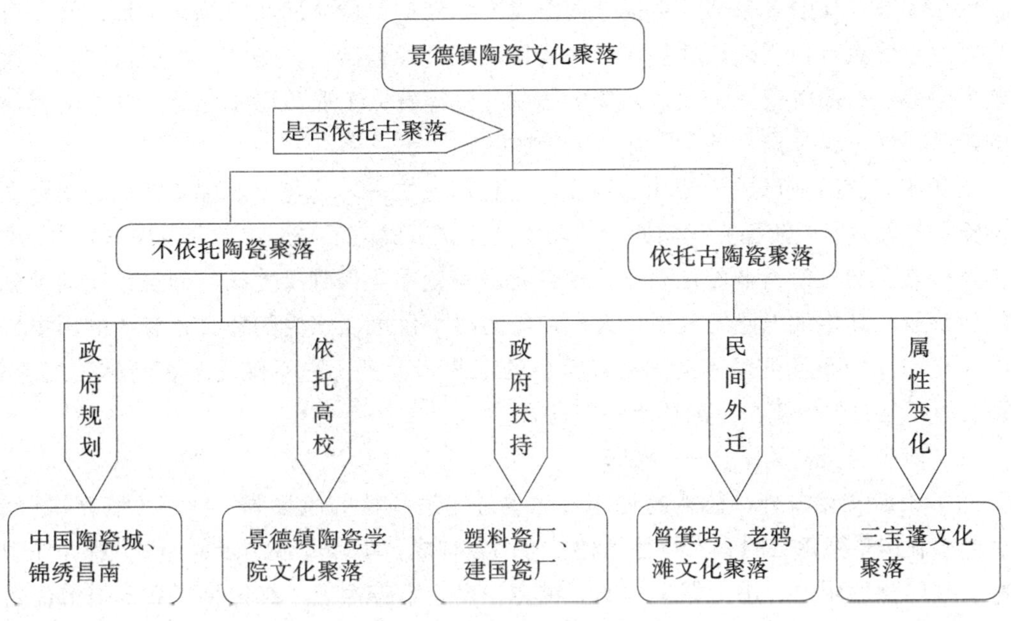

图 1-9　景德镇文化聚落的类别及成因

2. 德化独特的陶瓷文化

（1）德化的陶瓷旅游文化

德化自古就是中国的瓷都之一，是中国陶瓷文化的发祥地，在千年薪火相传中创造了“瓷的世界”，奠定了不可撼动的瓷都地位，并以深厚的文化底蕴孕育了众多具有独特韵味的陶瓷文化风景。例如，全国重点文物保护单位屈斗宫古窑址、福建省唯一的陶瓷专业馆德化陶瓷博物馆、独具地方特色的祖龙宫、见证千年瓷都繁荣昌盛的龙窑、新兴的集观赏与体验于一体的陶瓷工业旅游示范点、汇聚瓷都德化陶瓷无数精品的陶瓷街等。

将陶瓷文化融入本地特色旅游文化当中，是德化一直在做的尝试。德化县陶瓷文化旅游区开发于 20 世纪 90 年代后期，是当时福建省唯一的陶瓷文化旅游区。2005 年 5 月泉州出台了旅游发展总体规划，将开发“德化瓷都生态旅游区”作为旅游规划的重要内容，包括兴建城关洞寨山公园、古窑遗址德化陶瓷博物馆、陶瓷工艺厂、陶瓷旅游商品购物中心、民俗文化表演中心、九仙山风景区等。

德化旅游业对陶瓷文化的开发具有独特性。由于陶瓷文化旅游是刚刚起步发展的行业且与全国其他旅游资源相比陶瓷旅游资源比较稀缺。所以在开发过程中，要以其独有的特色来满足人们追求与众不同和追求奇特的心理，使陶瓷旅游成为当地比较富有独特性的旅游项目，从而带给游客耳目一新的视觉感受。例如，德化陶瓷文化具备独特的民族风格，通过精湛的技术手段将自然材料打造成永不凋谢的艺术奇葩，擅长将人物的性格特点通过陶瓷来展示，这种独特的艺术风格正是陶瓷文化旅游开发所必须具备的原则。

德化制瓷历史悠久丰富的陶瓷古迹、珍贵的制瓷技艺、独特的瓷业习俗、浓郁的地方风情均构成了德化独具特色的陶瓷旅游文化优势资源。至今德化仍拥有宋、元、明、清窑址238处，其中著名窑址包括全国重点文物保护单位“屈斗宫德化窑址”等。目前德化著名景区景点包括陶瓷博物馆、陶瓷展销城、陶瓷街、祖龙宫、月记窑国际当代陶瓷艺术中心、三德陶瓷城、鼎盛艺瓷、儒苑礼瓷等省级工业旅游示范点。这些陶瓷与旅游的相互融合初步构成了德化陶瓷文化旅游的新格局。

近年来，旅游业已成为德化县重要的支柱产业之一。德化整合独具特色的陶瓷文化旅游资源，大力发展陶瓷文化旅游，使陶瓷文化旅游成为了当地旅游业发展的强力引擎。

陶瓷文化与旅游行业的结合不仅使德化的陶瓷文化得到了发扬，而且也带动了德化县的旅游业及其相关行业的发展。人们在旅游时不仅可以感受陶瓷文化悠久的历史、深厚的文化内涵，而且可以体会其极具特色的工艺和造型。它不仅是游客的旅游纪念品，最重要的还是对中国瓷文化的继承和发扬。

（2）陶瓷与美食的结合——粿印

除了旅游文化之外，德化的粿印文化也是一道独特的风景线。粿印（制糕饼模具）的生产和制作是德化窑的一大特色品种，闽南语称之“龟印”或“米粿印”。粿印在闽南民间有着广泛的用途，用于祭奠神明、供奉先贤、婚丧嫁娶、红白喜事和乡俗节庆之类的活动，有条件的人家都会支灶蒸粿，自制糕饼。粿印实用性强，做工讲究，纹饰精美（图1–10）。

图1–10 白釉“百子千孙”寿字粿印

印模器形以圆形为主，少量方形、椭圆形、扇形、碗形、异形、象生形、六角形、八角形以及两面、三面或四面印饰，五面纹饰极少。印坯成型多用手工捏制，或以轮制完成，印堂通常施釉，素面者罕见。直径普遍在6～20厘米之间，更小或更大则较稀有。印纹通常靠手工阴刻、阳雕，最多的是套模复制，表现纹饰多为花卉、生物、动物、吉语等寓意祥瑞、老少咸宜的题材（图1–11）。

图 1-11　白釉麦穗莲荷粿印

明代粿印胎白釉润，刀法洗练粗犷、手工制品见长，入清以后印具花样翻新，纹饰繁复，精彩纷呈。前者是“刻制粿印”，后者为“模制粿印”，共同形成了一个以反面拟稿、雕刻构图、立体成像为艺术载体的独立艺术表现门类。粿印生活气息浓郁，极具地方文化特色。纯手工雕琢制作可分线雕、平雕、圆雕、浅浮雕、阴刻或减地阳雕等技法，灵活运用，刚劲有度，个性鲜明。一般“雕版”独活的艺术价值远胜于批量“模版”，而雕模、母模、范本珍贵无比，难得一见。粿印铭文方式分刻字、模印及青花铭文三种，镌刻有釉下和釉上之别。明代以刻书落款较多见，清中期降釉下青花铭文成为主流，写款方式与位置较为随意，很少重复。粿印以其民俗用品的显著特征与工艺特色，可用可赏可收藏，加之民国时期民间改用木制品替代，瓷质粿印逐渐退出生产领域，更能凸显其收藏与研究价值。

粿印文化扎根于闽南沃土，充满民俗色彩，饱含地方特色，彰显制瓷工艺，具有很强的艺术感染力，是民间艺人长期社会实践所形成的艺术瑰宝。粿印是一种立体艺术，从做坯、设计、修雕、蜡制等工序一路走来，每一道都关乎质量，尤其是反面构图，立体成像，刀头刻画，泥火定型，工艺相当复杂，前期所做的这一切完成的仅仅是模具；第二关，成品粿印还要经历制坯、印纹、写（刻）款、上釉、烧成等环节，优胜劣汰，适者生存；第三关，每位使用者每一次经手都有可能影响粿印的完整与寿命。

3. 醴陵瓷都文化

（1）醴陵釉下五彩瓷装饰艺术与中国画

醴陵釉下五彩艺术瓷之所以被誉为“东方制瓷艺术的最高峰”，是因为其在中国制瓷历史上有三点特别值得记住的地方：首先是在形（器形和瓷质、釉色）上有所创新和突破。在成型上，提出了“一次成型”的理念。因为醴陵瓷要做得精致，首先在成型上改变了中国人以前在成型方法上所采用的多次成型方法，这是因为醴陵釉下五彩瓷要做得“精致”的要求所必需的。其次是完成了中国制瓷人将泥土通过火的煅烧变成玉的梦想，即完成了中国人所谓的“冰玉梦想”。因为玉器是中国传统文化中最值得中国人珍藏的物品，有一句话叫作“玉无价，瓷亦无价”，中国人做瓷一直追求玉的效果，因此有五大名窑，这五大名窑无外乎是让瓷的釉色有了类玉的感觉，醴陵釉下五彩艺术瓷的坯骨经 1 380 度以上高温烧制后，其瓷质的玻化程度很高，使整个瓷都有了温润如玉的感觉，因而醴陵瓷又有“假玉”的美称。最后是实现了中国人将中国画完整表现在瓷器上的梦想。青花为什么有名呢？青花最重要的一点是在瓷器上表现出了中国画的水墨感，而醴陵瓷在装饰上就完整表现出了中国画的水墨韵味，而且，醴陵瓷是釉下多彩的，还有一点，画面是在一层透明的釉层下，是长石釉或钙质釉，无铅无毒，是一种最健康的瓷。新中国成立后，在吴寿祺、林家湖等老一辈人的努力下，釉下五彩瓷得到了恢复和发展，醴陵釉下五彩瓷也以其“冰玉”品质铸就了共和国“国瓷”之地位。

醴陵瓷是我国传统文化中“诗、书、画、金石、瓷、玉”六大核心文化的特殊载体。醴陵瓷更加强调的是文化和创作者知识在瓷器载体上的表现。醴陵釉下五彩在装饰上强调“用陶瓷艺术的语言来表现中国画艺术”的理念，“骨法用笔”是醴陵瓷的核心。南齐谢赫提出的六法——“气韵生动、骨法用笔、应物象形、随类赋彩、经营位置、传移模写”，得到了历代美术家和史论家的肯定，被称为“六法精论”，这些理论均可在醴陵釉下五彩瓷装饰中得到应用和提升。醴陵釉下五彩瓷曾经有很多十分有特点的单色彩，如釉下蓝彩、绿彩、墨彩、褐彩、红彩等，他们是醴陵瓷中十分精彩的部分。

中国的陶瓷装饰与绘画有着不可分割的密切关联，二者相互影响并促进了各自的发展。从历史的角度审视，陶瓷上的纹饰艺术要早于具有独立意义的绘画艺术。中国彩纹陶是中国原始艺术的一个高峰。装饰性、图案化以及与这相关的程式化是其鲜明特征。纹饰在后来朝着两种方向发展，一种是纯粹装饰的方向，是图案的发展演变；一种则是渗透进绘画中，影响到中国绘画的线条特征和写意特色，而醴陵釉下五彩瓷正是中国陶瓷艺术家在陶瓷彩绘装饰中“将中国画完整表现在陶瓷材料上”的智慧结晶。笔者认为，我们祖先主观的将自然界设定为由线条组成，在经历了艰辛的磨砺后，确认了追求蕴含力量骨感的线条长、短、粗、细、曲、折变化来表现作品，总称为“骨法用笔”。如同音乐简谱中常用的基本元素“1234567”，可创作跌宕起伏、气势恢宏的交响乐，亦可创作委婉缠绵的小调。当然，中国画还追求意在笔先、气韵生动等理念。立意、用笔、气韵应互为共荣，如同音乐中高、低、长、短音在共同起作用，如同 7 个音符一样不能分割。现在醴陵釉下彩装饰者中有些人把“骨法用笔”丢在一边，片面强调“意在笔先”，显然是有失偏颇的。稍一观察就会发现，意境存在于万事万物之中，过度宣扬意境只会适得其反，我们所强调的醴陵瓷装饰毕竟以视觉审视为主。讲“骨法用笔”，并不是复古，而是找回我们在醴陵釉下彩瓷装饰的艺术价值标准。在醴陵釉下五彩陶瓷艺术中，表达出了这些得到发展的具有中国绘画特质的信息，中国绘画在表象之外的写意性和观念性，是一脉相承的。

（2）醴陵瓷谷

醴陵瓷谷（图 1–12）是醴陵市邀请全球知名的建筑师事务所——意大利阿克雅设计的，是我国陶瓷行业规模最大且极具观赏性和创新性的文化艺术建筑群。一期建筑由国际陶瓷展览中心、图兰朵酒店、醴陵瓷谷美术馆、醴陵市陶瓷博物馆等 11 个单体建筑巧妙地在内部连成了一个整体。项目整合了湘阴县岳州窑、长沙市望城区铜官窑、醴陵市东乡沩山窑等湖湘陶瓷文化历史资源，打造出湖湘陶瓷文化旅游精品线路。二期为瓷器口古文化街及艺术家别墅群落·定制与状元府人文社区。

① 国际陶瓷展览中心。国际陶瓷展览中心，云集全球各国各地区、各种材质、各种工艺的陶瓷精品，依托中国最大的全球陶瓷艺术智库，线上线下全线推广营销，打造成为全球最为丰富、最为便捷的陶瓷体验营销平台。2015 年 3 月 26 至 28 日，盛况空前的中国陶瓷艺术大展暨首届湖南（醴陵）陶瓷博览会在醴陵瓷谷（醴陵世界陶瓷艺术城）盛大举行。

② 图兰朵酒店。图兰朵酒店，168 间各具特色的陶瓷文化主题客房。整栋建筑以陶瓷花瓶经典器型为外形，线条优美、层层旋转上升，极具想象空间与诗意魅力。全部贯穿陶瓷文化脉络，每一层、每一间、每一个角落、每一个细节，表现不同的陶瓷文化主题，洋溢着陶瓷文化的浓厚氛围，是目前中国首家最具创意、最大规模的世界级陶瓷文化主题酒店。

图 1-12　醴陵瓷谷

③ 醴陵瓷谷美术馆。醴陵瓷谷美术馆，荟萃全球陶瓷及其他艺术作品在内的现当代美术精品，通过艺术品收藏展览、艺术论坛讲座与艺术家驻场创作等各种形式的交流合作活动，致力打造成为推动中国陶瓷文化创意产业发展，促进全球现当代艺术融合共进的崭新平台。

④ 瓷器口古文化街。古建筑群、民族民情民风表演、仿古窑炉、瓷业学堂、釉下五彩瓷传承创新中心、主题商铺、DIY 体验中心，体验式、情境化呈现古建筑文化、陶瓷手作魅力与湖湘民俗风情。

⑤ 醴陵陶瓷博物馆（图 1-13）。荟萃醴陵历朝历代的陶瓷精品名品，其中，最重要

的部分是新中国成立以来醴陵窑特别烧制的国家用瓷，包括毛瓷、历届国家领导人赠送给外国元首、政要的礼品瓷、人民大会堂用瓷、中南海用瓷等。在这里，可以切身体验到东方陶瓷艺术的高峰、国家非物质文化遗产、国家地理标志保护产品——醴陵釉下五彩瓷的烧制技艺，可以尽情领略醴陵釉下五彩瓷代表作品独具特色的魅力。

⑥ 中国陶瓷艺术设计中心。中国陶瓷艺术设计中心，隶属于中国陶瓷工业协会，其直接上级管理机构为中国陶瓷工业协会陶瓷艺术委员会，这是中国陶瓷研发设计领域最高的行业管理机构。秉持“领导中国陶瓷艺术设计、服务中国陶瓷文化创意产业、助力中国陶瓷产业创新发展”的宗旨，力争打造成全球陶瓷研发设计与交流合作的核心平台及世界级的陶瓷产品与陶瓷品牌孵化基地。是集研发设计、品牌运营与教学培训于一体的陶瓷文化创意产业的高端专业服务平台。

图 1-13　醴陵陶瓷博物馆

⑦ 沩山国际陶艺村以湖南省醴陵市沩山镇沩山村为核心区域的醴陵窑，是迄今为止考古发现的中国最大的陶瓷古窑遗址群，是国家级文物保护单位、国家考古遗址公园 。沩山国际陶艺村，融醴陵窑数千年悠久深厚的陶瓷文化历史与醴陵瓷谷的当代探索于一体，以当代陶瓷艺术的国际视野与艺术考量，在保存原汁原味的醴陵窑陶瓷历史、自然风景与民俗风情的基础上，打造成为东方农耕文明与东方陶瓷文明的大观园，啸聚全球陶瓷艺术创意新锐人物，一起游山玩水玩陶瓷。

醴陵瓷谷十分重视创新，以文化艺术交流为推手，通过展览展会、论坛讲座等形式，创新宣传湖南特色文化；以文化创意和设计为推手，通过创意人才培训、创意设计大赛、文化创意集市等形式，促进整个行业的文化创意和设计水平提高，推动整个产业的转型升级；以文化艺术品创作为推手，通过创建艺术基金、创业基金与孵化平台，为青年艺术家与青年文化创意和设计人才提供良好的创新创业环境，带动大众创新；以互联网+模式为推手，通过打造线下实体平台与线上虚拟平台，实现线上线下齐头并进、全面开花，推动整个行业的产品和服务营销转型升级；以文化+旅游为推手，通过DIY、AR、VR等体验形式，打造参与感更高、体验性更强的陶瓷文化旅游目的地。

醴陵瓷谷美术馆馆长罗坚说，所有的创意和努力，目的都是要宣传和传承中国陶瓷文化。他表示，中国陶瓷能否在国际上站稳脚跟，关键要看中国陶瓷业是否具有创新精神和转型升级的能力。醴陵瓷谷模式算是一种全新的尝试，打破了一些常规。它以当代陶瓷艺术发展脉络为指引，在保存原汁原味的醴陵窑陶瓷历史、自然风景与民俗风情的基础上，打造陶瓷文化体验、陶瓷生产工艺过程展示、陶瓷艺术创作、陶瓷技艺传承等功能于一体的陶瓷文化系列产品，通过陶瓷文化吸引游客关注、激发游客对醴陵陶瓷产生兴趣，并使其自发进行推广，这一理念得到了业界的认可。

（二）陶瓷对进口地语言及文化的影响

1. 中国陶瓷对东南亚地区的影响

中国陶瓷文化在东南亚的传播是伴随着中国陶瓷器物输往东南亚的过程实现的。唐代以前，中国史籍虽未明确记载，但印度尼西亚、马来西亚各地出土的汉唐陶器及瓷器证明其存在的真实性。11世纪之后，无论是官方史志还是私人著作都明确记载了中国陶瓷是输往东南亚的主要商品之一。其中，陶瓷通过商业贸易输入东南亚地区的途径有两个：一是官方朝贡贸易；二是民间海外贸易。无论是出于政治目的还是商业利益，官方朝贡贸易和民间贸易都是中国陶瓷文化在东南亚传播的主要方式。此外，海外移民也是中国陶瓷文化在东南亚传播的一个重要媒介。

在中国陶瓷传到东南亚之前，许多东南亚普通人民在饮食、储藏等方面的容器都是蕉叶、竹、椰壳等制作的，十分不卫生，容易引发疾病。《明史》记载："文郎马神（今印度尼西亚加里曼丹岛南部马辰一带）初用蕉叶为食器，后与华人市，渐用瓷器。"这是中国陶瓷通过贸易逐渐影响当地饮食文化的真实写照。《东西洋考》亦有类似记载："初盛食以蕉叶为盘，及通中国，乃渐用瓷器。"当时，文郎马神用中国瓷盘盛放食物的器皿中便有瓷盘。陶瓷的出现彻底改变了当地的饮食习惯，并且为东南亚的传统习俗增添了新元素。

（1）十六、十七世纪，工夫茶传播到东南亚地区，同时，陶瓷茶具也流行起来。

随着陶瓷茶具在东南亚的传播，印尼语和马来语的词汇当中出现了与茶具相关的词汇，如：cawan（茶罐，茶杯）、tedko（茶壶，水壶）、tekoan（茶罐，茶壶）、the（茶）等。同时东南亚部分地区的国王也十分喜爱中国陶瓷茶具，特意在中国定制茶壶和茶杯。

图 1-14　Jim Thomposon 博物馆藏

上图（图 1-14）这种提梁壶畅销于东南亚。提梁由金属加工而成，壶身绘有东南亚家喻户晓的人物故事图案，壶上的装饰题材来自《薄伽梵往事书》。这类大茶壶泡茶，不仅能有效地防止灰尘落入，同时也对茶起到了保温作用。更重要的一点是方便茶叶放入与倒出，使烦琐的饮茶程序得到简化，便于饮茶习俗在东南亚的推广。与东南亚喝生水的习惯相比，饮用茶水不仅味道芳香而且利于健康。

陶瓷在东南亚除了作为盛饭用具外，也被用于贮藏酒。中国史籍上有不少关于东南亚地区以“瓮”盛酒的记载。菲律宾岛南部一些孤立地区，如岷兰佬、苏洛及巴佬湾发现了大批明末陶瓮，它们被广泛利用作为储藏米酒之用，同时也被用来酿酒以备庆典之需。

（2）中国陶瓷同时也是海外国家婚礼喜庆用品以及显示身份财富的象征。

明初陶瓷便被运用于喜庆场合，占城国（今越南中部的 Cham pa）的男女婚嫁中，成亲过十天或者半个月后，男方家父母亲友以“鼓乐迎娶回家，则置酒作乐，其酒拌药封于瓮中候熟”。至明中晚期，中国陶瓷依然被用于婚礼等喜庆场合，《东西洋考》卷五《美洛居》云：“东海中稍蕃富之国也。……嫁女，多市中国乘酒器，图饰其外，富家至数十百枚，以示豪侈。”而陶瓷除了作为婚礼嫁妆之用，婚宴也要用瓷器餐具与酒具以示富有。考古发现证实印度尼西亚乃福建漳州窑系陶瓷的重要外销地，福建陶瓷受到当地人民的普遍欢迎。至今在北苏拉威西地区，漳州窑系陶瓷还被用于婚宴上盛放食物。在当今富有的印尼人家庭中，也会把中国瓷器当作装饰品，摆设出来以示身份。当然，更有意思的是在印尼的北苏拉威西，漳州窑系青花大盘还被用作接生之用。

（3）陶瓷对东南亚更深层的影响还体现在丧葬与宗教生活上。

《东西洋考》卷四《西洋列国考・文郎马神》云：“又好市华人瓷瓮，画龙其外，人死，贮瓮中以藏。”说明作为丧葬用品的中国瓷瓮在东南亚部分地区十分畅销，而用瓮陪葬在东南亚其他国家与地区也极为普遍，在婆罗洲的许多民族诸如拍巴人、杜生人、穆津人、普得单丹人、杜亚兰人、克利曼丹人等都有瓮葬的风俗。英人巴素指出，华人与沙捞越接触最明显的证据可以由“祭瓶”看出，毫无疑问它起源于中国，在沙捞越州长时期内存在“瓶的崇拜”。圣约翰氏曾描述现在沙捞越的几种祭瓶，最熟知的是Gusi-Rusa和Naga；价值最高的是Gusi为绿色，由于它的医药性能，极为人所搜求，在塔瓦兰（Taw aran）有人出价四百英镑收买现货；Naga是一种高66厘米左右的瓶子，上面绘着中国的龙，当时约值七镑到八镑；至于Rusa，上面绘着一些鹿的画面，约值十五镑到十六镑；另一种瓶子Ningkah则索价一百五十元。这些瓶子是华人与婆罗洲及其他岛屿进行贸易的主要商品，而福建晋江磁灶窑已被证明是生产龙瓮等陶瓷器的主要窑口。

在婆罗洲和印尼发现的华人墓葬的遗骸手脚下面都垫着青花的盘子。除了作为丧葬用具的瓮、盘外，在婆罗洲土著达雅克人的某部族的墓葬发现有用巨木作为标志立在墓地、在这巨木四周镶了陶瓷碗作为装饰的现象。在菲律宾，中国陶瓷被视为“坟墓里的器皿”，在卡拉达岸及菲岛其他地区，中国制的大瓦瓮被用于埋葬婴尸，中国制的瓷碟被用来覆盖瓮口。这表明在明末以前输入菲律宾的陶瓷有相当部分是用于丧葬。随着西班牙的侵入与统治，菲岛被迅速基督化，沿海以陶瓷器陪葬的风俗多被停止，但这种风俗在菲岛许多土著的宗教团体里依然实行着。因此明末清初输入菲律宾的中国陶瓷还是有部分继续作为丧葬用品为菲岛土著居民所用。

中国陶瓷的总体特点是烧成温度高、莹润光洁、声音清脆，这种普遍性在东南亚土著居民眼中也成为了一种特色。据说通过敲打瓷器发出的清脆声音可以通神，迄今菲律宾一些土著山地居民举行宗教仪式时依然流行用中国瓷器。土著人相信借着敲打瓷器发出的声音可以邀请神明来参加庆典。菲岛土制的粗陶碗经常跟中国瓷碗在坟墓中共出，它们被土著人用作供盛食品以祭祀神明与祖先。

2. 陶瓷对欧洲文化的影响

（1）欧洲人对瓷器的狂热追求

1291年，马可·波罗将第一件中国的瓷器带回威尼斯（图1-15），同时还带回了东方五光十色的故事，从此整个欧洲掀起了对瓷器的狂热追求，它出现在君王、教皇的财产清册上、外交使节的礼单上，王宫、宴会处处可见，甚至在佛罗伦萨还流传着瓷器能够阻止毒药发挥药效的说法。16世纪的西班牙，传说人在死后，瓷器陪葬在死者左手的手指附近，就能唤起死者的灵魂，附着在死者的身体上，因此在西班牙国王和王后举行葬礼时，都要用中国最美的瓷器以及金银首饰等陪葬。瓷器像谜一样吸引着人们，在威尼斯甚至有个词叫瓷器病（Porzellankrankheit），它起源于一句表示垂涎的威尼斯俚语，用来形容王子们对瓷器的朝思暮想。

图 1-15 马可 · 波罗从中国带往欧洲的瓷瓶

瓷器刚刚传入欧洲时，无数人都在想象这样美丽的东西究竟是如何制成的。“由一种在地下凝结的汁液制成，有人从遥远的东方把它带回。”16 世纪中叶一位意大利占星家写道。另一位作家则声称：“把蛋壳和脐鱼壳捣成粉末，加水调和，做成花瓶形状，然后把它们埋在地下。一百年后挖出来，这时才算做好，可以摆出来叫卖。”人们一致认可瓷器的奇异，它一定要经历炼金术的变化，经历再生的过程。约翰 · 多恩在《马卡姆夫人哀歌》中动人地描写了夫人在地下的升华；当某样珍贵之物从你眼前消失，它将生成另一样更为珍稀美丽的事物：“如同中国人，经过百年沉淀，他们埋下黏土，挖出瓷器。”

在中世纪先进的中国和落后的西欧的格局下，中国物质文化对欧洲产生过多方面的影响，中国陶瓷的西传构成了中国物质文化西传最重要的内涵。中国陶瓷不仅以其千姿百态的造型享誉欧洲，也以沉积了几千年灿烂中华文化的瓷绘艺术和清纯、亮丽的色调深受欧洲人的喜爱，早在十字军时代，欧洲人便在近东辗转获取中国陶瓷，新航路开辟以后，葡萄牙、西班牙、荷兰、英、法等西欧国家纷至沓来，到东方营运和贩销中国瓷器，中国陶瓷遂沿着海上“瓷器之路”源源不断地被运往欧洲。最初，这些瓷器大都不是作为器物投入使用，而是作为奇珍异宝或艺术品收藏。上至德意志皇帝和各国君主、下至一般贵族和富裕市民，在中世纪末和近代初期的欧洲掀起了一股中国陶瓷收藏之风。

1517 年，葡萄牙人抵达广州，并定居澳门，开辟了通往欧洲的海上陶瓷之路。西班牙商人手持大量白银到菲律宾购买中国的陶瓷、丝织、贩运到欧洲，获利极其丰富。17 世纪荷兰更是横行，到中国南海攫取暴利。为了加强同中国等东方国家的贸易，欧洲国家纷纷成立了专门的机构，1600 年，英国成立了东印度公司，1602 年荷兰，1604 年法国，1614 年丹麦，1631 年瑞典分别成立了东印度公司，中国陶瓷、丝绸成了大宗的贸易商品，陶瓷从王公贵族进人了寻常百姓家庭。里斯本的格尔明街以行销中国青花瓷而出名，阿姆斯特丹拍卖中国陶瓷，竞相争购，巴黎的首饰也以青花瓷的图案作为市场上最流行的式样，英国出现了商人兼艺术家的瓷器人。皇家、贵族上层人物中出现了居家无中国瓷器则为不风雅的情景，众人竞相收藏，这一风尚至今仍然如旧。

中国瓷器在激发欧洲人占有欲望的同时，也牵动着他们试图掌握华瓷制作技术的欲望。经过两个多世纪的努力，他们最终成功地掌握了中国的造瓷技术，烧制出欧洲的第一批硬质瓷器。

（2）麦森瓷与“蓝色洋葱”

“昔日王谢堂前燕，飞入寻常百姓家。”——德累斯顿的皇家收藏如今成为所有瓷器艺术爱好者的饕餮盛宴。尽管欧洲瓷器的故事漫长而美妙：从意大利马略卡陶器的质朴到荷兰代尔夫特港口的繁华，又或是法国塞弗尔彩釉陶的曼妙，甚至于英国韦奇伍德瓷器席卷全球的不可一世。只要一想到1792年那个向乾隆皇帝炫耀欧洲瓷器的马戛尔尼是如何的得意扬扬，就不禁会联想起1709年那个叫博特格（Johann Friedrich Böttger，1623—1724年）的人在冰冷的囚室内实验硬瓷配方的专心致志（图1-16）。欧洲瓷器的收藏与制造，在不到百年的时间里，完成了一个轮回，而故事的起点总也绕不过德累斯顿的麦森瓷器——欧洲第一批真正意义上的瓷器。

如果说麦森瓷器在18世纪的兴起与发展是一条历史的长河，那么其著名的装饰纹样之一“蓝色洋葱”图案则是其中最具魅力的一朵浪花。这一图案自18世纪诞生以来就受到欧洲人的青睐，不断地被模仿和制造，在19世纪的流行达到了巅峰。直到今天，这个瓷器上的小小装饰纹样还伴随着欧洲人的日常生活，并成为麦森瓷器中一个不可或缺的系列品牌。

图1-16 炼金人Böttger的工坊中制出的瓷花瓶

“蓝色洋葱”图案是德国麦森瓷器著名植物纹样装饰主题之一。它孕育于18世纪，自19世纪在欧洲广泛流行。现有的资料文献中，并没有一篇从严格意义上对此图案的命名进行过语言学来源的考证。在阅读文献的过程中，笔者发现英文写作的研究者在讨论这一图案的时候，习惯使用的名称有“Bulb Pattern”（球茎图案）和“Onion Pattern”（洋葱图案）和“Blue Onion”（蓝色洋葱），其实三者经常用来描述同一对象。在德语写作中，学者较为统一使用的是“Zwiebelmuster”一词。它是一个复合词，拆解这个德文词汇可获得“Zwiebel”和“Muster”，即“洋葱”和“模式”。由此，“Zwiebelmuster”一词本意是指瓷器上有洋葱形象的装饰图案，而英文“Onion Pattern”是其德语词源中最直接的对应名称。有趣的是，从德语词源上看不出任何有关色彩的信息，而到了英语中的“Blue Onion”这一表达时，色彩特征被凸显了出来。这或许是由于这一装饰图案自被人熟知以来，就多配合明亮的青花形式出现，明亮耀眼的蓝色总是夺人眼目。“蓝色洋葱”就是对“Blue Onion”的直译，也有翻译为“蓝洋葱纹”的，大同小异，笔者在此也沿用“蓝色洋葱”这个惯称。需要注意的是，“蓝色洋葱”一方面非常简洁明了地概括出图案的个性化特征，另一方面，它却无法涵盖这一图案中所有的组合要素及发展过程中诸多细节和变体（在其发展演变的过程中缺失洋葱形象或是采用了五彩、描金的制作工艺，依旧被惯称为“蓝色洋葱”图案）。

今天，游走于德累斯顿小镇，目之所及，被广泛讨论的“蓝色洋葱”图案早已超出了其名称含义，它是一个程式化的组合图案，由三个基本部分组成，可以轻松随意地适用于不同造型的餐具器皿表面，但基本构成要素差别不大。在此，为了更加清晰直观地说明此图案的标准构成形式，仅以一个瓷盘为例（图 1-17）。

第一，盘缘部分：以一对带叶桃形和带叶洋葱为一个单元，通常共四个单元铺满整个盘子外缘，桃形紧贴外边缘线，洋葱形象紧贴内边缘线。单元之间通常有单朵的卷蔓小花作为间隔。桃形通常带有四片菱形叶，以桃形为中心，左边三片，右边一片；洋葱形象右侧有一组平行对称的小圆叶。第二，中间饰带：有一圈波浪形点状线条链接起的花带。第三，盘心部分：复瓣雏菊花枝和竹干如同被施加了某种外力，以 S 形伸展开来，成中心对称状。竹子枝干上缠绕着四组卷蔓小花，三朵为一组，与边缘部分的卷蔓小花形成呼应。复瓣雏菊的花心朝盘中心打开，花头下方伴生两个扇形小花，在雏菊和竹子的根部有对称打开的锯齿状宽叶。

图 1-17　麦森“蓝色洋葱”图案餐盘

总的来说，这一图案具有高度的程式化和装饰性特征，构图饱满，平衡中富有动感，图案本身凸显了青花瓷柔和清丽的特点。为了打破青花单色调的呆板，通常也在花果蔓叶边缘部分对色彩进行灵活的加重处理，使之有轻微的浓淡变化和节奏感。“蓝色洋葱”图案的这些基本特征使它在众多欧洲瓷器装饰图案中既不张扬又充满传统气息。我们仍旧能够在德累斯顿公共场所的地毯上、麦森瓷器销售的橱窗中、人们茶歇所使用的杯子上、高档酒店墙壁的装饰挂盘上看到它装点欧洲人生活的身影。

对于“蓝色洋葱”图案的来源，最广泛的说法是源自康熙年间的青花瓷盘图案。因欧洲画工的理解偏差，将原件中的水果误读成更为欧洲人所熟悉的洋葱形象。以下为几位学者的观点：

麦森窑瓷器借鉴与模仿了中国风格，“三果变体式”（three-fruit variant）的瓷盘装饰就是一个例子。1735—1740 年期间，在麦森瓷器出现的绘画式样——“三果变体式”，就是对 1700 年前（康熙年间）产自中国的瓷盘画样式的原样模仿。

藏于黑提恩斯博物馆的一件中国瓷器，盘缘部分被三个水果形象分成三部分，其间被一些花叶分割开来，他们是带有吉祥寓意的石榴、桃子和佛手。其含义都是深深植根于中国美学和神话之中的——他们三方鼎立且环绕着盘子边缘代表着出生、存在和死亡或是过去、现在和将来，处于一个永无止息的循环之中。

“onion pattern”（洋葱图案）是麦森瓷器 18 世纪中期创新的一种图案，是从中国瓷器纹饰中衍生出来的主体纹饰，是含苞待放的翠菊，枝条和竹子，边沿是桃子和石榴，是同一面向排列，后来相互交织，这些仿效外来水果的式样看起来类似欧洲的洋葱，因此误起了这个名称。

为数不多的几组图案被大量制作，包括所谓的洋葱图案在内，因为盘子边缘部分的桃子形象第一眼看上去像是洋葱的形象。

洋葱图案的原型很有可能来自于中国康熙时期（1662—1722 年）的一个折沿盘。最早的一个麦森“蓝色洋葱”图案的例子可以追溯到 1728 年。他们表明麦森的画工极为认真地模仿原作，但是画工对于中国样本不能完全理解的部分，只好以他们熟知的事物进行代替。

二、语言以及文化对陶瓷艺术的反影响

宋元明清时代，我国瓷器大量外销，因此在我国瓷器制作过程中，也出现了大量迎合国外需求以及文化的瓷器，或者定制瓷器。在瓷器样式、工艺的发展过程中，或多或少融入了其他文化的元素。

（一）西亚、中亚市场需求对中国陶瓷的影响

继丝绸之路开辟以后，中国与西亚、中亚的交流频繁，唐代王公贵族崇尚波斯萨珊工艺美术，因而陶瓷造型与装饰盛行仿制波斯的金、银器之风。元代景德镇青花瓷器作为主要以营利为目的的外销瓷，在造型和装饰上必然受域外生活方式与审美因素的影响，因此窑器异形迭出，堪称奇观。典型的器物有大盘、大碗、高足碗、八方造型、扁瓶等。

大盘：造型多为折沿、弧腹、广底、圈足大而矮，有菱花口和圆口两种。它与中国

传统造型不同，也不符合中国人的生活习惯，而与西亚、中亚地区陶和金属大盘十分相似。据说是为适应当地居民席地而坐、用手抓饭而食的风俗而定烧的。

大碗：敞口或敛口、深腹、圈足较小，这类大碗是中东地区的常用器皿，除了盛放事物以外，还可以用来饮酒，波斯绘画中也有类似的表现。

高足碗：敛口、深腹、圆底下连喇叭形足，造型与十四世纪中东地区的嵌银铜碗或玻璃高足碗非常相似，模仿金属或玻璃高足碗，适合伊斯兰人席地而坐的生活习惯。

器座：上下均折沿，座身近垂直，中部凸起一周，盘座中空无底。使用时将大盘置于其上，方便席地而坐的人们取食。此形是模仿西亚地区黄铜盘座形式烧制的。

扁壶：壶身小口无颈，有盖，腹硕大呈扁圆形，肩有双系，壶一面坦平无釉，盛物可靠于墙壁，不用时可平放，一面隆起，中心凸起一圆饼，是仿照西亚地区壶式烧制的。

八方造型器物：器物由八个面组合而成，其中八方造型与中亚、西亚金属多角棱边的传统造型接近，在伊斯兰艺术的影响下，八方造型在瓷器中得到了复兴。

（二）欧洲地区需求对景德镇陶瓷的影响

景德镇瓷器一传入欧洲，立即引起了各阶层消费者的广泛喜爱，但这时景德镇瓷器销往欧洲的数量有限，当时的欧洲人可谓“举凡华瓷，不分类别，一并兼收”。随着外销欧洲景德镇瓷器数量的激增，为满足欧洲人日常生活和饮食习惯的实用性需求，使之适应欧洲市场大规模的需要，荷兰东印度公司开始订制一些仿自当时欧洲日常生活中使用的金银器、陶器和玻璃器等器形，景德镇陶工按照送来的画稿、木制模型或是欧洲玻璃和陶制器皿，“因需制宜”地对这些订制的新器形进行烧制。

明崇祯八年，荷兰东印度公司要求按欧洲式样的三种尺寸定做中国瓷盘，即所谓的“中国形”（Chinese -Imari）瓷器；另外一份订单要求景德镇陶工按照画稿和模型烧制适应荷兰人用餐需要的宽边午餐碟、水罐、芥末罐、啤酒杯、烛台、盐瓶及芥末瓶等器形，由于这批专为欧洲市场订制的瓷器很好地满足了欧洲民众日常生活的实用需要，产生了可观的经济利润。于是，荷兰东印度公司随后又多次向中国订制了大批陶瓷。其中，最能反映适应欧洲人实用需求的是一种造型为扇贝齿边的深腹碗。这种始烧于康熙时期的“凹口碗（monteith）”，原型来自于欧洲的陶器、银器和玻璃器，在17世纪末和整个18世纪的欧洲市场上一直很流行。碗沿上的四个口是为了固定玻璃杯的杯底和杯身，使玻璃杯能倒置于注入冰水的深腹碗中冷却，以备喜用高脚玻璃杯喝冷饮的欧洲人饮用，因此这种深腹碗也被称为玻璃杯冷却碗。

类似上述冷却碗这类专为欧洲人日常饮食之用的订制瓷，由欧洲商人提供陶器、玻璃器、银器、锡器及其他木制品作为模范，并附上一些绘有所需形制和图案的画稿，送到中国进行订制，以满足欧洲市场的特殊需求。据估计，明末至清代以来订制瓷盛行时期，应有数千幅这类图样从欧洲各国绘制完成并由商人和船员辗转送达景德镇，要求景德镇陶工“着样定制”。景德镇瓷器的外销和订制瓷的发展，在满足欧洲市场实用需求的基础上，形成了一种强大的艺术交流的外力，对景德镇瓷器的造型创新和艺术风格的变迁与丰富，产生了不可逆转的推动作用。

除了餐具之外，另一类具有代表性的瓷品类型是咖啡具和茶具，他们被当时的欧洲瓷商大量订制并销往欧洲各国。咖啡起源于西亚的阿拉伯地区，并于17世纪传入欧洲中部港城市。随着咖啡作为时髦饮品在欧洲的流行，景德镇接到的来自欧洲的咖啡具订单也相应地大幅增长。为了去除咖啡的苦味，欧洲人通常加糖和牛奶使咖啡变得香甜可口。因而，这一时期来自欧洲的订单在订制咖啡具时，一定数量的咖啡壶和杯必然配以相应数量的糖罐、奶杯或奶壶。

自咖啡在市民阶层普及之后，欧洲贵族开始饮用更为罕见的茶。随着饮茶在欧洲社会的流行，茶具和咖啡具成为深受欧洲市场欢迎的产品类型。饮茶的习惯大大增加了欧洲市场对景德镇瓷器的需求。18世纪风靡欧洲的“中国热”使社交时以精美的中国瓷茶具饮茶成为高雅的时尚。而他们独特的饮茶习惯催生了景德镇专为欧洲市场烧制的双流茶壶，内部有隔层，可以一边盛红茶，一边盛牛奶，或同时冲泡两种不同的茶。

随着景德镇瓷器外销数量的激增，越来越多的家庭有能力保存以景德镇瓷器为主的中国瓷品，以至于在家中陈设中国瓷器成为欧洲风靡一时的室内装饰风格。

为满足欧洲对于瓷器的喜爱以及室内陈设和装饰的需要，一种在欧洲市场风靡一时的装饰瓷器应运而生。这种专门用来展览陈列的套装瓷器，通常由形状略有差别的花觚和有盖的将军罐两种样式组成，一套数量通常是3、5或7件，最常见的是三件盖罐和两件花觚。装饰组合中的配件在图案上可以统一，也可以不统一，但造型一般相互陪衬，有些是拥有者个别买来自行配套的。明代此类装饰瓷大都以青花装饰，到清代时出现了珐琅彩、粉彩等彩瓷装饰。装饰瓷器摆放在橱柜、架子或壁炉架上，天气暖和时甚至也会放在壁炉里展示，因此法语里常用“壁炉点缀品”来描述这种装饰瓷。

第二章　简述语言学中新词的产生与词语构成

在全球文化融合的今天，各国的语言文化都会受到来自其他国家与地区的新事物的冲击，随着时间的推移，本国语言词汇以及习惯上或多或少会留下其他国家的痕迹。不仅如此，在社会逐渐向前发展的过程中，由于社会新事物、新现象等的出现，也会极大丰富本国的语言体系以及语言文化。本章首先介绍语言系统中词汇构成的方式以及新生词汇的产生方式；其次分析瓷器语言中的新生词汇和衍生用法，并简单阐述瓷器对语言文化的影响；最后介绍瓷器语言衍生出的新用法以及习惯。本章主要在英语、汉语词汇和语言习惯的范围内进行探讨。

第一节　词汇构成方式以及新生词汇产生方式概述

一、常见英语词汇构成法简介

英语词汇的构成方式大致分为三种，英语构词法有派生法（Derivation）、合成法（Compounding）和转化法（Conversion）三种方法。也有研究加入了截断法（Clipping）、混合法（Blending）、首尾字母缩略法（Acronym）三种方法，这三种方法在英语词汇中应用比较少。

（一）派生法

在词根上加前缀或后缀，构成的词叫派生词。词根是派生词的基础，在同一词根上，可以用不同的词缀，构成不同的词类，表示不同的意思。添加在词根前面的构成部分叫前缀，它一般不改变原词的词性，只改变其词义。添加在词根后面的构成部分叫后缀，它改变了原词的词义，有时也改变词性。例如，以形容词 happy（幸福的）为词根，加前缀 un-，就是其反义词 unhappy（不幸的）；加后缀 -ly 就是其副词形式 happily（幸福地）；加后缀 -ness，就是其名词形式 happiness（幸福）。同样还可以构成 unhappily 和 unhappiness。

英语词汇的形成和发展中，派生法一直表现出很强的滋生力，不断地丰富其词汇量，而且灵活，涉及的范围也很广泛。尤其在现代英语中，有些常用词缀使用范围不断扩大，甚至有随意使用之势，有些古老濒衰的词缀也能枯木逢春，相继风行时髦起来。派生法中有两种特殊形式：元级派生法以及反成构词法。

所谓元级派生法，原是一种历史现象，不是构词法的研究对象，但这些现象有些却在现代英语里保留了下来，仍然有迹可察。因此，本书从词源学、语音学的角度对这种形式加以简述。元级派生指的是一个词不借助于词缀，而是靠改变词根的元音、辅音来派生出新的词。这种派生发生在古英语、中古英语时期，如古英语 blod n.> bled-an v. 保留在现代英语里：blood n.（血）>to bleed v.（流血）。有的词没有保留下来，如古英语 flod> 中古英语 fled-en，现代英语的名词 flood 源于 flod，那么动词应是 to fleed，但实际上却是 to flood，是从名词直接转化来的新动词，不是派生词。可见，把现代的 to bleed 当作 blood 的派生词是不对的。像这种重音音节的元音改变，是由下一音节的元音所引起的。-an 是古英语的动词不定式形态词尾，不是派生词的后缀。元音的变化，大体由宽宏而平窄，如发 A>E 音，这成为 vowel- mutation（音变），而音变的派生词，在现代英语里保留有 80 来个，以下为常见示例（表 2-1）。

表2-1　常见元级派生词汇

bank n.（银行）> bench n.（长凳）	corn n.（谷粒）> kernel n.（胚芽）
Foe n.（敌人）> feud n.（血仇）	broad a.（宽）> breadth n.（宽度）
foul a.（脏）> filth n.（脏东西）	long a.（长）> length a.（长度）
strong a.（强）> strength n.（力量）	proud a.（骄）> pride n.（傲）
brood n.（雏）> to breed v.（育）	comb n.（梳子）> unkempt a.（没梳头、不整洁）
doom n.（判决）> to deem v.（判断、认为）	drop n.（滴）> to drip v.（滴）
food n.（食物）> to feed v.（喂）	gold n.（金）> to gild v.（镀金）
knot n.（结）> to knit v.（织）	load n.（货物）> to lead v.（带路）
loan n.（贷款）> to lend a.（借给）	loft n.（阁楼）> to lift v.（升）
lust n.（乐）> to list v.（欲）	money n.（钱）> to mint v.（铸钱）
moot n.（会议）> to meet v.（会见）	qualm n.（晕倒）> to quell v.（压制）
sale n.（卖）> to sell v.（卖）	tale n.（故事）> to tell a.（讲）
cheep a.（贱）> to keep v.（买、保持）	hot a.（热）> to heat v.（热）
full a.（满）> to fill v.（装满）	late a.（晚）> to let v.（妨碍）
whole a.（健康）> to heel v.t（医治）	to fall vi.（倒）> to fell v.t（砍倒）
drank v.i（喝）> to drench v.t（供饮）	sat v.i（坐）> to set v.t（置）
to grow v（种）> green n.（绿）	to throw v（缠）> thread n.（线）

反成构词法（Back-formation）是由于对派生词的错误推论而产生的。比方说：demarcation 并不是由 demarcate+ on（即 demarcate+ ion）产生的（看起来很像是这样），而且 to demarcate 是由 demarcation 产生的。这种与派生法恰好相反的构词方式，我们称之为“反成法”。反成法大体是由带各种词尾的名词、形容词或合成词，截去其词尾，构成新词，改变词类而不改变词义。由反成法构成的，大多是动词（表 2-2）。

表2-2　反成法构成词汇

to aviate（飞行）<aviation（航空）	to edit（编辑）<editor（编者）
to legislate（立法）<legislation（立法、法律）	to mote（乘汽车）<motor（汽车）
to televise（发播电视）<television（电视）	to spectate（观察）<spectator（观察家）
to valuate（评价）<valuation（评价）	to typewrite（打字）<typewriter（打字机）
to bookkeep（记账）<bookkeeping（记账）	to cose（自适）<cosy a（舒适）
to handshake（握手）<handshaking（握手）	difficult a（难）<difficulty n.（困难）
to sightsee（观光）<sightseeing（观光、游览）	to jeopard（危及）< jeopardy n.（危险）
to sleepwalk（梦游）<sleepwalking（梦游）	to laze（游手好闲）<lazy a（懒）
to tongue-tie（使张口结舌）<tongue-tied a（张口结舌）	to peeve（使乖戾）<peevish a（乖戾的）
to enthuse（使热情）<enthusiasm（热情）	to reminisce(回忆)<reminiscence n.(回忆录)

（二）合成法

合成构词法是构词法的主要形式之一，合成词指英文在文法上直接翻译过来的那些名词，由两个或者两个以上的英语单词组成的那些英语文字。合成法词汇可以分成若干类，有合成名词、合成形容词、合成动词，还有合成介词、合成副词等。合成词是由两个单词连在一起合成一个新词，前一个词修饰限制后一个词。还有一种是三个单词构成的，即前后两个词中间加 and 构成的。例如 bookcase(书柜)、hide－and－seek(捉迷藏)、snow-white（雪白的）、man-made（人造的）等。

布龙菲尔德认为，“英语合成词根据组成成分性质可以区分三种形态结构类型——合成结构、次要派生结构、主要派生结构。其中以合成词的结构最像句法结构，合成词在其直接成分中有两个（或两个以上）自由形式（door-knob 门上把手）。依据直接成分的原则，各种语言通常能把合成词跟短语派生词，如 old-maidish（老处女似的），含有基础短语 old maid（老处女）的次要派生词和再合成词，如 gentlemanly（绅士风的）含有基础合成词 gentleman（绅士）的次要派生词区别开来。”

吴洁敏说，英语构词主要有合成、转化、派生三种方法。其中合成法是由两个或两个以上的词根合成一个新词。转化法是某个单词由一种词类转化为另一词类的构词法。单词转换后的意思往往与转换前的意思有密切关系，如 water 名词（水）——water 动词（浇水）, better 形容词（好的）——better 动词（改善）；由一个词根加词缀构成的词叫派生法。合成法、派生法等构成的都是合成词。

张韵斐（2004）将英语构词法主要分为：合成（compounding）、派生（derivation）、转换（conversion）三种主要构词法以及首字母缩略（acronym）、缩合（blending）、截短（clipping）、借代（word from proper names）、逆序（backformation）、重叠（reduplication）、新古典主义合成（neo-classical formation）及其他（miscellaneous）。并且详细分析了合成词的分类：合成名词、合成动词、合成形容词及各自内部成员的组合关系，她认为像“headache & heartbeat”这种类型的组合方式十分高产，另外“动宾式”需要从语义学的角度分析其句法关系。派生词部分她则大量列举了英语中常用的前缀及后缀，并按照其意义进行分类。

潘文国认为，“英语构词法有合成（compounding）、派生（derivation）、转性（conversion）、首字母缩略（initialism）、缩合（blending）、截短（clipping）、借代（from proper names）、逆序（backformation）、重叠（reduplication）、新造等。”

总结上述学者观点可知，吴洁敏、张韵斐、潘文国均认为英语构词法中合成（复合）、派生以及转化（转换）是比较重要的构词法，而重叠法、缩略法等属于次要构词法。张韵斐在《现代英语词汇学》中援引 G. Leech 的讲义，将各种构词法所构新词在二战以后新词中所占的比例一一列出。其中由合成（复合）、派生、转化（转换）构词法所构造的新词约占总数的 55%。布龙菲尔德所指的“合成结构、次要派生结构和主要派生结构”其实也与合成、派生相吻合。

（三）转化法

在英语中，有些单词在句子里词形不变，而词性却由一种词类转化为另一种词类，这种改变了词性的单词叫转化词。包括动词转名词、名词转动词、形容词转动词、副词转动词、形容词转名词等。例如，surprise（n. 惊奇）→（vt. 使……感到惊奇）、slow（adj. 慢的）→（vi. 放慢）、present（adj. 在场的）→（n. 现在）等。

转化法是英语构词法中的主要方法之一，也是英语形成新词的重要方法之一。转化法具有方便、简洁、生动、准确等特点，所以在现代英语中使用得很普遍。目前，词类转化主要有三种形式：完全转化、部分转化和特殊转化。

1. 完全转化

完全转化又被称作“全部转化”。语言大师 Hans Marchand 曾说过：“它（完全转化）的特征是某一个词干被用来形成一个词性不同的单词，但未加任何派生的成分，这个零位成分在新单词形成中起着重要的作用。”在这里主要介绍动词化和名词化。

（1）动词化

①名词完全转化为动词

名词转化为动词是现代英语中很普遍的现象，同时也是转化法构词中最为活跃的一种。人们经常把名词不加任何改变就当作动词使用。例如，There are about 30 000 species of fish in the world. 世界上约有三万种鱼。（fish：n. 鱼）You can fish for trout in this stream. 你可以在这条小溪钓鳟鱼。（fish：v. 钓鱼）。I like the exotic blooms of the orchid. 我喜欢这奇异的兰花。（bloom：n. 花）Most roses will begin to bloom from late May. 大多数玫瑰从五月末开始开花。（bloom：v. 开花）

②形容词完全转化为动词

形容词转化为动词的现象虽然不像名词转化为动词那样常见，但是形容词转化为动词时语义比较简单，多半表示状态的变化，其意义有两种：使得怎样或变得怎样。例如，Her face was wet with tears. 她泪流满面。（wet：adj. 潮湿的）He walked carefully so as not to wet his shoes. 他小心地走着，免得使鞋子湿了。（wet：v. 使潮湿）She likes pale yellow flowers. 她喜欢淡黄色的花朵。（yellow: adj. 黄色的）The paper yellowed wit ago. 由于时间太久，那张纸变黄了。（yellow: v. 变黄）

③副词、连词等其他词类完全转化为动词

除了名词和形容词可以完全转化为动词外，副词、连词等也可以完全转化为动词。例如，I would very much like to see you again. 我很想再见到你。（much：adv. 非常、很）He was muched again. 他又得到了重用。（much：v. 重视、充分利用）He looked down at her. 他低头看着她。（down：adv. 向下）We downed our coffees and left. 我们喝完咖啡就离开了。（down：v. 喝下）

（2）名词化

①动词转化为名词

动词转化为名词是英语中常见的词类转化之一。转化后，词义基本保持原来的含义或略微有所引申。例如，look–have a look，walk–take a walk，cry–give a cry，rest–have a rest。

②形容词转化为名词

没有构词力非常强的形容词向名词转化的模式，但由形容词转化而来的名词具有名词一切的语法特征，如可以加 -s 构成复数，加 's 构成所有格，也可以被形容词修饰。例如 You are such sillies.（silly：adj. → n. 愚蠢的→愚蠢的人）I can't help thinking that there must be some good in him.（good：adj. → n. 好的→好的品质，好的东西）

③副词、连词等其他词类完全转化为名词

除动词和形容词以外，其他的词类如副词、连词、介词等也可以转化为名词。例如，There are ups and downs in his life.（up，down → ups，downs：prep. → n. 上下→坎坷）No matter how many pros and cons there are，I will give up trying.（pro，con → pros，cons：adv. → n. 正面地，反对地→赞成者，反对者）

2. 部分转化

部分转化可分为三种形式：形容词转化为名词，副词转化为形容词，名词转化为形容词。

（1）形容词转化为名词。一些形容词能代表一类人或事共同具有的一种特征或状态，而一些形容词能代表抽象意义上的特征。当他们作为名词使用时，前面通常加上定冠词，并且词尾不用复数形式。例如，the poor（穷人），the rich（富人），the wounded（受伤的人）。一些形容词的最高级，当前面加上定冠词时，可以说已经被部分地转化为名词，他们代表了一类人或事的共同特征。例如，the best（最好的东西），the worst（最坏的东西），the youngest（最小的儿子）。

（2）副词转化为形容词。在特定词组或一些固定用法里，副词还能转化为形容词。例如，the then Chairman（然后→接任的），the above statement（在上面→上面的）

（3）名词转化为形容词。当名词被用作定语时，它们便已具有形容词的某些特征，然而它们不具有形容词的比较级和最高级特征，因此只能看作是部分地转化为形容词。被用作定语的名词通常有人名、地名以及特质名词。例如 the Chicago season，the China watch。

3. 特殊转化

还有一些特殊形式的转化词，它们经常在英语中出现，但与上面提到的类型又有着这样或那样的不同。第一类特殊形式的转化就是 Jespersen 所说的“摆动”。他认为，我们有时会发现在名词和动词之间存在着一种奇怪的摆动。smoke 的基本词性是名词（the smoke from the chimney），然后是动词（The chimney smokes；He smokes apipe）最后又由动词形成一个新的名词（Let us have a smoke）。所以很难说 smoke 的名词词性是由动词词性转化而来的，或是 smoke 的动词词性是由名词词性转化而来的。这种“摆动”现象在英语中很常见。

其一，基本词性是名词。例如，argument：n.（reason advanced for something）→ v.（exchange argument）→ n.（an exchange of arguments）。其二，基本词性是形容词。例如，blind：adj.（Sightless）→ v.（make blind）→ n.（anything which obstructs the light or sight，a screen，etc）。其三，基本词性是动词。例如，frame：v.（form）→ n.（a fabric，border for a picture，etc）→ v.（set in a frame）。

第二类特殊形式的单词是关于两个音节的动词或起源于拉丁语的词。大部分此类词如果碰巧已经转化了，在转化后，重音仍不变，也有一些重音发生了转移。动词保留着法语重音方式，重音在第二个音节上；而名词则将重音移到第一个音节上。例如 to combine，a ćombine，to prod́uce，a ‘produce，to ob’ject，an óbject。事实上，重音的转移不只发生在上面提到的单词中，Marchand 认为，许多由合成动词转化而来的名词，如 blackout，overthrow 等也发生了重音的转移。带有前缀 in-，ter-，mis- 和 re- 的动词已经转化为重音很明显的名词，misfit 和 reprint 就是这类名词，但是由合成名词派生而来的动词不改变它们的重音。

二、英语借词概述

（一）借词的定义

1. 借词的术语

借词的相关术语林林总总，莫衷一是，有必要从英语和汉语两个方面梳理一下。

（1）借词的英语术语

英语里表示借词概念的术语，通常有四种，他们是 alien word，foreign word，loan word 以及 borrowing。他们之间的内涵和外延不尽相同，现分而述之。

alien word/alienism：泛指“外国的、异族的”，侧重于“异”和“离（不合）”，可译为“外国词”。这些词严格意义上说，还不能称为“借词”。大型词典，如《韦氏足本》（第三版）（W3）和一般的语言学词典均未将之列为词条，Google 和 CNKI 检索（时间：1994—2011），结果详见（表 2-3）。

表2-3 英语借词术语比较

英语借词术语	Google 检索	CNKI 检索	名称类别	词义侧重点
alien word	43 700	3 × 1	通　名	异
foreign word	467 000	20 × 3	通名或专名	洋
loanword	1 310 000	20 × 6	专　名	词
borrowing	77 700 000	20 × 32	专　名	词　语

foreign word/foreignism：泛指词，有两个含义，包括外国的语言（foreign language）和国内其他民族的语言（a word taken from another language pronounced and written as alien），因此，可译为“非本族词语”。语用上，有说“洋话”的意思（to create a special effect or to indicate special knowledge）（Richards and Schmidt，2002：206），一般辞书可以查到，Google 和 CNKI 检索结果，排名第三。

loan word（或 loan-word，loanword，loan）：常用于规范性的著作中，源于德语词 Lehnwort，意为“借词”，1874 年翻译后进入英语（Online Etymology Dictionary）。常特指“单个词”（one single word），而非词组（phrase），而且是完全归化或部分归化的词（adopted from another language and completely or partially naturalized）。借用时，可采用音译或仿译等多种手段：如音译（loan words，直接借用，借形又借义。sputnik：苏联人造卫星）；借义半借音（loan blends，即混合借词，如 restaurant，模仿法语对尾音的读法 /rəstər:ɦ/）；借义不借音（loan shifts，如 restaurant，按照英语对尾音的读法 /restərənt /）；仿译（loan translations，也叫 calque，“跟着脚印儿走”的意思），就是按照外语词素逐

一意译，如把德语词 Übermensch 译成英语词 superman）。

loan word 由于侧重点在借“词”上，所以，欧美学者有时也会用 lexical borrowing 来指称 loan word。一般辞书，loan word 和 borrowing 也不做严格区分，意思经常等同或互为参阅，如《韦氏词典》（W3）在解释 borrowing 时，就这样写“see LOANWORD”（2000 光盘版）；《朗文语言教学和应用语言学词典》解释 loan word 时，就说 see BORROWING（Richards and Schmidt，2002：315）。现在国内使用最多的“借词”和“外来词”指的就是 loan word；而日语则仍然以“外来语”与之相对。检索结果表明，loan word 使用频率仅次于 borrowing，排名第二。

borrowing/borrowed word：根据意思，应该译为“借词”或“借语”，或再含糊一点“借用（词语）”（a word or phrase which has been taken from one language and used in another language）。也就是说，borrowing 的概念更宽泛些，不但可以借词，还可以借短语。borrowing 是历史比较语言学术语（a term used in comparative and historical linguistics），指从某种语言或某种方言进行借用，借用内容常常是词汇，也可以是其他内容，如语音成分和语法结构（Crystal，2008：58）。如果这种“借用”只涉及“单个词”的话，则叫作“借词”（When a borrowing is a single word it is called a loan word.）。“借用（词语）”的发音，可以是施惠语的（donor language），也可以是受惠语的（recipient language），如法语单词 / garaʒ/ garage 在英语里可以读成 /gara: ʒ /，也可以读成 /garidʒ /（Richards and Schmidt，2002：57）。

检索结果显示，borrowing 使用频率最高。但需要说明的是，由于 borrowing 最基本的义项是“有借有还”的“借”，所以，剔除这部分，剩下的才有可能是“有借无还”的“借（用词语）”，所以，实际使用的频率要比检索结果低些，但这不影响我们得出的结论（用 borrowing 和 language 两个词同时检索，结果如下：Google 找到约 22 300 000 条；CNKI 找到约 400 条结果，依然排名第一。检索时间：2012-5-27）。在上述四个术语中，alien word 和 foreign word 均为普通名词。有时，foreign word 也可以是专有名词；而 loanword 和 borrowing 则为专有名词，两者通常意思相近，可以互指，只不过前者常特指借“词”，而后者可兼指“词和短语”，范围更广，本文采用后者。

（2）借词的汉语术语

汉语里，借词的术语非常庞杂，使用也相当混乱，总体说来，可分两大类四小种。从借用者的角度来说，借入的语词是“借词”；从被借用者的角度来说，借出的语词是“贷词”。所以，同一个概念，既可以说是“借词”，也可以说是“贷词”，只不过是角度不同而已。譬如，“英语里的汉语借词”，也可以说成“英语里的汉语贷词”，前者是从英语角度说的，而后者则是从汉语角度说的。从借用者的角度来说，汉语借入的语词大致可分为三种：一是“译”字头术语，如译语、译名、译词等；二是“外”字头术语，如外国语、外来语、外来词等；三是“借”字头术语，如借入语、借用语、借字、借词、借语等。这方面的研究，史有为做得比较深入，详见（表 2-4）。现简要地予以说明：“译”字头术语，如译语、译名，是从唐代首先开始使用的，随着“词”的概念和名称在汉语中出现并固定下来，也开始出现“译词”，不过并非专业术语，含义也较笼统。“外”字头术语中，“外国语”是个通俗的说法，并非正式术语。其实，在此之前，汉语类似的表达是“胡语”和“番语”，泛指我国少数民族语言或外国语言。只是这类词语贬义色彩浓厚，加之后来国运式微，便逐渐弃而不用了。“外来语”一词来自日语，是个名副其实的“外来”语，1902 年经章太炎引入中国并盛行至 20 世纪 50 年代中叶。“外来词”源于 1958 年高名凯和刘正埮的《现代汉语外来词研究》一书。当时国内有些学者有感于“外来语”一词与汉语中其他“– 词”结尾的词汇学术语不协调，修改而成，并逐渐取代“外来语”而广泛使用至今。“借”字头术语中，借入语、借用语、借字、借词、借语等都是源于英语的 loanwords。其中，“借入语”“借用语”始于 20 世纪初期；借字为罗常培 1950 年首用；随着“词”的确立，中国出现了自行意译英语的“借词”，一般将之视为“外来词”的等义形式。“借语”是赵元任 1967 年开始使用的，它除包含 loanwords 的范围外，还企图用来包括从音位、语素、词到短语和外来用法或语法结构，所借之形，大大小小，不一而足。实际上，这是典型的 borrowing，遗憾的是，他的这个观点，没有引起国内学者的响应。

表2–4 汉语借词术语溯源

借词术语		使用年代	来 源
“译”字头	译语、译名、译词	唐 代	贾岛诗《送于中丞使回纥册立》
“外”字头	外国语	清 代	周亮工《书影》卷二
	外来语	1902—1957	章太炎 1902《文学说例》
	外来词	1958	高名凯、刘正埮《现代汉语外来词研究》
“借”字头	借入语	1905	K. Hemeling 编《英汉官话词典》
	借用语	1914	胡以鲁《论译名》
	借 字	1950	罗常培《语言与文化》
	借 词	1958	王力《汉语史稿》（下）
	借 语	1967	《赵元任语言学论文集》

从被借用者的角度来说，汉语借出的词语是“贷词”。“贷词”较早出现在罗常培《语言与文化》一书。作者在第四章“从借字看文化的接触”中，论述了中国语借字所显示的中外文化交流、近代中国语借字的四种方式以及“贷词”的有关问题。但总体来说，使用“贷词”术语的人不多。经查，截止到 2012 年，中国知网上只有五篇相关的文章。最早的是论文“英语词汇中的汉语贷词探源”（李学禧，1963），最晚的是“英语中汉语音译贷词的语言特征研究”（任静明，2012）。使用方面，通常情况下，中文系的师生倾

向于说“贷词”，而外文系的师生倾向于说“借词”，学术背景不同，视角不同，用词也不同。目前，在这十余种借词术语中，最常见的术语有三个，他们是借词、外来语以及外来词。从使用频率上来看，外来词最高，借词最低；从辞书使用倾向上看，难分伯仲，可谓是“萝卜青菜，各有所爱”。由于“外来语”一词来自日语，所以日语辞书一般经常使用。在学者中间，留学欧美的倾向用“借词”；留学日本的以及中国台湾语言学界、日语学界，倾向用“外来语”（当然总有例外，如留学法国的岑麒祥先生，其《汉语外来语词典》初稿成于20世纪70年代，原名就叫《汉语外来词词典》，后发现与刘正埮等1984年的词典同名，所以，1990年出版时才改为现名）。现在“外来语”一词的使用范围越来越小，除日语界外，大多改用“外来词”或“借词”（史有为，2004：4）；国内学者20世纪50年代后，倾向于用“外来词”，参见（表2-5）。

表2-5 常用的三个汉语借词术语使用倾向比较

汉语表达	Google 检索	CNKI 检索	辞书使用倾向	学者使用倾向
借　词	613 000	20 × 55	《中国大百科全书》	留学欧美学者
外来语	902 000	20 × 78	日语辞书	留日学者
外来词	2 060 000	20 × 120	《辞海》	20世纪50年代后中国学者

至此，我们对借词的术语可获得以下认识：英语里，作为术语使用的借词有两个：loanword 和 borrowing，两者既有联系，又有区别。通常两者可以互用，严格区分时，前者仅限于“词”而后者“可词也可语”；汉语里，作为术语使用的借词有三个，分别是借词、外来语以及外来词，通常三者之间没有什么差别；但细分起来，“外来词”最常见，“外来语”次之，“借词”再次之。不同于来自东瀛的舶来品“外来语”一词，“借词”是英语 loanword 的汉语意译词，所以，它和同宗的“外来词”关系最近，常互相指称，本文采用“借词”这一术语。

（二）借词的界定

由于书写系统的差异，英汉两种语言在借词类型上有较大的差异：英语是使用拼音文字的语言，相比而言，借词要容易操作些，特别是印欧语系诸语言之间的借用，词“形”不少大同小异。理论上讲，通常只有音译和意译两种方式，大量的借词是转写过来的，或者按本民族语的习惯加以改写的。转写就是原封不动地搬过来，如英语中的 eau-de-cologne（花露水），一看就是法语构造，不说自明。改写就是按英语的正字习惯，重新拼写，如把德语词汇 schwindle 改成 swindle（欺诈）；法语短句 cela va sans dire 改成 it goes without saying（不用说）。

比较而言，汉语的书写系统不是拼音文字，而是所谓的“象形方块”字，因此，同样的情形，除了音译和意译两种方式外，还有“形译”方式，如日源汉字词、西文字母词等。

对于“借词”的界定，学术界历来有两种不同的观点，总体上分为狭义和广义两种。

主张狭义定义的学者有吕叔湘、孙常叙、高名凯和刘正埮、王力、徐通锵、史有为等。他们把借词严格限制在“音译”词上（也包括含有音译成分的语词，如音译成分附加汉语表意成分构成的词语、半音译半意译的借词、音意双关的借词），即所谓的“连音带义”的借用。意译词不是外来词，理由是它不是“音义结合体”，它是用本族语言成分记写外语词的意义，而不是把外语词“连音带义”搬到本族语言中来。这部分学者从结构主义语言学理论出发，认为语言是严格地按层分级的系统结构。所以，分析音位时不允许考虑语素或语法层面，而且研究借词也不能涉及社会和文化等非词汇因素。20 世纪 50 年代以后至今，大多数学者在这一点上达成了共识，从而使这一观点占据了主流地位。音译借词的具体类型，见（表 2-6）。

表 2-6　音译借词

类　型	示　例	说　明
音　译	奥林匹克（Olympic）、沙发（sofa）	汉字间无意义联系，只保留其语音和书写形式
音译 + 表意成分	拉力赛（rally+ 赛） 酒吧（酒 +bar）	音译语素 + 汉语语素 汉语语素 + 音译语素
半音译半意译	因特网（inter-net） 冰淇淋（ice-cream）	“前音后意”式 “前意后音”式
音译兼意译（音意双关）	苦力（coolie）、乌托邦（Eutopia）	选用接近外来词词义的汉字进行转写

另一批学者，如罗常培、张世禄、赵元任、陈原、Masini、黄河清以及邹嘉彦、游汝杰等则代表着广义的观点。他们认为借词不仅包括“音译”词，还应该包括“意译”词和“形译”词，理由是意译词虽然是用汉语的材料构造起来的词语，可它的词源毕竟是外来的，词形也是在借用外语词的过程中产生的，不仅表达的概念来自外语，而且结构也不一定是汉语中原有的。同样，“形译”词的词源是外来的，词义和词形也是外来的，只要整体上意思明确，并且通用流行，就应该算是“借词”或“外来词”。总体说来，意译词归类的分歧形成于 20 世纪 50 年代，借形词归类的分歧形成于之后的 80 年代。

西文“字母词”，虽然其来源是“外来的”，但由于其书写形式不是“方块汉字”，所以，一般不认为它们是“借词”或“外来词”，而是叫“外语词”。早在 1956 年公布的《中型中国现代汉语词典编撰法（初稿）》就明确认为，他们不符合汉语发展的规律，所以不予收录。此后的《现代汉语词典》等工具书，也严格遵循这个原则，并一直保持到 20 世纪 70 年代末。

1979 年出版的《辞海》开始做出让步：在全部词条的最后附了一个“外文字母”栏目。可是，在目录里也不给它一个地位，而且仅收集了 63 个词条，其中有关 X 线的就占了 26 条。

改革开放后，情况有所改变。客观事实是字母词大量涌现，有些词早就具有了全民性和常用性。作为国内权威的《现代汉语词典》，对此也有所反映：1996 年第 3 版首次以“附录”形式收录了 39 个“西文字母开头的词语”，2002 年“增补本”（第 4 版）增加到 142 个，2005 年第 5 版上升到 182 个，2012 年第 6 版这个数字又刷新为 239 个，包括新闻出版广电总局要求央视等媒体不再使用的 NBA、GDP、WTO 等。这些字母词，“虽只进入‘厢房’而未进入‘正室’，但字母词毕竟还是被接纳了，这是一个了不起的进步。”

广义派学者主张以更广阔的视野来看待借词：除了语言学角度外，还应加入社会角度和文化角度等。我们赞成这种观点，因为这样做，更有利于研究语言、社会和文化之间更广泛的关系。据此，借鉴中外辞书“定义 + 类型说明”的简洁明了模式，我们给借词做出如下定义：

借词，也叫外来词或外来语，一种语言从别种语言里吸收来的词语。英语里的汉语借词，有临时借词、词典借词（音借词、混成词、义借词）和新造词三种。汉语里的借词，有音译、形译、和意译三种。音译的，如“奥林匹克”“沙发”；译音加表意成分的，如“卡片”“芭蕾舞”；半译音半译意的，如“浪漫主义”“冰淇淋”；音译兼意译的，如“苦力”“乌托邦”。形译的，如日源汉字词“母校”“发明”；西文字母开头的词语，目前尚有争议，地位未定。其中，纯字母词如“DNA”“WTO”一般不视为“借词”；字母加汉字的，如“X 光”“pH 值”视为“准借词”。意译的，如仿译词“蜜月”“足球”；新造词，如“随身听”“天使”等。

（三）新造词

creation（新造词）源于语言接触后的语言创新，也属于借词的一种。Winford 把这类“新造词”称为借词的“有趣副产品”（interesting by-product of lexical borrowing）。这部分词汇数量不多，但富于创新，因而有趣。

就英语里的汉语借词来说，纯英语新造词，顾名思义，就是用英语词汇来表达汉语里的事物。这种情况多见于英语里找不到对应的词来表达汉语里的“新”事物、“新”概念等，这类词一般都是意译词。这是一种普遍的语言现象，印第安人称“大象（elephant）”为“有皱纹的屁股（wrinkled buttocks）”就是一例。汉语里这样的例子也很多，如称 Angel 为“天使”，称 walkman 为“随身听”，称 bicycle（二轮车）为“自行车”等。

英语里也有一些这样的例子，意译时，往往取其一点，而不及其余，如将“松花蛋”译成 thousand- year -old eggs（千年蛋），取其长（时间）；将油条译成 dough sticks（面棍），取其料（面粉）；将“古老肉”译成 sweet and sour pork（甜酸肉），取其味等。

从以上叙述中可见，若要研究瓷器贸易对世界范围内语言文化的影响，在词汇形成方面需要侧重借词的研究。

第二节 英语中瓷器类别的词汇构成探讨

陶瓷在世界范围内的流行和传播，使得每一种语言都包含了大量有关陶瓷的词汇和用法。本节将以英语为主分析瓷器语言在外语体系中的词汇构成方法。

一、关于“陶瓷”的译名

（一）“陶瓷”在英语中的译名分析

1. 英语中常见“陶瓷”译名

英语中对于“陶瓷”这个总称词汇的翻译主要有四个：ceramics，china，porcelain 和 pottery。下面简略分析这四个词汇的异同。

“精细陶瓷”（fine ceramics）；日用瓷（house-hold China）；青白瓷（greenish white porcelain）；电镀陶瓷（electro plated pottery）。一般说来这四个词是不能完全通用的，他们有各自不同的适用范围。“ceramics”这个词从广义上来说它包括所有的，通过热制备的无机非金属材料，也就是说它在广义上包括耐火材料、珐琅、水泥、研磨料和陶瓷。用来指陶瓷时主要用于学术方面，属于学术用词，如 engineering ceramics（工程陶瓷），ferroelectric ceramics（铁电陶瓷）等。“china”主要用于对瓷器，偶尔也包含对炻器非正式的称谓（这也许与瓷器是中国人发明的有关），一般用于非工业用的瓷器，如 hotel china（旅馆用瓷），egg -shell china（薄胎瓷），iron stone china（深色炻器）等。“porcelain”仅用于指瓷器，而且主要是用于工业用瓷方面。如 chemical porcelain（化学瓷），electrical porcelain（电瓷）等。“pottery”仅指陶器，如 decorated pottery（彩陶），glazed pottery（釉陶），white pottery（白陶）等。

“Stoneware”通常译为“炻器”或“缸器”，它是介于陶与瓷之间的一种陶瓷，但有时也可译为“陶瓷”，如 acid - resistant stoneware container（耐酸陶瓷容器），acid -resistant-stoneware valve（耐酸陶瓷阀门）。这五个词之间的关系可用（图 2-1）来表示。

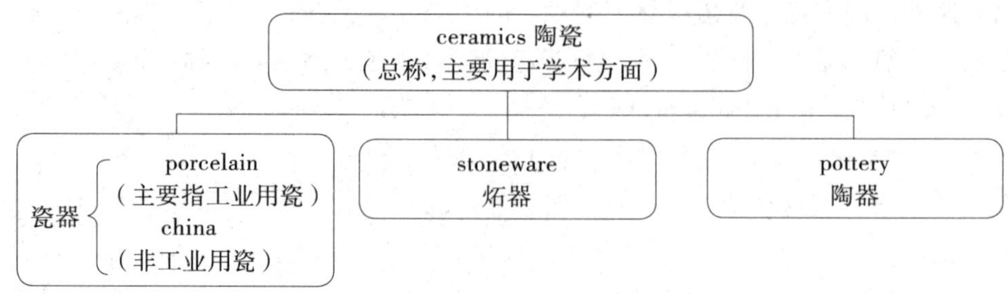

图 2-1 英语中“陶瓷”常用翻译词汇之间的联系

2.“ware”的应用

“ware”通常译为器皿，在陶瓷术语的译名中常常做一个黏附词素，表示“陶器”的含意。换句话说它只能与别的单词连用，通常是窑名、朝代名、表特征或表原料的词。视具体情况可译为“瓷器”，或者译为“陶瓷”。如Ru ware(汝窑瓷),earthen ware(陶器),Lung -chuan ware 龙泉青瓷，scented ware（香料陶瓷、芳香陶瓷）等。当用 ware 作词素表示“陶瓷”时强调的是具体的器物而不是概念，如 chinaware 瓷器。

3.“faience”在陶瓷翻译中的应用

faience 原本是法语词，指“珐花彩釉陶瓷”。现在也用于指法国、德国、西班牙及斯堪的纳维雅国家出产的锡釉陶器，如 Abtsbessingen faience（阿布茨百新根陶瓷，德国），Gudum lund faience（古都隆锡釉陶器，丹麦）。

（二）陶瓷术语翻译中的多译名现象

一般说来科技领域中的专业术语的含义是确定的，其译名相对来说也是固定、甚至是单一的。然而在陶瓷领域却有所例外，如“转筒筛”一词有“drum screen; rotary drum screen; revolving screen; trommel”四个译名。在这四个译名中，drum screen 是根据机器的外形来定义的。rotary drum screen 和 revolving screen 是分别在 drum screen 前加上表“旋转”意义的形容词和动词的现在分词，使译名更为形象，而 trommel 才是采矿业中的专门术语，其含义是“洗矿筒、滚筒筛、转筒筛”。

“间歇窑”一词相对应的译名有 periodic kiln; batch kiln; intermittent kiln; round kiln 四个词。periodic kiln 是从字面意义翻译; batch kiln 是从该种窑的功能角度翻译; intermittent kiln 是从这种窑的操作特征来翻译; 而 round kiln 准确的译名是“园窑”，作为间歇窑的代表，园窑只是间歇窑中最典型的一种。

（三）为数不少的音译词

在科技领域中，按照翻译的一般规则，人名、地名和一些表示新概念、新事物的词，在目的语里找不到适当的对应词汇来表示，即出现了所谓的词汇缺失现象，通常采用音译法介绍到译文语言中。例如，汉语中的布什（Bush）、英格兰（England）、马达（motor）、沙发（sofa）、逻辑（logic）和近年来流行的拜拜（bye -bye）已为汉语完全接受。而像 litchi（荔枝）、kungfu（功夫）、taiji（太极）等汉语词汇的音译名也正式进入了英语词汇。由于瓷器是中国人发明的，而且在历史上引领世界陶瓷近千年，灿烂的陶瓷文化对世界陶瓷业产生了不可估量的影响，如世人皆知的制瓷原料“高岭”早已根据其音译 kaolin 而进入英语词汇。此外如“玲珑”ling lung(“玲珑”是一种独特的陶瓷装饰手法)、“窑变”yao pien（对陶瓷产品烧成效果的称谓）、“洋彩”yang tsai（采用西洋绘画手法对陶瓷产品进行装饰）、“影青”yin ching（一种中国名瓷）等。

其实这些词除音译名外，还是有意译的，有的甚至有不止一个译名，如“玲珑”也可译为 rice - grain decoration（玲珑装饰）；“窑变”有四种意译：acci-dental colouring，furnace transmutation，ox blood，underglazed blue turned red；“洋彩”可译为 foreign colours 或者 foreign enamal；“影青”通常译为 misty blue，shadowy blue。出现这种现象也许是因为音译名在交流中遇到困难，而采用解释性的意译。

为了解决翻译中词汇空缺现象，除音译之外还有一种“改编”法，即音译加意义补充的翻译，在陶瓷语译名中也时有所见，如 lang yao red（郎窑红：一种名贵陶瓷色釉）；lung-chuan ware（龙泉青瓷：一种名贵的中国古瓷）；single sancai（素三彩：一种独特的陶瓷装饰手法）。由上可见，采用音译或“改编”翻译的译名，多见于中国名瓷、名贵色釉和独特装饰手法等方面。

二、从几个陶瓷术语的英译名看中国陶瓷对世界的影响

陶瓷是艺术造型、装饰、材质和工艺等元素构成的一个整体，是艺术与科技的结晶。通过巧夺天工的艺术创造和科学合理的精心设计，使得瓷器具有物质和精神双文化的特征。由于中国人在世界上“瓷垄断”近千年之久，陶瓷成了最无争议的中国元素之一，外国人知道中国、了解中华文化是从瓷器开始的。中国的瓷器是“东学西进”的主要媒介之一；在传播华夏文化的同时，陶瓷也是“西学东渐”的窗口之一，以下几个陶瓷术语英译名的形成过程足以证明。

（一）与国齐名的 china（瓷器）

几乎尽人皆知，china 既是中国的国名，又可译为“瓷器”。对于其中的原因比较常见的有两种解释，一种说法是：18 世纪以前中国的昌南镇（景德镇旧称昌南镇）出产的瓷器十分精美。当这样的瓷器通过丝绸之路最终到达欧洲时，受到欧洲各国人们的喜爱，人们以能获得一件昌南镇出产的瓷器为荣。这样，欧洲人就根据“昌南”的发音 china，作为瓷器和生产瓷器的中国的名称。

另据《英汉词海》（English-Chinese World Ocean Dictionary）的解释，china 作为瓷器的含义是源于波斯语 chini，其含义是“中国的，中国人”。波斯当时是丝绸之路的终点，波斯人称来自中国的瓷器为 chini，欧洲人当时获得中国的瓷器都是经由波斯，他们也跟着波斯人称瓷器为 chini，只是产生了元音音变由 chini 变成 china。但不管是何种解释，china 既是国名又是瓷器是无疑的，并且由此派生出 chinaman 经营瓷器的商人，chinaware 中国货等。

（二）世界通用的 kaolin（高岭）

18 世纪之前，西方人一直未能制造出真正的瓷器，因为他们当时还不知道必须用瓷石加高岭土二元配方来配制瓷胎原料。1712 年法国传教士昂特雷科莱（Francois Vaviecl’Entreclls），中文名字殷宏绪，在他发回法国的报告《中国陶瓷见闻录》中，最

早向欧洲披露了用高岭土制瓷的秘密。多次来中国考察地理、地质的法国地理、地质学家费迪南·冯·李希霍芬（Richthofen，Ferdinand Von）（1833—1905）于1869年亲临景德镇的高岭考察。在他的名著《中国》（第三卷）中对高岭土做了详细的介绍，并根据高岭的汉语发音创造了一个新的英语单词kaolin。由于瓷器本身的魅力，加之李希霍芬本人是世界公认的地理、地质界的权威，他的著作也是西方地质学界第一次从岩石学的角度介绍高岭土，此后“kaolin”一词成为国际通用的黏土矿物学的专用术语，在全世界通用，并以该词作词根派生出kaolinite（高岭石）、kaolinization（高岭石化）、kaowool（高岭土质耐火纤维）等词。

（三）由人名变瓷名的celadon（青瓷）

青瓷（celadon）是世界出现最早的瓷器。据考证其生产历史可追溯到距今3 500年左右的商代中期，其后的各种瓷器都是由青瓷发展而来，所以可称青瓷是瓷器的“鼻祖”。青瓷是经由还原焰烧成的，其颜色呈青绿色或青灰色的一种高温釉瓷。青瓷有着晶莹青翠、澄澈无瑕、美玉般的效果，故有假玉之称。16世纪末，中国的青瓷传到法国，青瓷那又像碧玉又像翡翠令人倾倒的釉色无法形容。而恰好当时法国正在上演一部由著名作家奥诺雷迪尔费（Honore d è urfe）（1568—1625）的长篇小说《牧羊人和牧羊女的爱情故事》（Les Amours d è Astree et de Celedon，Les）改编的歌剧。剧中男主角Celadon（瑟拉多）穿一身美丽的青色衣服，他一出现在舞台上，观众就狂呼起来，很快这种青色衣服就风靡全巴黎。恰逢此时，中国的青瓷传到法国，于是人们想到唯有舞台上Celadon（瑟拉多）所穿衣服的颜色才可与之媲美，于是法国人就把中国的青瓷称为celadon。随后这称谓传遍全欧洲，而在英语文献里也正式用celadon指代青瓷。

（四）“出口转内销”的temmoku（天目釉）

天目釉也称天目瓷，原指福建建窑生产的瓷盏，也可指江西吉州窑的黑釉窑变瓷。其特征是以黑色或柿黄色为底釉，因釉中含铁形成晶体析出，而有可能形成“兔毫纹”“玳瑁斑”“鹧鸪斑”等名贵窑变色釉而著称。temmoku（天目）一词源于日本。对该词的说法有三：其一，宋朝时（日本镰仓时代）日本僧人来中国留学，从浙江天目山带去建窑出产的瓷盏，并称这种瓷为temmoku（天目釉）；其二，是因为建窑出产的这种黑色并略带青紫色，偶尔呈酱褐色的瓷器，最早发现的地方是福建省建安的天目山，所以称为天目釉；其三，在日本的古文献《嬉游笑览》中提及建窑瓷釉中有斑点如星者，在日本人看来，星乃天之目，故称该瓷为temmoku（天目）。不管何种解释，有两点是肯定的：temmoku这个词源于日本，其次是指中国福建建窑出产的黑釉瓷，而我们中国人也根据temmoku这个日文词的发音把所有的黑釉瓷称为天目瓷（釉），天目一词由“出口转内销”了，temmoku也被收录于《英汉陶瓷辞书》中。

（五）不是军用品的 kendi（军持）

kendi（军持）是从印度的佛经中翻译过来的，原为梵语“knudika”。军持，又译成军墀、君迟、净瓶等，是佛教僧侣随身携带的“十八物”之一，与军用毫无关系。它是一种盛水器，是云游僧人、伊斯兰教徒用来盛水的用具。其特征是长颈，颈上部突出一条宽棱、肩部和腹部丰满，肩、腹之间置流，无柄，平底。元代造型为喇叭口，折腰，器体较短，明清造型为腹部圆，直颈较粗短，这种外国器型大约在隋唐时传入我国。军持也有铜质和铁质的，但瓷制军持在我国长盛不衰，从唐代至清代，南方北方各产瓷区均持续生产，大量出口。这也许是佛教徒和伊斯兰教徒追求“圣物盛圣水”的缘故吧。kendi（军持）也被《英汉陶瓷辞书》所收录。

综上所述，可见中国瓷器对世界的影响是如此之深远。以上几个词语分别来源于法语、日语和梵语，然而都作为陶瓷术语的英译名而传播。最近有专家学者根据以下几点：对世界的影响、对老百姓的影响、能代表中国古代科技的最高水平、在世界上又是最早的、对中国文明和世界文明起到重大作用，重新定义中国古代四大发明是：丝绸、青铜、造纸和印刷、瓷器，这是不无道理的。

三、陶瓷术语英译中的文化转向

（一）文化转向中的陶瓷术语英译

陶瓷是中国的伟大发明，在长期的制瓷历史与发展中，中国积淀了灿烂的陶瓷文化。这些陶瓷文化融汇于陶瓷生产相关的物质、精神、制度、行为之中，是集地方文化、时代特征、特定政治背景、文化时尚、工艺水平、美学思想等诸多元素在内的手工业传统文化，汇聚了我国宗教、书法、绘画、文学、历史等方面的知识，并与中国传统文化息息相关。中国博大精深的文化，尤其是颇具中国特色的陶瓷文化，若要传播到世界各地，就必须借助于翻译。在翻译文化转向的指引下，从事陶瓷术语英汉翻译的译者特别要牢记传播中国陶瓷文化之目的，英译文要体现出中国陶瓷文化的独特之处。陶瓷翻译虽属于科技翻译的范畴，但在译介带有中国特色陶瓷文化术语时，译者不能仅仅满足于传达原文的一般意义，而是要把译介中国陶瓷文化也看作自己的职责，并应把翻译重点放在陶瓷文化的译介方面。

笔者认为，针对富有中国特色文化的陶瓷术语的英译，译者要多多采用异化翻译方法，因为异化翻译策略能够有利于源语文化的译介和传播。必要时，译者还可以采用异化翻译策略中的音译方法。一般认为，音译是能够承载原文近乎全部信息的翻译方法，用汉语拼音来翻译中国有而其他国无的特色文化，还有利于中国汉语拼音的对外推广，也是传播中国文化的一种途径。

以中国景德镇四大名瓷（青花瓷、玲珑瓷、粉彩瓷、颜色釉瓷）中的“青花瓷”和

“玲珑瓷”的英译文为例。四大名瓷为景德镇所独有，是中国陶瓷文化的独创，在外国文化中是没有任何与之对应的词汇的，在这些词汇翻译过程中，大多保留了我国陶瓷文化的特色。例如，采用“名从主人”的翻译方法，或者使用音译加注释的翻译方法，使译文尽量向原作靠拢，要忠实、准确、全面地展现原作信息，尤其是中国特有陶瓷文化信息。

以“青花瓷”的翻译为例，青花瓷是以素净的青花和光洁莹润的白瓷相称所产生的色彩效果，被誉为“人间瑰宝”。笔者从词典、陶瓷术语手册、网络中查到了青花瓷的多种译文，其中有 blue and white porcelain；green porcelain；blue porcelain；cobalt blue porcelain。根据上文对青花瓷的汉语解释，显然第一种翻译 blue and white porcelain 最为接近“青花瓷”的汉语含义。可此译文还不能准确地译介出“青花瓷”的全部文化内涵，blue and white 只能说明“青花瓷”的颜色是 blue 和 white，而没有把青花的“花”翻译出来，青花瓷深厚的文化内涵不是几个单词就能诠释清楚的。

再以“玲珑瓷”的译文为例，玲珑瓷是在细薄的坯胎上，雕成米粒状的通花洞，然后施釉多次，填平通花洞，再入窑烧制而成。玲珑瓷被称为“镶玻璃的瓷器”，以玲珑剔透、晶莹雅致而蜚声中外，玲珑瓷为景德镇所独创。笔者查到，有译者把“玲珑瓷”翻译为 rice patter porcelain，此译文注重了“玲珑瓷”的意象表达，因为玲珑陶瓷的形状的确像“米”状，但又不能展示出玲珑瓷的明澈、剔透效果，因此还应采用音译方法，翻译为 linglong porcelain。

（二）陶瓷作品名的英译技巧

世界上著名的陶瓷作品非常多，而这些陶瓷名品，在各国的翻译也各有特色。下面以例证介绍常见的陶瓷语言翻译技巧。

1. 直译法或直译加注释法

写实性的瓷器名中可以看出瓷器的制作原料、器形和工艺技法等，可用英语中与汉语相对应的词语来翻译，但是要注意各部分修饰成分在英译时和中心词的位置关系，通常采用“釉彩品种 + 器型 + 工艺技法 + 纹饰”的模式，这是最为普遍的一般表述方式。例如，青花海水龙纹碗（blue and white bowl painted with wave pattern and dragons），褐蓝釉刻印云龙纹高足杯（brown and blue glazed stem-cup with carved cloud and dragon）。写实性的瓷器名的英译通常采用直译的方法，但由于陶瓷制作过程中釉彩、器形和工艺技法的不同分类，在翻译实践中不可一概而论，忌用中文的语序去套用英文的翻译。

2. 意译法或意译加注法

虚化性瓷器名着重于瓷器的创作意境而非其制作原料和工艺，在英译实践中，通常采取化虚为实的意译法，即陶瓷展品的指示牌或标志牌中可用意译过来的名称。例如，明湖见影（The echo of lake and shadow）、花非花（Be alike flower）、喜上眉梢（Euphoria）、青语山（Green language mountain）、小家（Cute House）等作品的译名，以意译名为主，为使读者更好地了解该陶瓷，可以在解说板或宣传册中补充说明其制作工艺，以汝窑展品喜上眉梢（Euphoria）为例，在宣传册中其展品名译为 Happiness Appears on the Eyebrows，在解说中用英文加注：Egg-green glazed vase with sculpted peach branches，这样一来就保留了作品的创作意境又使读者清楚明白了该瓷器的釉彩、器形和工艺手法。

3. 音译加文化补译法

陶瓷文化翻译涉及面广，具有科技翻译与文学翻译的双重性质。在含文化意境的瓷器名的英译中，译者除具有扎实的外语功底，还应掌握基本的陶瓷专业知识和广博的陶瓷文化知识，因此陶瓷领域的翻译之难在于对瓷器名中所蕴含的文化背景的理解和传达，真正做到从瓷器文化意境到文化译境，如法花八仙故事图罐（Fahua jar designed with the story of eight Taoist Immortal）。

第三章　瓷器贸易对我国语言文化发展的影响

第一节　瓷器贸易对我国瓷器产地语言的影响

陶瓷文化和陶瓷贸易发展了千年，影响了中外许多地区的语言文化发展。瓷器文化和语言不仅是世界文明的瑰宝，更是中国文化中的璀璨星辰，而对于古老的瓷器生产重地来说，瓷器文化可以说是构成本地文化最重要、最核心的部分。瓷器也在其语言及文化的发展中起到了非常重要的作用。本节将以景德镇为例，分析瓷器贸易对瓷器产地语言及文化的影响。

景德镇的语言现象，古人早已注意到，清人蓝浦在《景德镇陶录》中说："景德镇陶业，俗呼货料，操土音登写器物花式，字多俗省，其不见于《字书》字，如釉埞之类。其见于《字书》而俗借用者，如靶、琢、不之类。他如，饭作反，撇作丿，同作冂，谥作才，壶作乎，圾作件之类。虽土著，犹参问乃得也。"又说："陶瓷有所谓'口'者，即器上围。""所谓'足'者，即器底圈边。""所谓'骨子'，即器具土质，俗呼泥胎儿是也。"清人郑廷桂的《竹枝词》写道："漫言须辨瓷磁字，不釉何从考字书。"

"不"字，音"dun（三声）"，是制作瓷坯的材料，也是不陶瓷行业的专有名词。

"釉"字，音"you（四声）"，字形出现于明清时期，尽管这种物质在殷墟出土的陶片上就已出现，但长期以来是写作"油"字，宋代蔡襄《茶录》中提及茶具也是写作"珍膏油其面"。直到明代的《正字通》这类字书也只是将"泑"字收入，并未收入"釉"字，在清代一些陶瓷文献中，"泑""釉""釉"往往混用。清人龚鉽的《陶歌》其四十八中记载的"冒宫冒饭广行销，厚质粗坯釉水浇"，也是"釉""釉"混用的例子。

"埞"字，音"du（一声）"，指坯件和瓷件底部，在南方一些地区，它也泛指一般物件的底部。这一俗字，在现今一般字典中均未收入。

"圾"字，音"jian（四声）"，系陶瓷行业中表示瓷件大小单位的量词，圾数越高，体积越大。作为表示瓷件大小单位的这一义项，除陶瓷专业词典外，现今一般的工具书都未收入。

除了俗字之外，还有一个土音问题，如《陶歌》其七写道："坯干不裂更须车，刀削圆光不少差。此是修身正心事，一毫欠缺损光华。"其中韵脚字"车"字应变读为"cha"，系景德镇方音，意思为"旋削"。

景德镇烧窑业"架杪"工种的"杪"字，也是一个典型的俗字字例。"架杪"就是满窑时负责迭放好每根匣（钵）柱顶端匣体的工种。瓷工借用"树杪"的"杪"字来表示匣柱顶端的意思。在景德镇方言中“树杪”的“杪”字不读 miao（三声），而读 biao（三声），以致有人把“架杪”误写成“架表”。

在瓷业发展的影响下，景德镇形成了自己的方言，即景德镇话。同时，景德镇瓷业还形成了自己一整套独特的行业词汇，甚至景德镇许多街道、里弄的地名也带上了瓷业的色彩。这是一种罕见而奇特的陶瓷文化现象，是中华文明中的瑰宝、世界文明中的明珠。

一、陶瓷对景德镇语言文化发展的影响

（一）景德镇语言发展概述

景德镇话的形成具有城市语言形成的特征。历史上景德镇虽属浮梁县辖，但以生产瓷器而名满天下，镇城窑场、作坊遍布，从事制瓷业的工人“十之八九”是客籍人，人口的流动也很频繁。其人口来源，早期情况已无具体资料可考，但据史籍记载，我国历史上几次人口大迁移，均涉及本地：一是东晋末年，北方匈奴人向南扩张时，许多中原人为避战乱，迁到江南各地定居；二是唐朝由于黄巢起义，中原人又大批南逃；三是公元 1127 年，宋室南迁，官窑及北方各大名窑衰于战乱，一些制瓷工匠亦随之南移，有的则到景德镇谋业定居。这些中原人先后把不同时期的中原语言带进江南各地，并与当地语言相互融合、相互吸收，使得当地语言发生了很大的变化。景德镇在瓷业发展进程中，各省均有人到此就业或定居，“工匠来八方、器成天下来”，所谓“十八省码头”，就是景德镇的特殊之处。从具体籍属来看，常居本地者以本省都昌、抚州、南昌和安徽一些邻县人数最多。景德镇话的形成是有一个过程的，早期景德镇话不很纯正，说话人或多或少带有自己原籍话的腔调，如都昌籍人讲景德镇话带着都昌腔，抚州籍人讲景德镇话带着抚州腔，其中“徽帮”在景德镇具有一定的势力和影响，故安徽话对景德镇话的形成也有不同程度的影响。明清时期御窑厂在景德镇建立，瓷业和其他手工业进一步发展，更加刺激了客籍人口定居本地，从而促使本地政治、经济、文化的进一步发展，特别是与江西省会南昌的联系日益密切。随着大批陶瓷产品经昌江水陆码头源源运出，本地航运发达起来，码头工人数逐渐增加，其中又多为南昌人，因此景德镇话后期的演变在很大程度上受到南昌话的直接影响，这是景德镇话成为赣地次方言的主要因素。正是这些定居在景德镇的各地方人们经过长期的共同生活和劳动，言语交际中互相影响、互相融合，使得早期比较驳杂的景德镇话逐渐趋于一致，从而形成了现在的景德镇话。

（二）景德镇地名与陶瓷间的渊源

景德镇因瓷建镇，城镇规模随瓷业的发展而不断扩大，其街道和里弄的名称也带上了瓷业的色彩。地名作为一种专用名词，进入了景德镇独具特色的民俗语言系列。从这些地名当中我们也能发现景德镇瓷器生产、贸易的脉络，从中看出景德镇瓷器的盛况。

1. 因建窑生产而得名的地方

龙缸弄：明万历年间，御窑厂的龙缸除在若干座官窑烧制外，余者均搭厂东龙缸弄进行民窑烧制，弄内共有6座窑，开始时烧制品种单一，后来技艺逐渐提高、式样繁多，因而驰名中外，弄也因此得名。弄东端有湖口会馆，弄口北侧是“师主庙”旧址。

窑墩上：明末清初，此处曾建过窑场，后来居民在此建房，发现很多窑渣，故名窑墩上。

窑弄：清初都昌人在此建窑烧瓷，后窑废，住房增多，形成弄巷，习称窑弄。

老厂：明朝时该地就有匣钵作坊，故名老厂。

新厂：明末，因从老厂运匣钵往湖田占窑的路途较远，匣钵容易破损，故在离湖田较近的老厂东南方一带建起了规模较大的新匣厂，就近在曹家岭取土做匣，专供湖田古窑烧瓷装坯所需，故名新厂。新中国成立前，新厂地广人稀，除几家匣厂和茶棚、饮食杂品小店外，只有一些村庄，但这里是城区通往湘湖街和湖田古窑的必经之道。

吊脚楼：清代中期，此处建有柴窑和坯坊，因弄巷狭窄，新建窑房就会影响交通，故采取在两侧墙上架过楼的方法，谓“占天不占地”，群众习称吊脚楼。

狮子上弄：清朝在此建有如意窑、老启发窑、明通窑和坯坊。其中有一窑户经营瓷狮，其宅前也蹲了一对石狮，又因地势较高，故名狮子上弄。

窑上：清末，张姓由都昌县迁此定居，并建有上、中、下三座窑，后有外地人口迁来定居，形成村庄，因靠近上窑，故名为窑上。

下窑：清代此地建有瓷窑和砖瓦窑，因位于南河下游，故名下窑。

中窑：清代此地是荒山，后建有砖瓦窑，因位于南河中游，故名中窑。但是窑上和下窑、中窑两地之间并没有什么联系。

茶园塘：宋代此处设窑场，附近有一口塘，塘边堆放烧窑的槎柴，故名槎园塘。后来窑场迁移，此处成为居民区，后按谐音称茶园塘。

窑前山：元末有邓姓在此烧窑，称窑前山。后因匣钵成堆，故别名匣钵墩。

陶家：唐、宋时期，此地为陶瓷作坊，故称陶家。

2. 因陶瓷生产或销售中的运输过程而得名的地方

小南门：明朝中期此地是从御窑厂到南门渡的必经之地，靠昌江边是装卸货物的码头，此地清朝有“山西会馆”。

通津桥巷：形成于元朝，通津溪自莲花塘流经此入昌江，溪出口处建一石桥名通津桥，巷以桥名。此处河边原为湖南码头，明清和民国时期为水运装卸码头。

十八渡：旧时吴家村有槎窑数座，就地利用后山槎柴烧瓷，瓷坯由河东运来，烧好再运回河东，来往运瓷共有十八只渡船，故名十八渡。

大南门头：《浮梁县志》载：明朝中期此地是御窑厂的头门，靠珠山中路南侧瓷城饭店处，原有一石门，门楼上有“大南门”三个字，故名大南门头。此处是通往南门渡的要道，御窑厂瓷多从此以水运外出。

3. 因销售陶瓷而得名的地方

广益弄：宋初此地有一瓷器店，招牌为“广益店”，弄以店命名。

石狮埠上弄：此巷元初形成，当时为瓷器商埠，以销售瓷狮为主。巷口有石门楼，上刻“石狮埠”，门楼前置石狮一对，故称石狮埠。

棋盘街：据传，清初此弄有数家经销瓷制棋子的店铺，并常有棋迷在此摆残局赛棋，又因弄曲折似棋盘，故称棋盘街。

瓷器街：据《景德镇陶录》记载：瓷器街颇宽广，约长二三百武，街两旁瓷店张列，无器不有。清朝此街是瓷器零售街市，两侧设有瓷器店，因品种齐全、花色各异而享有盛名，故得名瓷器街，街上配合瓷器交易还设饮食等各种店铺。

陶瓷弄：明末都昌县冯姓在景德镇做陶瓷生意，买卖兴隆，同族集资修建一庙，名陶王庙，弄以庙名。

4. 其他与陶瓷有关的地名

风车弄：宋景德年间，瓷工奉帝命烧制龙床，瓷工日夜不停地工作，终于烧成。但此时上交期限迫近，龙床难以迅速冷却，故在此弄聚集风车鼓风冷却，此弄因此名“风车弄”。

满坑坞：明末，李姓从万年迁此建村，因此地瓷土丰富，当地人称瓷土矿为坑，故名。

双坑：明末，汪姓从婺源迁此建村，因地下藏有瓷土矿石，后开采为两个矿坑，俗称双坑。

除此之外，景德镇还有许多因陶瓷而起的地名，如因制瓷家族聚居而产生的彭家上弄以及因陶瓷行会而命名的建昌弄等。

由以上内容可见，陶瓷贸易对景德镇语言文化的影响十分深远。除此之外，由陶瓷行业而兴起的行业术语也是陶瓷对景德镇语言文化影响的表现之一。

二、景德镇陶瓷文化习俗

景德镇自古以来是瓷业生产城市，是开放的工商业码头。正因为此，商贾往来很多，镇上的居民也比较混杂，各地的人都集中在此地，所以有“窑户与铺户当十之七八，土著十之二三”之说。而来自各地的人们都有其本地的风俗习惯，经过长期的交流、熏陶、渗透，就形成了丰富多彩的、具有景德镇特色的民俗。尤其是景德镇制瓷历史悠久，“新平冶陶，始于汉世”，历经各个朝代，瓷业生产技艺不断发展与完善，享有瓷都声誉。在一千多年的生产实践中，因袭成风的瓷业习俗，是景德镇民俗中最重要、最典型的内容。因此，陶瓷民俗文化在景德镇陶瓷文化中占有相当重要的分量。

（一）行业风俗

1. 暖窑神

年初冬一过，各窑都在某次窑后，举行一次“暖窑神”活动，祭祀窑帮信奉的“风火仙师”又名“广利窑神”。民国时期，这种祭祀活动，首先由拖坯向各搭坯户收取“暖窑神”的费用，一般是一夫坯2块银元，大约每座窑可收到50 ~ 80块银元。款收齐后，拖坯与把庄商量好费用的安排，确定日期，交各窑工分头进行，向酒楼订好酒席，请三脚班，借桌凳、香炉烛台，布置场面等。“暖窑神”的这一天，窑里打扫得干干净净，窑门上贴着用黄裱纸写的“风火仙师”四个大字，两旁贴上一副“风助火力”“火借风威”，的对联，窑墙两侧，挂两面大的“飞虎旗”。窑门前面有一供桌，桌上放有供品和香炉、烛台。供桌稍后，两旁摆着几张桌子，中间空出一块踩地戏的场子。黄昏，窑工们齐集窑上，把庄点燃红烛、长香，虔诚默祷叩拜并燃放长鞭炮。接着，酒楼送来四盘十碗加热炒或十碗加热炒席面上桌，（钱多时还办过八大八小席面），大家一边饮酒，一边看三脚班的踩地戏，一直到深夜收场。

2. 开禁迎神

窑帮“童庆社”，每隔20年在装小器的“开禁”之后，都要举办一次盛大的迎奉本行师祖“广利窑神”的“迎神”活动。迎神时，要到师祖老家童街风火神童宾的出生地，去请画师绘制两面飞虎大旗，并大摆筵席款待师祖的后代。

上面两则祭神的仪式都是由风火神的传说演变而来，风火神在景德镇窑工的心中占据了重要地位，以至成为了行业崇拜的对象。

（二）行业崇拜

行业崇拜并非景德镇专属的民间现象，不同的地方都有属于本地的民间神话，在民间传说的基础上，那些代表行业精神和行业文化的人物成为行业崇拜的对象，并受到人们的祭拜。各地行业崇拜的不统一，表明了崇拜对象的地域属性。

清嘉庆二十年（1815），以《景德镇陶录》载景德图中所示，那时有7个会馆书院，即徽州会馆、南昌会馆、苏湖会馆、饶州会馆、都昌会馆、临江会馆、景仰书院。嗣后，由于商寓客旅增多，依地域乡族关系组成的会馆公所以及各地所办书院也逐渐增加。由于各地风俗不一，各会馆祀奉的神像也各不相同。南昌会馆祀“许真君”，临江会馆供“肖公菩萨”，婺源会馆供“朱熹神位”，山西会馆供“关帝大圣”。照此推及，景德镇的陶瓷业奉“师主”及“风火神”。清代唐英专著《火神童工传》，介绍了风火神童宾的历史传说。新中国成立前，在每座窑房里都供有一个风火神的神龛，神龛安放在窑岭上，用窑砖砌成，内放木质灵牌，上写“风火神童宾神位”，常年由烧窑业之中的小火手（烧窑业中的一个工种）侍奉香灯。每逢在烧大件瓷器或烧窑发生事故时常常要更衣焚香，拜风火神，瓷器烧成后要杀猪摆酒席表示庆祝。

当然，景德镇陶瓷民俗并不是简单由这么几个部分组成，它还包括行会、行帮与帮规、行业用语等丰富内容，上面所举例子只因其与陶瓷民间传说的关系密切，如行业崇拜中陶瓷业供奉的“师主”和“风火神”，就是由风火神童宾的历史传说而来。童宾的故事也因为后代人们的纪念和崇拜而逐步延续到今天。而烧太平窑的习俗也由“太平窑”的传说而来，在瓷都的今天得到了继承和发展。

另外，景德镇陶瓷在画面上也能看到民间风俗的影响。以“三羊开泰”为例，“三羊开泰”的图案本身就蕴涵着一种吉祥、生机勃勃之意。作为中国民间传统中的一种，景德镇的陶瓷艺术家们在古时就已经把它纳入景德镇陶瓷艺术的创作内容中，并成为景德镇陶瓷创作的一大特色。

从景德镇陶瓷民俗可以看出，陶瓷民俗独具特色，是景德镇陶瓷文化的表现形式之一。它反映出历代景德镇瓷业工人运用朴素唯物主义观点，掌握和运用自然规律，与自然做斗争，为自己创造生存和发展的条件；反映了历代景德镇瓷业工人在生产中焕发出来的智慧和力量以及所形成的思维、信仰与风格；反映了历代瓷业工人与各种邪恶势力的搏斗和对美好未来的向往；反映了历代景德镇瓷业工人在生产实践中所产生、锤炼出来的文字记载与生动语言。这些是景德镇瓷业工人的创造，是形成景德镇陶瓷文化的基因，也是我们了解景德镇瓷业的环节。

陶瓷民俗文化可以让人们了解到景德镇瓷业生产发展的过程，也是进一步认识景德镇的生产发展历史和景德镇社会现状的一扇窗户。从陶瓷习俗中可以看出人们对瓷业生产这个客观世界的认识，有从片面到全面、从不科学到科学的发展过程。这是景德镇瓷业工人在创造陶瓷文化成果时的反映，它从一个侧面记录了如何从蒙昧走向文明、从原始走向现代化的规律，我们可以从积存的大量各个时代的瓷片中窥见端倪。景德镇陶瓷民俗文化所具有的价值是极为独特的。不一定所有的陶瓷民间传说都能形成陶瓷习俗，但几乎所有的陶瓷民俗都来源于陶瓷民间传说，并在当代得到充分的发展。可以说陶瓷民俗并不是单一的个体，它是融经济、社会、信仰、游艺等在内的丰富实体，其中游艺类民俗就包括民间口头传说故事、民间谣谚、民间歌舞音乐、民间游戏、民间竞技、民间杂技等六大部分，可见陶瓷民间传说一方面作为陶瓷文化的重要表现者，构成并丰富着陶瓷文化，一方面也是陶瓷民俗的成员，表现出陶瓷民俗传奇性的一面。

景德镇作为陶瓷古镇，以独特的陶瓷技法和陶瓷文化闻名于世，窑工们在长期生产实践中积累了丰富的制瓷经验。同时，景德镇世世代代生存于此的人们又在陶瓷文化中融入当地风土人情，融入对美好生活的向往，融入人民的淳朴情感，因而创造出独特、丰富且有趣的陶瓷语言和文化。因而，陶瓷是景德镇语言文化中最重要的元素。

第二节　瓷器贸易带来的新生词汇

瓷器贸易带来的新生词汇中，最为重要的部分就是陶瓷行业用语。行业用语也叫行话，是社会习惯语的一种，指各种行业为了自己的特殊需要，在本行业进行业务活动时创造使用的词语。陶瓷行业历史悠久、专业性强，在本行业活动中形成了一些专用词语。这些行话涉及生产活动、工艺流程、产品名称、产品质量、生活习惯等诸多方面，内容广泛而丰富，大致来说，陶瓷行业用语可分为五种。

一、原料类、燃料类用语

（一）原料类用语

原料的开采与加工是景德镇传统制瓷的第一步，这里涉及的制瓷必备的原料术语有：瓷土、瓷石、长石、石英、釉果、釉灰、高岭土、高岭石、不子，等等。例如，常见的原料类术语中，瓷土是用于制作瓷器的黏土原料，也指瓷石经过粉碎后所得的土。瓷石是制瓷用的石质原料，主要由石英、长石、绢云母和高岭石组成，并含少量蒙石或多水高岭石等。瓷石具有可塑性低、干燥强度大、收缩率高、焙烧后色白等特性。瓷石、瓷土都以出产地为名，景德镇使用的瓷石分布范围很广，在江西省内有瑶里、三宝蓬、寿溪坞、南港、乐平礼林、余干，安徽省有祁门，湖南省有马颈坳、麻坡，福建省有德化，山东省有大昆仑等。高岭土是一种主要由高岭石（或埃洛石）组成的软质黏土。因首先发现于江西景德镇市高岭村并传至国外而得名，后来国际上对这类特殊的黏土都称为“高岭”，“高岭”因此成为国际通用名词。景德镇使用的高岭土，有明砂高岭土（又称东港高岭）、星子高岭土和临川高岭土多种。瓷器并不能完全由高岭土烧成，必须掺入其他原料。

又如，比较少见的原料类术语中，不子是指瓷石粉碎淘净后，制成砖状的泥块，也称不子或白不子。釉果是指制釉用的瓷石，与坯用瓷石相近，主要矿物成分为绢云母、石英和长石等，具有较低的熔融温度和良好的透明度，景德镇将这种瓷石专用于配制釉，浮梁县瑶里的上青树下、下青树下、得儿坝、屋柱槽等处的釉果最好。

下脚料即余土，是晒架塘沉泥、脚板屎、破坯屑等的总称。窑户对下脚料十分重视，每当停工期间，都要雇人去挖掘和收集下脚料，分类晒干使用。特别是晒架塘沉淀下的泥料，经重新淘泥后制成的瓷器，针孔、气泡等缺陷都比其他原料制成的瓷器要少。有的小窑户，在没有钱买原料时，往往靠这“三箕余土，两箕捡渣”渡过难关。

其他如滑石、长石、釉灰等词语就不一一说明了。

（二）燃料类用语

燃料，顾名思义就是烧制陶瓷所用的燃料。常见的术语包括槎柴、窑柴、樟脑油等。

槎柴即山上的茅柴和松树枝，是烧槎窑的燃料，其来源广泛且成本较低。

窑柴指的是将松木锯成33厘米左右的木段，再将它劈开，这样的木段称为窑柴，是烧柴窑的专用燃料。因为在山区这种柴多利用溪水流放，故以前又叫“水柴”。窑柴按规格又分为天字号和地字号。天字号又叫“斧片”，即将直径33 ~ 66厘米的松木，劈成长33厘米，厚3.3厘米的松柴；地字号，又叫“开片”，是用16.5 ~ 30厘米直径的松木锯劈成的松柴。还有一种叫鹿子，即用直径不满16.5厘米的松树或树梢、松枝锯成的松柴。

樟脑油指的是润瓷笔作画的油料，另外还有老油、乳香油，可按颜色调成胶状使用。

二、制瓷类用语

制瓷原料预备好后，接下来是制作陶瓷坯体，也称作“成形”，涉及的行业用语有辘轳车、坯、素坯、坯房、晒架、圆器、琢器、拉坯、印坯、利坯、挖坯、补水、试照子、吃、缩等。制瓷类术语大致分为坯房用语、圆器用语、琢器用语三类。

（一）坯房用语

坯也叫坯体、坯胎，它是瓷泥经过手工成形后未经窑火烧成瓷器的物体。可按施釉与否分为素坯和釉坯，还可按其是否烧成分为生坯和素烧坯。坯坊即制造瓷器的作坊，景德镇在新中国成立前有1000多个这样的坯坊。辘轳车是做瓷坯的设备，用于做坯的叫琢车，用于利坯的叫利车，用于挖坯的叫挖车。上面是一木质圆盘，中间为圆木轴，木轴一头插入地下，一头顶着圆盘。用的时候，将原料泥土放在圆盘中央，手拿木棒推动圆盘旋转，然后利用惯性用刀片或手工使之成型。20世纪50年代有电动辘轳车，后又发展为机压成型。毛坯是指瓷泥经过一道工序制成坯胎雏形、还未进行定型的坯。头坯是指毛坯印了一次，初步成形的坯。初修坯是头坯经过坯刀修整一次的坯，又叫头道。精修坯是经过两次修整的坯胎，又叫两道。

除此之外，还有淘桶、补水、平架、晒架、印坯、利坯等专用术语。

（二）圆器用语

圆器是指可在陶轮上拉坯成型的盘碗杯碟等。景德镇窑制作圆器分大小二件，大作制作33厘米至66厘米或99厘米大器坯件，小作制作33厘米以下小器坯件。制坯后须经过阴干、刮坯、修坯、施釉、装匣、满窑、烧窑等工序，方能成器。景德镇瓷业中制作圆器的有脱胎业、二白釉业、四大器业、冬小器业、饭闭器业、灰可器业、古器业、满尺业、七五寸业、官古令盅等。

脱胎有两种说法：一指明代永乐年间创造出来的一种薄胎瓷，胎极薄；一指早期制瓷业没有圆车作为定型工具，陶瓷工人便先用篾织成一个模型再把泥巴糊上去，入窑后，篾烧掉下来就为瓷器，故名脱胎。

二白釉是指景德镇制造的圆器类瓷器的行业之一，产品为大小盘、碗、盅、碟，质量略次于脱胎。

灰可器指日用粗瓷之一，是灰器、可器两种名词的综合，以下等瓷土（俗称“脚板屎”）为原料制成。灰器上的灰釉多，质量较差，好的灰器不掺渣，可器掺渣，质量较灰器还差。

四大器是圆器类瓷器之一，指正德大碗、正德宫碗、鲜花大碗、鲜花宫碗等四种大的瓷器。产品比饭碗大，正德碗是指明代正德年间烧制的瓷碗，当时享有盛誉，故名，后因袭之，俗称宫碗。四小器又名小法器，圆器类瓷器之一，指发汤碗、发饭碗、冬青石器、冬青汤碗四种小的瓷器，比饭碗小。

渣器是指用做脱胎、二白釉瓷器时淘洗下来的下脚原料做成的瓷器，是景德镇瓷器中品质最粗下的瓷器。

饭闭器是指有盖子的器物，如盖碗。

古器的产品颜色、质地与灰器相同，所制器物较灰器为小，只做小碗和酒令盅。

满尺盘是指七寸以上的各种粗瓷大盘子。炉寸是指七寸到五寸的粗瓷盘，又叫七五寸。

（三）琢器用语

琢器指汤匙、带柄茶碗、茶壶、人物、禽兽以及多角形瓷器，多以模型或手捏、刀雕、粘镶而成。近代景德镇琢器类瓷器有大件、粉定器、雕削、古坛、官盖、滑石、淡描、针匙、汤匙、博古器、灯盏诸业。大件是指瓷器中大的器物，如大瓶、大缸、大盆等。粉定原出品于河北曲阳，叫做北定，宋室南渡后，景德镇仿造，叫南定。它的胎质薄，色如粉玉，故得名。玲珑器为镂空后补釉的透明器，因其半透明，玲珑可爱，花纹像米粒，故外国人又称之为“雪白米花”或“米通”。明代永乐年间景德镇官窑生产的玲珑瓷十分精致，清乾隆后官窑、民窑均有制造。雕削为琢器类瓷器，凡不能由陶车成型，而用手粘镶、刀子雕刻的方形或多角形瓷器均属此类。除此之外的琢器用语不再一一赘述。

除了以上三类制瓷用语外，还有一些特殊制瓷用语。例如，三踩两响，是指琢器练泥的操作要求，即用脚踩泥三次，用铁铲拍打泥料两三次，以排除泥料中的空气，使之融合，达到“熟透”的程度；菊花蕊、莲花瓣是指圆器练泥的要求，即踩泥时从泥料四边一直踩到泥堆中间呈“菊花蕊”，四边呈“莲花瓣”的形状，方算泥料“熟透”；试照子是指过去测定泥料是否符合制瓷要求、其收缩率为多少的一种土办法，“照子”是一小块配制好的泥料，经过烧炼后用来测定其性能；试釉碗则指将涂有配制好的釉水的碗坯拿来烧炼，以鉴定其白度与亮度是否符合要求的土办法，因其在碗坯上进行，故名之“试釉碗”。除此之外，还有猪婆头，兔子嘴、红饭、黑饭等。

三、烧窑用语

烧窑是制瓷最重要的步骤，通常决定了瓷器制作的成败，涉及的行业用语较多，包括窑场名称，如柴窑、镇窑、龙窑，还有操作用语，如满窑、溜火、紧火、闭火、开窑和挛窑等，以及工种名称如挑槎、把桩、架杪、打杂等。烧窑用语大致分为窑厂用语、操作用语、工种名称三种。

（一）窑场用语

窑一般指窑炉，是对陶瓷坯体进行焙烧使之符合使用和外观要求的一种设备。其类型颇多，有横穴窑、竖穴窑、馒头窑、龙窑、阶级窑、方窑、圆窑、隧道窑和辊道窑多种，此外，还指陶瓷生产的窑场和窑器。窑房是烧炼瓷坯的场所，过去景德镇的窑房由砖木构成，木料用的是弯曲的杂木。前面为两层，上层存窑柴，下层放匣钵和坯。窑炉位于柴房之后，窑室又称窑弄，即窑炉内部放置器坯处。挂窑口即烟囱底部进烟部位，位于距囱门约 15 米处。除此之外，还有搭靠背、柴窑、槎窑等词语。

（二）操作用语

操作用语就是工匠制作陶瓷的过程、工序的名称，例如，满窑是指把做好了的瓷坯装进匣钵后，放进窑内排列好；靠窑门装 12 排匣钵位置的左右叫拉前，这里火力最高，主要装白釉（质量最好的瓷器）。但上下两层火力较低，专装颜色釉和二白釉、大件、灰可器；中鼓窑是指中间一段，因专烧喜字坛和三百件龙泉瓶，而这些瓷器名中鼓器，故窑位名叫中鼓；溜火是指初烧时采取短柴浅烧，以拖长低温时间，使窑内火力平衡的火力控制方式；紧火是指溜火之后，逐步转入高温，火力要加大，故名紧火，又叫赶余堂；余堂是指窑的最后面靠烟囱的地方。除此之外还有闭火、挖兜脚、一根窑、开窑、挛窑等词语。

（三）工种名称用语

陶瓷烧制过程涉及许多工人，他们通常负责不同的工序，掌握的技术也不尽相同，因此诞生了不同的工种。例如，把桩是指对烧窑技术全部通晓的人，是全窑的生产指挥者，又叫火头；拖坯是指负责满窑、烧窑及调配全窑装班数量的人，又因为还要亲自上坯厂拖坯到窑内去烧，故名拖坯；架杪是窑内负责每根匣顶上一层匣钵的工人；收兜脚则是开窑将匣钵全部搬出之后，把最下一层的匣钵（兜脚）收出来的人；徒弟满师后，还要再见习一年，在这一年中，他要兼顾窑厂的一些杂事，如看门烧窑等，这些见习工人叫小火手。另外，还有三夫半、二夫半、一夫半、七脚头、打大槌等工种，这些工种用语有的可以根据字义直接看出，有的则要从烧制陶瓷的过程中逐渐了解才能明白。

除了上述三类之外，烧窑用语还包括倒窑、窑黄、射火、地烧火等。

四、陶瓷装饰类

陶瓷装饰是指在素坯或成瓷上进行上釉和彩绘。上釉的方式根据陶瓷种类的不同可分为荡釉、浇釉、涂釉、吹釉等。彩绘分为釉下彩（如青花、釉里红、青花釉里红等）、釉上彩（如粉彩、珐琅彩等）、釉下与釉上彩合绘（如五彩、斗彩等）。陶瓷装饰用语可分为彩绘类、工艺名称类。

（一）彩绘类

彩绘是指用特制的颜料，在白胎瓷器上画出花纹装饰的过程。彩绘又分为坯体上彩绘和成瓷上彩绘，相对来说这一类行业用语更为普通人所熟知。例如，釉下彩指在坯胎体上彩绘，再上一层无色透明釉，在1300摄氏度左右的高温下与瓷器一道烧成。其特点是彩在釉下，永不褪脱，不易磨损，色泽鲜艳，无铅无毒，包括青花、釉里红、釉下三彩、釉下五彩、釉下褐彩、褐绿彩等。元明清时期，景德镇青花是釉下彩的最成功制作。釉上彩也叫炉彩，指在已烧成的瓷器上用彩料进行彩绘，并在烧炉中以750摄氏度以上的温度烘烤而成的品种，因彩在釉上，故有凸起的感觉。釉上彩包括釉上红彩、宋加彩、五彩、粉彩、珐琅彩、墨彩等。

斗彩也叫逗彩，指釉下青花和釉上彩色相结合的彩瓷工艺，斗字在这里取“结合”之意。明宣德时出现釉下青花和釉上红彩结合的工艺。真正的斗彩始于明成化时期，先在瓷坯上用青花料描画图形，施透明釉高温烧成，再在袖上用彩料填入完成。此外，尚有点彩、覆彩、染彩、填彩、青花加彩等。

古彩即康熙五彩，景德镇制瓷业称之为古彩。康熙五彩的重大突破是发明了釉上蓝彩和黑彩，改变了明代以釉下、釉上彩相结合的青花五彩占主流地位的局面。古彩是用单线平涂的方法，即用各种简练而刚劲的线条勾成纹饰轮廓，然后在线框内不分阴阳地平涂颜色，其色彩鲜明，对比强烈，但因其不如粉彩那样有柔软感，故又叫硬彩。

粉彩也叫软彩，它创于康熙时，盛于雍正时。制作方法是勾画轮廓后，先填一层“玻璃白”，再用其他色料进行描绘。所使用的颜料种类很多，因而每种颜色都有丰富的层次，柔和俊雅。粉彩工艺还包括粗彩、普通粉彩、中级粉彩、高级粉彩等。

除此之外，陶瓷彩绘术语还包括新彩、广彩、洋金加彩、镶金、刷花、贴花、吹红等。

（二）工艺名称类

斗方又名“起堂子”，指瓷件上空出的扁形、圆形、方形的地方，用来另外绘制纹饰。指沙红是以沙红施于素胎上使之均匀的饰瓷工艺。耳箍指在瓷件的口、脚、腰处，以颜色或金水画环形直线条。扮水系釉下彩的最后一道工艺，是在已有线条组成的图案上，再用淡色笔画，以显示阴阳光。填地坯，即用单色（红、黄、玻璃白等）打底。刮口、色口指用金水在瓷件上涂边的操作。细边称“刮口”，粗边叫“色口”。磕印子指在白瓷胎上印上图案花纹以便填色的工艺。校图是指粉彩瓷器中，用锅底灰在印画好的框架上涂抹一层，起到不让颜色流于框架外的作用。边脚指瓷件上口和底下的图案，如回纹边、寿字脚、如意边等。骰子景指用点或线所组成的图案。踩色指以干笔把颜色勾开，以颜色示阴阳光的操作。涩胎指已烧成但未上釉的瓷器。素胎即白色的瓷胎（含上釉的）。除此之外，还有搭笔、漏单、单料、双料、料丰等。

五、产品类

景德镇瓷器品种繁多，不胜枚举，既有传统四大名瓷即青花瓷、青花玲珑瓷、粉彩瓷、颜色釉瓷，也包括薄胎瓷、雕塑瓷等其他品种。产品类用语包括器型称谓和产品称谓两种。

（一）器型称谓

罗汉器是指上下大小差异甚小的碗类之总称，器物直口而肚部丰满。有罗汉大碗、罗汉工碗、罗汉汤碗、罗汉饭碗。除此还有大缸盅、二缸盅、大令、二令、酒盅和汉汤（最小）。正德器是指上大下小，呈喇叭形的瓷器，有碗盘两类。皮碗为碗中的最大者，品碗次之，面碗更次，正德二碗最小。还有正德茶盅、大令、二令等。锅器是碗类的一种，碗状似锅形，有锅二、锅三和高脚三大三个品种。锅二容量最大，高脚三大最小，高脚三大状虽似锅三，但脚高而底浅。荷叶器是一种状似荷叶形的碗类，有一品顶、二大等。折边器是盘类的一种，其中段有条凸出的折线，产品有汤（深）盘、平盘，通常以其直径的尺寸，名之为 × 寸平盘，或 × 寸汤盘。鲜花器是形状扁而底平，呈喇叭形的碗类，只有鲜花汤碗一种，大者叫鲜花大碗，小者叫鲜花二碗。冬青器又叫青器，是釉面呈青色，状似漏斗，大小如正德大碗的碗类。

（二）产品称谓

青花瓷是景德镇的传统产品之一。青花为釉下彩的一种，以钴料在瓷坯上描绘纹饰，然后施透明釉，经高温一次烧成。元代景德镇青花瓷已盛行，明清两代景德镇青花瓷成为中国瓷器生产的主流。明永乐、宣德二朝是青花瓷器生产的黄金时代，16 世纪中国青花瓷开始输入欧洲。

玲珑瓷是景德镇的传统产品之一。坯体花纹穿透后，通体施薄釉，洞眼亦得填平，称为玲珑。光照下花纹呈米粒状，又称米花或米通。明永乐年间景德镇官窑生产的玲珑瓷十分精致，清乾隆后，民窑均有制造。现已由手工制作发展为机械刻镂，釉色亦由单色成为多色，青花玲珑在国内外享有很高声誉。

颜色釉是一种装饰釉，被广泛运用于日用瓷和陈设瓷上。它是在釉中掺入不同金属氧化物的着色剂，经过焙烧后，呈现出某种固有的色泽。颜色釉包括纯色釉、花釉、结晶釉和纹片釉，并有高温、中温、低温颜色釉之分。颜色釉是景德镇传统名瓷之一，始创于宋代，历代均有代表品种。

粉彩瓷是景德镇传统名瓷之一，始创于清康熙晚期，属釉上彩装饰，其画面线条纤细秀丽，形象生动逼真，色彩粉润柔和，富有立体感，在国内外享有盛誉。

薄胎瓷是景德镇的特种工艺瓷。最小的薄胎瓷犹如鸟蛋，轻呵一口气即会滚动不止；最大的薄胎碗，口径达 60 毫米，在灯光映照下通体莹白透亮，被誉为“天上才有的珍品”。

雕塑瓷是指用泥料雕、捏、镂、堆制成人物、动物、花卉等各种造型，然后焙烧而成的瓷器。早在隋代，景德镇就开始制作雕塑瓷。明代，雕塑瓷技艺由简朴到精微，清代至民国初期已有专门从事雕塑瓷生产的作坊。

窑彩瓷即釉下彩瓷，是一种以五彩花纹样、蓝色纹样绘于瓷坯和釉层中间，入窑烧炼而成的瓷器。

第三节 瓷器语言普及与行话转换

陶瓷作为伴随我国几千年历史发展的器物，在我国的语言文化系统中也留下了深刻的印迹。从上节内容中可知，陶瓷行业产生了许多专业的词语，随着陶瓷的普及有一部分词语的意义已经从陶瓷行业这个领域延伸到了人们的日常生活中。

例如，“下脚料”一词在陶瓷行业中本是指晒架塘沉泥、脚板屎、破坯屑等余土，现在则泛指在加工过程中作为残余分离的下脚或废料，就是一些没有用完的零碎东西。“打杂”是一种工种，负责挖泥巴，准备烧窑材料等工作，在生活中一般指干杂活，形容做一些下等的工作，如刷碗、刷锅、拖地、擦桌子等，也有一些人在公司做的活比较散碎、繁杂，且接触不到业务，戏称自己为“打杂的”。在陶瓷制作工序中，“毛坯”是指瓷泥经过一道工序制成坯胎雏形、还未进行定型的坯，而在房产行业中则表示刚建成尚未进行装修的原始房屋，在其他工业生产中也有这个词出现，所表达的含义也相似。

另一方面，由陶瓷的特性等发展出的谚语、词语也非常多，如“打破沙锅——问（纹）到底”，沙锅即泥烧制成的陶锅，多用于熬制中药或冬季煲汤的器具，这种锅稍不小心极易破碎，而且一碎就会一裂到底，其原意是“打破沙锅璺到底”，璺读作 wèn，因为和问同声，所以就改用问字了。璺就是沙锅上的裂纹，沙锅磕坏以后就会有裂纹一直延伸到沙锅的最下面。在这一句中，“纹”同“问”音，“纹到底”表示“问到底”，由此比喻追究事情的根底。

又如，“没有金刚钻，别揽瓷器活”，所谓瓷器活就是“锔瓷”，就是把打碎的瓷器，用像订书钉一样的金属“锔子”，再修复起来的技术，在宋朝名画《清明上河图》里，就可以看到街边“锔瓷”的场景。而修复瓷器就需要用到一种特殊的棍形工具，其顶端上有一颗硬度非常大的金刚石，所以称之为金刚钻。在锔瓷过程中，第一步就是找碴，对缝，对破损的瓷器恢复原状，准备修补。第二步定位点记，根据瓷器的纹饰结构以及样式张合位置和位点，确定锔钉数量和位置。第三步就是打孔，用金刚钻打孔。打孔是对锔瓷人的一大考验，有些瓷器厚度就几毫米，打孔时都是毫厘之差；一是手要拿得稳，对得准，最好不能打穿，有时不小心打穿了，还得多加几道工序把孔填补起来；其二是孔要对称，不能有一点儿偏差。第四步锔钉，锔钉制作体现手艺人的水平，锔钉的韧性和制作锔钉的水平，也决定着锔补器皿的使用寿命。锔钉分为金钉、铜钉、花钉，锔钉的大小，得根据器物的大小以及破损程度来计算。这样，器物修复后不仅盛水不易漏，而且还给器物本身增添了几分韵味。第五步用鸡蛋清和瓷粉调和补漏，防止瓷器漏水。可见，打孔技术以及金刚钻在这一过程中是十分重要的，所以说“没有金刚钻，别揽瓷器活”。

再如这句“下脚功夫三条凳，上等功夫三把刀”。陶瓷行业由于工序较多，诚如宋应星在《天工开物》书中所讲，“过手七十二，方克成器”。所谓“三条凳”，是指窑厂里的三脚凳，坯房里的揉泥凳，颜料店里的擂料凳。其中，三脚凳又分高凳和低凳、花凳，是窑工满窑和开窑用的辅助设备；揉泥凳是打杂工揉泥练泥坐的工作台；而擂料凳则是研磨瓷用颜料的基本设备。这三条凳的技术含量都不是很高，只要有力气、有坐劲就可以。像擂料工，年纪大体力弱的人都可上岗，关键是工作质量。由于工作标准低，技术含量低，工资也就相应较低，所以称之为“下脚功夫”，意思是没有什么技术和特长。“三把刀”指的是坯房里的利坯刀，挛窑用的泥刀，和配料用的格（四声，音各）刀。操刀人技术娴熟，经验丰富，而且工资收入高，由于与老板生意有直接的利害关系，所以受人尊重和重用，被称为有出息的上等功夫。

类似这样的谚语或者俗语还有很多，如“瓷窑上的瓦盆儿——一套一套”，瓷窑上的瓦盆有大有小，装配成套，以双关的形式形容某人讲起道理来滔滔不绝；“同窑烧的缸瓦——一路货色”因同一窑烧出来的缸瓦，成色、火候、色泽等都相同或相似，所以是“一路货色”，形容某些人是同一类的人做同一类事，略带贬义；“磨眼里放碗片——推辞（瓷）”，采用谐音的表达方式；“锔碗的戴眼镜——净找碴儿”，“锔碗的”就是锔瓷匠人，因为锔瓷工作就是找瓷器的裂口处进行修补，所以才有这句歇后语。

除了歇后语之外，还有一些由瓷器衍生出的词语，如“破罐子破摔”，比喻有了缺点、错误不改正，反而有意向更坏的方向发展；“瓷实”，表示结实、扎实、牢固、块头大、熟练，北方人多用于形容朋友之间情谊深厚，坚不可摧，还形容某个动作或行为实现得彻底完全。

“碰瓷”，最早是指清朝末年一些没落的“八旗子弟”抱着瓷器在街上，瞅准一辆马车故意撞上去，待瓷器落地摔碎要求车主赔偿的敲诈手段，现泛指一些投机取巧，敲诈勒索的行为。时至今日，“碰瓷”这种敲诈手段不仅一直流传下来，还衍生出了各种花样，甚至有专门以此为职业的一批人，被称作“碰瓷党”。“碰瓷党”往往分工明细，既有“导演”“主演”，又有“路人”，他们通过滴红色液体、包纱布和吸纳习惯性肢体脱臼成员等手段，实施“专业演出”。

“陶婚”指结婚九周年，“陶”字，指出此时的婚姻坚固，不像“纸”一样一戳就破；也表达出婚姻的美，如陶瓷一般精致；同时，还表达出婚姻的珍贵以及不容伤害，如陶瓷般珍贵且易碎。“陶冶”，陶是指烧制陶器，冶是指冶炼金属，陶冶则指对人的性格和思想进行培养。“陶犬瓦鸡”，陶土做的狗，泥土塑的鸡，本来是装饰所用，后来也比喻只有形似而没有实际意义的东西。“一陶”，在同一窑中陶冶，比喻在同一种教化之下。

第四节　瓷器对其他文学艺术语言的影响

中国陶瓷历经几千年的文化积淀，形成了强烈的艺术感与独具风格的美学表现。同时，作为一种兼具绘画、造型艺术于一体的器物，陶瓷为绘画、书法、文学、雕塑等多领域的艺术文化注入了新的源流，人们对陶瓷书法、陶瓷绘画、陶瓷诗词以及以陶瓷为表现主题的书、诗、画艺术等领域的研究也逐渐多了起来。

一、陶瓷对绘画艺术的影响

（一）陶瓷绘画的发展

从陶瓷纹饰发展到陶瓷新画面，这个漫长的历史阶段中，有两条发展线索。第一条线索是从图案到新画面，第二条是从仿实图像到新画面。

从图案至新画面，大致经历了原始图案、简单图案、成熟图案、优美图案和釉下彩新画面五个阶段。原始图案，是在新石器时代仰韶文化之前的陶器上出现的，其图案的内容是简单的粗细线条或大小不匀的圆点、圆圈类的纹饰。其特点是线条或点、面不流畅、不规则，表现对象以几何图形或植物叶、茎为主，即使有小动物形象，也显得简单概括，与实物相距甚远，但充满了想象力，有如岩画。与之伴随的是制作工艺的落后，不知用慢轮，全然手工操作，因而陶器简陋粗糙，形体不很规则，这个时期的实物今天虽然很少，但这个初级阶段是少不了的。因为这个时期发明了制陶，并开始了纹饰，为陶瓷生产工艺与装饰艺术开拓了道路，奠定了基础。

在原始图案之后，紧接着的是简单图案。简单图案是从新石器仰韶文化时期（或更早一些）的陶器上开始出现的。这个时期，大约是仰韶文化到先秦这一历史阶段，其图案的特征是：图案以几何图形为主，但很规则，内容丰富，图案形体丰满，线条流畅，色彩与底色交相间隔，且间隔匀称，很有规律，图案画面整齐，较为生动。其动物图案少，即使有也图案化了，与这种图案特征相伴随的是陶器造型相当美观和实用，彩陶的造型线条流畅、匀称，配上相称的图案，显得十分优美和富有艺术感。慢轮的应用，色彩的研制、画具的选择与改进，都使得图案较之以前更为美丽。例如，在仰韶文化遗址中，发现了用细小树枝绑野兽毛的极为原始而粗糙的毛笔，这是我国画画的最早工具。在仰韶文化早期地层中，发现了一位六千年前的画家墓葬，他身旁的一套画具是：带盖石砚一方，石研棒一根，陶水杯一件，红色颜料数块，这套远古画具现在在西安半坡博物馆内。画具的改进，生产条件的改善，都为图案的绘画与发展开拓了道路。这时期的图案艺术成就，主要在于画面与形体的配合，画面的巧妙构思以及线条的曲折、优美、生动、流畅与灵活使用，兼之画色与底色的规律化间隔，使得画面具有一定的艺术魅力。例如，仰韶文化中，半坡类型的彩陶器图案有宽带纹、三角纹、斜线纹、波折纹、二网纹、人面纹、鱼纹、鹿纹和蛙纹等。简单图案中线条的生动使用及画面的设计，为以后的艺术发展提供了可贵的因素。

成熟图案阶段应是战国至南北朝这一历史时期的陶瓷图案。成熟图案的基本特征是：在几何图形的基础上，动物图形增多并注意了色彩的配合使用，绘画内容中有的密切结合生活或自然实体，图案的设计与民众生活风俗乃至于宗教信仰结合起来。从中可以看出，在这一历史阶段的图案中，绘画技巧提高了（画动物、植物比画几何图形难得多），绘画内容与生活的联系加强了，设计上主动性的增强也表明绘画和设计水平的提高。所以，称之为成熟图案可谓恰当不过。尤为可贵的是，绘画设计水平有了提高，各种花纹都按照器物的不同形状和部位有选择地应用。例如，在咸阳宫出土的瓦当则为组合对称扇面状综合图案。佛教在汉代开始传入我国，佛教艺术也随之而来，三国、西晋时在瓷器装饰上已有所表现，莲花也是佛教艺术题材之一，南朝青瓷中普遍以莲花为装饰，有的甚至直接取材于宗教信仰，从而使产品装饰的艺术性与思想倾向相结合，这是陶瓷装饰进入成熟阶段的表现。

优美图案的历史划分应是自隋唐至清代，至于民国时期的现代图案与新中国的当代图案则可另当别论。优美图案的特征是：在前面图案齐整规则的基础上，设计更为巧妙，绘制更为精美，图案内容更加丰富，色彩多种层次，效果新异，开一代新风，图案优美，令人赏心悦目。与隋比较，唐的陶瓷装饰则形式更丰富，手法更新颖，效果更繁华绚丽，有的装饰手法是有意义的革新之举。唐代釉下彩的发明，长沙窑作了具有历史意义的尝试，首创胎上画彩，瓦渣坪遗址发现的在罐上画着折枝花卉、菊花、莲花和鹦鹉等，虽寥寥数笔，却神态如生，颇得写意画之妙。用褐彩绘复线装饰笔调的飞鸟图罐，鸟在太空自在地翱翔，大有“翱翔四海之外”的气派。莲花罐用棕绿两色勾绘莲和飞虫小景，用笔劲健明快，莲瓣饱满多姿，荷叶迎风挺立，给人以“出淤泥而不染”“亭亭玉立”之感。鹿纹盒盒面用褐绿二彩绘一奔鹿，鹿眼圆睁，小嘴紧闭，脚下缀有小草，更显小鹿腾空而起。图中把小鹿能奔善跑和灵活机智的特性表现得十分生动。

唐长沙窑陶瓷装饰中釉下彩新画面的大量出现，有着非凡意义。首先，它开创了胎上画彩的新纪元，展示出釉下彩的广阔前途和辉煌的生命；其次，唐釉下彩新画面的诞生也是一项宝贵的艺术成就。这些新画面，彻底摆脱了图案布满画面等种种清规戒律的束缚，新画面全凭作者丰富的想象，或奇特的构思进行设计，这些新画面向自然与生活汲取题材，又经过艺术提炼而绘就生动的图景，给后来的陶瓷艺术带来了深刻影响；第三，唐釉下彩新画面结合了绘画技巧。以瓷胎为底而代替纸帛，以瓷彩笔作画代替画笔，绘出一幅幅生动的画面；第四，唐釉下彩新画面开了以绘画美化瓷器的先例。从此，陶瓷艺术更加自觉地向绘画靠拢。

（二）以长沙窑和磁州窑为例分析陶瓷绘画艺术

1. 唐代长沙窑陶瓷绘画在绘画艺术中的价值

唐朝是中国封建社会中的辉煌时代，也是绘画史上的昌盛时期，山水、人物、花鸟画的艺术成就都是空前的。唐代绘画之所以光辉灿烂，最重要的一点，在于当时画家能够面对现实。他们的取材，不但能触及当时的重大政治事件，而且注意到人们的日常生活。“丰颐典丽、雍容自若”既是唐代贵族妇女的写照，也是唐代上层阶级审美情趣的反映。唐代留下的纸本、绢本绘画原作屈指可数，要研究唐代绘画只能通过文字来推论。然而，新发现的石窟壁画和出土的墓室壁画、陶瓷装饰提供了大量研究素材，丰富了我国古代绘画的艺术宝库。长沙窑釉下彩绘艺术的发现，便是这种素材中的一朵奇葩。它突破了传统单色釉的束缚，创造发展了釉下多彩瓷器。那种斑块、条纹、散点、涂抹、泼洒、图案绘画给中国陶瓷和绘画史留下了耐人寻味的阐释空间，并以其足够的启示价值奠定了在陶瓷、绘画史上的特殊地位。

（1）以待千古观照的平民意识

由于釉下彩绘的实用性、生活化，决定了它具有无比的庶民性，唯其有庶民性，所以又是纯真的、自由的。老百姓没有士大夫阶级的条条框框，怎么想就怎么画，于是就有了今天我们看到的那种完全自由自在的釉下彩绘艺术，它那种平民意识赢得了千年知己的共鸣。

① 直面生活的素材。长沙窑釉下彩绘装饰纹样的运用具有独创性，山水、人物、花鸟大都是湘江两岸极平常的景物，窑工随手拈来，画上器具，立即变得生动而有趣，既是湘江两岸自然风情的写照，也是窑工生存智能与意趣的遗存，表现了一种率真、质朴的美感。荷花、葡萄、杜鹃、鸳鸯、鸿雁、山鸡、龙凤、老虎、山羊、鸟雀这些都是平常的事物。荷花又称芙蓉花，这在有芙蓉国之称的湖南人民心目中有独特的含义，荷花那种出淤泥而不染的圣洁是人们追求的品德，那种佛教色彩更是为人们的生活增添了许多的安逸与超脱、慈爱与关怀。龙是我们中华民族的象征，龙的传人自然要把龙搬上我们的现实生活，供人们欣赏。凤凰是古代传说中的百鸟之王，羽毛美丽，雄的叫凤，雌的叫凰，象征祥瑞之意。鹿与“禄”同音，暗示人们对权力的渴慕，鸳鸯则是象征爱情的美满。这些瑞草祥兽，与人们生活息息相关，与人们心灵相通。

② 通俗淡雅的意趣。绘画素材随处可见，与人们生活相关，与人们心灵相通，表现的是一种精神情怀，一种社会态度，一种生活情趣。“飞鸟纹壶”是长沙窑中精品，描绘了一只鸟雀目光炯炯，匆匆展翅起飞于枝头。面对安史之乱的恐惧心态和胆小怕事的平民意识已昭显清晰，此壶虽没有精确的绘制年月，但还是能推断出大概时段。它犹如长沙窑命运前途的护身符，又如一段悲切的挽辞。后来长沙窑十里窑场毁于大火的结局正应验了那大雨欲来风满楼的暗示。“白鹭漫步纹壶”与“鸟雀纹壶”画面相比较，就是另一番景象了。那种饱食后自得悠闲，漫步水草间的逍遥自在，令人追慕唐朝盛世的小康生活。“孩子莲花壶”“山羊纹壶”“飞凤纹壶”和各种水草树叶都寄托着窑工对美的追求与祝福，体现了一种世俗的温暖。这些历史遗存中蕴藏着一种淡雅而悠远的情愫，把玩这些作品，使人在怀旧、感伤中不禁慨叹社会变迁，人的匆匆来去和自然的永恒。

③ 雅拙生动的造型。长沙窑花鸟画造型雅拙生动，逼真夸张。其造型来源现实生活，取于自然，对客观形象有细致的观察与深刻体会，画出来的物体不是简单地描摹，而是在描摹的基础上大胆取舍、提炼、夸张、变形。“狮纹壶”便是一例，狮子圆目怒睁，紧咬牙关，表现出一种对邪恶的凶猛和对正义的守护。狮身完全是装饰性的点，画出皮毛的光洁美丽，外形简洁、勾线流畅，较好地把握了狮子卧平原而不失威猛的基本态势。其他各种鸟雀花草树木都跟随窑工的情感流动，不求形似，自由造型，有些根本不需要辨别其名。

（2）抗衡庙堂贵胄的游戏笔墨

盛世大唐文化是一种雍容大度、精细高贵的文化，经过秦汉的粗犷直悍的风格，随着手工艺水平的不断提高，到了唐朝一切都倾向于精细，尤其是书画艺术。书法史上唐朝就有欧阳询、颜真卿、柳公权这样彪炳史册的大师。他们把书法进行了规范，并创造了雍容大度的美学风格。绘画史上唐朝有阎立本、吴道子、王维、韩斡、刁光胤等，他们创造了“吴带当风”“诗画结合”的艺术语言，创作了《步辇图》《送子天王图》《簪花仕女图》《照夜白》《莫高窟壁画》等这样的经典作品，创造了一种恢宏博大的盛唐气象。在长江中游，楚文化的腹地，洞庭湖畔却出现了一个与朝廷审美意象相抗衡的民窑——长沙窑。卓尔不凡的釉下彩绘艺术完全是写意的、游戏的笔墨，这种简约粗犷的形象具有强烈的象征意味。

① 得意忘形的笔情墨趣。在泥坯上作画，如同在生宣上行笔，有渗透渗开的效果。陶泥、釉彩在烧制过程中所产生的特殊效果，往往给人带来意想不到的视觉惊喜。长沙窑釉下彩绘艺术大都先用铜红铁线勾勒，再用大笔蘸铜绿等色渲染完成，强调笔情墨趣。“飞雁纹壶”的笔墨处理不无启迪，铜红铁线描绘出大雁的基本造型，羽毛的排列，线实形虚，近似装饰手法，再用饱蘸铜绿色的大笔写出大雁的简括外形，线虚形实，大雁飞翔的惬意跃然眼前。由于粗线起承转合，起伏变化，浑化渗开，使大雁的形象产生了一种立体感、飞动感和传神感。再加上大雁两旁似荷叶、似花朵、又似水草的背景，颊上三毛，神情毕具。一种大自然的萧声不绝于耳，大自然的美景不绝于目。

② 主观夸张的色彩效果。因为釉彩色阶有限，用釉彩作画的色彩夸张自在情理之中。而且在作画时看到的并不是成品的色彩效果，而是想象中的幻影。这种幻影要通过烈火焚烧，使之产生釉变，创造一种法度之外的美妙。长沙窑首先把铜用于彩绘，创造了铜红、铜绿、铜钴蓝等釉色新品种，极大地丰富了釉的表现力，订正了“本地色加彩盖始自宋”和“至宋末而加彩兴”的说法，在世界陶瓷史上具有划时代的意义。“青釉褐绿彩龙纹壶”为我们展示了一个釉变生辉的典范。窑工先用铜红铁线描出龙之形态细节，再把铜绿色施于铜红线之上，通过烈火烧制，釉色互为渗化，从作画到釉变这一过程一旦成功，往往惊世绝俗，不可复制，不可多得。只要仔细观察，还发现绿中有红，红中有绿，可以分排出若干色相，那种釉色、泥土、烈火撞击所产生的浑厚，发天地之玄微，似乎要把人类古今全部涵盖。它有一种猛烈后的平和，一种冷峻后的温馨，一种苦涩的甘甜。这种釉变奇观在“山鸡纹壶”“荷花”等中都有精彩演绎。长沙窑笔情墨趣，主观色彩和抒情的手法为宋、元、明、清以后的大写意画积累了创作经验，积淀了优秀的文化传统。

（3）潇洒豪迈的书卷气息

长沙窑作品不仅具有世俗的温暖，还时时飘拂着缕缕的书卷气，从发掘的这些作品看，窑工们不仅手艺良好，才气十足，还有很好的文化修养。书法、诗词、绘画造型、勾线赋彩、制釉、拉坯出手不俗，都极具文化品位。

① 潇洒豪迈的书写节奏。长沙窑作品用笔潇洒豪迈，完全是书法技巧的运笔，力透窑坯，遒劲奔放，是节奏化了的自然，表达着窑工对深一层生命形象的构想，弘扬一种“白玉非为宝，千金我不须，意念千张纸，心存万卷书”的文化。《青釉奔鹿纹水注》表

现手法单纯而富有节奏，鹿身上的梅花用点画出，其点有如高山堕石的力度。肚子上的毛按生长规律，用笔欲右还左，刚劲有力。勾勒外形的粗线平缓均匀，绵里藏针。四只腿脚用粗笔挥来，虽不见显刻的骨骼勾画，但那种腿脚的矮健，跳跃的动感表现得淋漓尽致。领略这样的笔意，可以遥想当年窑工的潇洒豪迈，自由自在。他们口吟诗歌，左手执坯，右手秉笔，好一派学者风采。

② 诗情画意的文化品位。长沙窑作品的光辉灿烂，不仅是因为首创釉下多彩，还因为它诗情画意的文化品位。其发掘的作品中，有诗歌、警句 63 首，有反映商贾经营活动的，有反映歌楼妓馆生活的，有反映游子、旅人的离别相思的，也有反映边塞征战和宗教活动的，通俗易懂，情满字里行间，书法也极具功力。有图画 139 幅，人物画 69 幅，动物画 38 幅，花草 69 幅，山水画 23 幅，图案画 7 幅，多见于壶的流下，盂罐的腹部，碗盘的内视中心，题材广泛，风格多样，突破了以往民间宗教题材的束缚，奠定了山水、人物、花鸟画在唐代兴起并成为独立画种的基础。有些作品还直接用诗画配合的形式，“青釉褐彩人物罐”的腹部绘出竹林七贤的两位隐士，对坐清谈，画旁配七言诗一首。诗人、画家王维的“画中有诗，诗中有画”的理论在当时就有着广袤的平民土壤。

③ 一气呵成的构图布局。中国写意画极少画草图，信手写去，随机应变，特别是以后兴起的文人画更是兴致所至，即刻挥就，构图布局全在灵感到来的那一刻完成。灵感是人的超常感受，来去匆匆，它不是一般情况下智能和能力所能及的，有很强的时间性和超然的整体感，一气呵成，又要求完整。完整有两个因素，一是全局完善，主次分明，疏密得体，气韵贯通，情趣盎然；一是构成元素自身的完整，如人、鸟、兽等形体完整无损。《青釉鸟纹水注》画一只鸟振翅欲飞的背影，形象具体完整，背景花草形象虚化，似花、似草、似树，其动势完全顾及主题，朝鸟运动的方向组成一种旋律，奋袂如风，须臾而成，又时时处处“示人以水流花开，云在意迟”的美感。我们从至深的层面上来触摸它的文化灵魂，立即发现，这些直抒胸臆的作品，留给我们的不只是艺术欣赏价值，还具有史料价值；不只是心智的启迪，还有一种文化精神的感召。它给我们带来一种纳天为画、冶土为诗的豪情，一种兴奋的冲动，一种艺术深入人心的震撼。

2. 磁州窑系陶瓷绘画

宋代是我国文化最为辉煌灿烂的时期，各个艺术门类得到了高度发展并相互影响。特别是在陶瓷制作上更是大江南北名窑迭起，官窑、民窑竞相争辉，形成了群星璀璨的局面。

磁州窑这时异军突起，形成了蜚声南北的庞大窑系，同时创造性地将中国画技法巧妙地运用到了瓷器的装饰之中，设计出白底黑花的品种，打破了当时瓷器以单色釉为代表的装饰格局。这种白底黑花是磁州窑在宋代创立不久，由工匠们创造的一种全新的装饰方法。他们用一种含有氧化铁的色料，在涂有白色化妆土的瓷坯上作画，使瓷器的装饰达到了近似水墨画的效果，然后上釉烧成。这些瓷器的画面线条流畅生动，外观色泽鲜艳、永不褪色，有着强大的艺术感染力（图 3–1）。磁州窑白底黑花的产生，标志着中国瓷器从用刀在坯胎上刻、画的“胎装饰”转到了用笔画为主的“彩装饰”技法上来，因此具有很大的创造性。同时，把我国的陶瓷工艺提到了一个更高的境界——丰富和开创了我国瓷器装饰的新途径，为以后景德镇青花瓷的发展成熟奠定了基础。

图 3-1　磁州窑白底黑花瓷罐

磁州窑白底黑花产品不仅具有极强的创造性，而且有着极其浓郁、美观、实用的生活气息。首先，它在题材上十分贴近生活，注重人们的欣赏习惯。当时磁州窑器物上除了出现虫草、花鸟、人物、山水及各种大小动物等内容外，匠师们还往往把人们日常生活中喜闻乐见的事情，如祭祀天地、婚丧嫁娶、传说典故等内容大量地运用到瓷器的绘制中。所以，磁州窑白底黑花的产品深得人们的喜欢，特别是在北方地区，它成了人们生活的必需品。其次，在表现手法上匠师们的技法丰富多彩，他们时而逸笔草草，辅以部分的黑色块面，不仅色调明快、黑白相映，而且用笔灵动、雄劲自如；时而率意勾勒，用笔多以细劲勾勒为主，使得画面自然逼真，人物形神兼备，毫无斧凿之痕；在画面的布局、构图上也是疏密相间、错落有致，有动有静，给人以赏心悦目的感受，充满了中国画的笔墨情调，显示出匠师们扎实的绘画功力。

其中特别值得一提的是那些婴戏题材，画面生动活泼，惹人喜爱。在古人众多的艺术作品中常常喜欢以儿童的生活入画，但除少数几位名家外，大多数的婴戏作品失却天真稚气，而磁州窑的匠师们却留下了不少从各个角度去描绘的极其传神逼真的婴戏作品。比如北京故宫博物院的一个瓷枕（图 3-2），在呈椭圆形的画面中，有两个孩子嬉戏，他们都长着一个浑圆的脸蛋，天真烂漫。其中一个小孩因头上落有一只小鸟而面露惊异，另一个小孩见此情景则在旁边拍手嬉笑，神态毕现、稚气十足，除此之外没有多余的笔墨。整个作品的布局、虚实都十分妥帖，把孩子们天真无邪的内心活动简练地呈现在观众面前，而且用笔生动。磁州窑绘画的这种意境协调、构思概括的表现方法，显示出大方、明丽、浑朴、雄劲的装饰气质，这和它优美、朴素的造型是相得益彰的。就像国学大家郑振铎在《中国古代绘画概述》中所说："中国绘画，正如中国瓷器的作风一样，为避烦琐细碎，而顺于天真浑朴，优雅旷阔。他们能够细心经营，工于布置全面的景物，善于把握、控制整个画面……"这种简淡优雅的绘画把儿童的生活充分地艺术化了。这些作品可以说代表了宋代民间绘画的特点，是宋代民间绘画在瓷器装饰艺术上风格多样性、题材广泛性、技巧成熟性的体现。因此，他们是宋人给我们留下的一份丰厚的文化遗珍，也是一些不可多得的古代艺术珍品。

图 3-2 北京故宫博物院馆藏婴戏瓷枕

磁州窑的装饰艺术和其他艺术一样有着强烈的时代特征：宋金时期，磁州窑的装饰技法十分丰富，有剔刻花、白底黑花、釉上红绿彩等数十种方法，形成了独特的艺术组合。然而，其中绘画性极强的白底黑花，在北宋中晚期后渐渐取代早期的剔刻技法，成了磁州窑作品的主要装饰技法。其画面追求强烈的写实性，留白空间较大，而且图案趋于简化，表现手法轻松活泼，笔画粗细酣畅，构图疏朗得当。往往寥寥几笔就勾勒出人物或花草的神韵，体现了宋代匠师们在用笔布局上的高超水准。

以上海博物馆所藏的白底黑花牡丹瓶（图 3-3）和白底黑花虎枕（图 3-4）为例，前者在修长的器物上画满了黑色的牡丹花纹，虽然“满”但不“紧”，整个画面让人感觉图案流畅疏朗，着墨不多但充满生机。而后者是把整个枕头塑成了老虎的形状，浑身极有韵律地布满了粗细相间的虎纹。枕面留白作画，其画面只用简单数笔便勾勒出一只回首长鸣的小鸟。整幅画造型精准，简洁活泼，充满意趣。大文豪白居易说：“画无常工，以似为工，学无常师，以真为师。”磁州窑的匠师们很好地继承和运用了这种传统和思想，使他们的釉下彩绘画达到了相当的艺术高度。和这类简洁生动的佳作同时并存的还有大量的诗词、古语、警句等文字书法作品。

图 3-3 白底黑花牡丹瓶

图 3-4 白底黑花虎枕

元代磁州窑虽然仍流行白底黑花的装饰，但胎体比宋代制品显得厚重、粗松，特别是釉面、纹饰出现了一些新的变化。一是很大部分器物上黑色的图案从釉下彩慢慢地变成了釉上彩。因此，其彩料的呈色也出现了变化，黑色的彩料由黑变成褐，甚至是褐红色；二是工匠们常常有意地在黑色纹饰之间施加一种红色，使器物的画面色彩更加丰富、新颖；三是磁州窑在此时的图案上开始流行多层装饰的方法，与元青花颇有相同之处；此外，元代的文人画对磁州窑的影响也十分突出，出现了很多意境悠远、格调闲适的作品。例如扬州市博物馆的白底黑花人物罐（图 3-5），此罐在罐墙上有两个开光人物图，表现的是文人日常读书、生活的场景，表现的方法继承了宋金时期的简练概括风格，但悉心审视整个罐体，除了主题图案外，从罐顶到罐底的各种纹饰竟多达七八层之多，且用笔潇洒自如、人物刻画得栩栩如生，颇得儒家意韵。同时，元代磁州窑在题材上由于元代杂剧的影响，画师们将许多深受民众喜爱的戏剧故事、神话历史都表现在瓷器的绘画上，他们往往可以在极其有限的画面里，表现出水急云飞、高远无垠的深邃世界。画师们在把握处理空间关系上的熟练准确，达到了“能于咫尺之内，而瞻万里之遥，方寸之中乃辨千寻之峻”的程度。以故宫博物院的“古相张家造”黑花枕（图 3-6）为例，此枕正面为开光山水人物，是当时最为流行的典型的元代杂剧内容，画面远处云气浩淼，山峦重叠。近景中亭台楼阁、拥拥森森，人物顾盼生动，十分精美。底面素胎无釉，有“古相张家造”长方形竖款。此枕和日本一家博物馆所藏的“古相张家造”款山水纹枕如出一辙，当为元代最具有代表性的作品。

图 3-5 扬州市博物馆馆藏白底黑花人物罐

图 3-6　故宫博物院馆藏“古相张家造”黑花枕

磁州窑是宋金时期北方地区形成的一个窑系，并延续到元、明、清。其主要的代表性装饰手法是白底黑花，其中最难得的是它的人物、山水、花鸟三大类内容品种齐全。童书业先生曾经在《唐宋绘画谈》中说：“这三项画各代表一种特色，便是人物画代表线条美，山水画代表水墨美，花鸟画代表色彩美。”所以，这些作品是古代匠师们把实用与艺术取得完美统一的经典作品，它是一种全方位的艺术。在模拟自然的基础上舍粗取精，在独具风格的绘画装饰上既注意笔墨，也尽力做到集众家之长。它既有工笔，又有抽象写意，也有用规则的几何形图案进行任意组合，变幻无穷，有着无穷的趣味和活力。在当时这种装饰风格就已经深深地影响了大江南北的大小窑区，形成了一个庞大的磁州窑类型的群体。磁州窑的白底黑花作品，以其雄浑质朴的装饰风格彰显了其独特的艺术个性，在宋代几大窑系中卓然自立，赢得了古今中外人们的青睐。所以，磁州窑的装饰艺术是我国艺苑的一朵奇葩，也是中华民族对世界文化的杰出贡献。

二、陶瓷对书法艺术的影响

（一）陶瓷书法的起源与发展

1. 陶瓷书法的起源

陶瓷书法是伴随着陶文而起始的。原始社会晚期及奴隶社会早期出现在陶器上面的刻画与彩绘符号即是中国汉字的起源。通过系统地考察，对比遍布中国各地的 19 种考古学文化的 100 多个遗址里出土的陶片上的刻划符号，王蕴智先生认为，中国最早的刻划符号出在河南舞阳贾湖遗址，距今已有 8000 多年的历史。唐兰在《中国文字学》中比较陶器等物，认为文字发生在夏以前，至少在四五千年前，汉字就已经开始发展了。熊绍庚的《书法教程》认为六千年前半坡遗址出土的彩陶器具上的各种不同的符号，即是汉字渊源。

许多文字专著与书法专著均认定陶文是汉字的起始，而陶文成规模地出现，即是陶瓷书法的滥觞。鲁迅在《汉文学史纲要》中说“中国的文字具三美：意美以感心，一也；音美以感耳，二也；形美以感目，三也”。汉字具有造型美的因素，是线条造型艺术，此即书法艺术基础，用毛笔是使汉字书写能成为艺术的又一重要原因。毛笔刚柔相济，书写表现变化无穷，故蔡邕曰：“惟笔软则奇怪生焉。”汉字造型美的因素与毛笔优异功能的结合，是产生书法艺术的主要原因与基础。汉字在长期的书写过程中不断规律化，即不断得到美化，这也是产生书法艺术的原因与基础。

陶文的产生即为陶瓷书法因素的产生，由陶文向陶瓷文字装饰、陶瓷书法作品发展的过程，也就是陶瓷书法艺术的发展过程。

2. 陶瓷书法的发展

先秦时期，陶器作坊小，以满足实用为目的，制作工艺落后，精美陶器少，对陶器少有识别的需要，由于这些原因，故陶器上文字较少。即使有陶文发现，陶文也低级而内容简单。1954 年在西安半坡遗址发掘出的彩陶钵口沿上有由几何线条构成的一百多个刻划符号，郭沫若说：“彩陶上的那些刻划记号，可以肯定地说就是中国文字的起源，或者中国原始文字的孑遗。”在山东莒县陵阳河出土的距今已有五千多年的四件陶尊上的陶文，刻画的太阳、山峰、石斧等图像，是最早的象形字（图 3–7）。例如，一陶尊上画了一座山，山上有云，云上有太阳，表示早晨，就是现在的“旦”字。先秦陶文较少，字形原始古拙，内容不多，多具象形特征，含有陶瓷书法艺术某些因素与一些绘画因素，表现出其鲜明的早期文字特征。

图 3–7 莒县出土的灰陶尊及其刻划符号

秦至三国陶瓷文字内容增多，种类齐全，并注意字迹的规范性与艺术性。咸阳陶文记有地名、基层单位、人名等，东汉瓷罐记有年号。秦代“维天降灵，延元万年，天下康宁”十二字吉语瓦当，是秦始皇统一中国后的产物。汉代承用秦隶，后经过加工、美化，将秦隶中遗留的篆意脱尽，点画波磔明显，结体更趋方整，成为汉字的代表字体，即汉隶。汉武帝茂陵陵寝宫殿所用十二字瓦当，霍光墓附近出土的四件文字瓦当，不仅篆文布局协调，并且体现了篆文的特征与艺术性。这都表明，随着陶瓷文字运用的广泛与长久，陶瓷书法艺术性也在不断增强。

广州发现的西晋墓砖上有“永嘉世，天下荒，余广州，皆平康”“永嘉世，九州空，余吴土，盛且丰”等铭文，俨然如诗歌。这类铭文在增强文学性的同时加强了书法艺术性。用古诗和格言装饰瓷器是唐代长沙窑一大艺术创造，长沙窑瓷器书法装饰中古诗约70首，格言与题记约30种。其书法特点是：绝大部分为行书，其次为楷书，少部分略带草意。其行书在吸取二王父子和李邕、欧阳询、褚遂良、颜真卿等人书法特点基础上而有所创新。其中书法装饰用笔不同、结构各异、风格多样，有不同名家笔意。至此，陶瓷书法艺术有了质的飞跃与成规模的发展，长沙窑书法装饰是陶瓷书法发展史上的里程碑。

在陶瓷书法长期发展中，其艺术性不断增强的同时，形成了三大特征：其一，字体齐备。汉武帝陵寝宫殿十二字瓦当为篆体；东汉永寿陶瓶上题字用隶书；北魏建筑用陶瓦当“传祚无穷”四字用北魏书体；东汉熹平陶瓶题字是早期楷书；唐长沙窑瓷诗文多为行书；元青花诗文高足杯内底草书“人生百年长在醉，算来三万六千场”诗句。书法各体在陶瓷上的运用，标志着书法艺术与陶瓷艺术的完全融合。其二，陶瓷书法与陶瓷绘画相结合。《中国陶瓷史》记载明末民窑的瓷器中，写意山水也较盛行，并且在画上配诗。这种青花题诗，画面即陶瓷书诗画，其上有文学、书法、绘画、陶瓷装饰等多样艺术因素，这是综合艺术样式。其三，陶瓷书法艺术力量强大，艺术形式逐渐完备。清朝康熙时期流行在瓷器上写整篇文章，《圣主得贤臣颂》最为普遍，还有《出师表》《赤壁赋》《滕王阁序》《归去来辞》《兰亭集序》等内容。乾隆写了很多诗，要唐英把它烧在瓷器上，可见陶瓷书法已登上艺术高峰。

综上所述，我们可以看到，包括陶瓷书法在内的中国书法艺术源于陶文；陶瓷书法在各代受到非陶瓷载体书法艺术的促进；经过长期进步发展，中国陶瓷书法终于成为了一门成熟的艺术种类。

3. 陶瓷书法艺术形式

陶瓷书法是陶瓷的装饰之一，因此，不同的创作目的与要求、不同的陶瓷器型、不同的陶瓷画面构图、不同的装饰工艺，使陶瓷书法表现形式多姿多彩，美不胜收。陶瓷书法有两种形式最为庄重高雅，一种是把诗写在陶瓷画面中，如同中国书诗画（题诗中国画）；另一种是纯书法陶瓷作品，如同非陶瓷载体的中国书法作品，其余均为自由活泼的陶瓷书法形式。

常见的陶瓷书法有如下一些形式：

第一种，王淑凝、王安维《丽人行》300件梅瓶，表现杜甫诗《丽人行》诗意，描绘杨贵妃三姊妹：韩国夫人、虢国夫人、秦国夫人游春情形，渲染了富丽堂皇的气氛。画面下端竖行横列用行书写《丽人行》诗全文，与画中形象相映衬，这是正宗的陶瓷书诗画（题诗的陶瓷画面）。

第二种，徐明文《滕王阁序》书法扇行瓷板，上下三层排列文字。上层居中隶书写文名与作者名，左右篆体写《滕王阁诗》；中层安排细密，下层安排疏朗，用隶书写《滕王阁序》全文；左侧题款。作品布局得当，设计颇有创意，书写精美，是一件优秀的陶瓷书法作品。徐明文还有多样形式、多样陶瓷载体、多样书体、多样题材的陶瓷书法作品。

第三种，艺术瓷厂青花细口长颈大肚罐，肚部有几个小画面，每个小画面绘一、二个儿童，其旁用行书写出说明性文字。小画面排列并不规则，均依次相机组合，构图新颖而有古朴气息。例如，其中一个小画面表现童时李密骑牛读书，虽斗笠蓑衣，却专心致志。其旁题曰："李密，隋末瓦岗寨起义军首领，幼时家贫，酷爱读书，求学若渴，放牛途中，牛角挂书而学，后来传为佳话"，此种陶瓷书法形式生动活泼。

第四种，《景德镇特艺瓷》所载山水诗词24厘米八角薄胎瓷盘，盘面周围有八个与江河湖泊有关的画面，盘中圆心内写有七律《江楼晚眺》："澹烟疏雨间斜阳，江色鲜明海气凉。蜃散云收破楼阁，虹残水照断桥梁。风翻白浪花千片，雁点青天字一行。好著丹青图写取，题诗寄与水曹郎。"潇洒的行草字体、生动清秀的诗歌意境，与八个小画面相互映衬，使这个八角瓷盘显得十分精美。

第五种，在同一陶瓷载体上，字面与画面相连接、相呼应，如邹宝林粉彩仕女六方花瓶，两个仕女画面之间就有一个字面题有诗歌："晓露润香粉，春风拂画衣；多情添芬色，谈笑且舒眉。"字面连接画面，图文并举，诗画相映，高雅秀美，甚有品位。

第六种，王安维《秦始皇》粉彩瓷瓶上，画有几个相貌相同的秦始皇图像，在这几个秦始皇形象之间的空白处写满行书文字，文字内容为李斯《谏逐客书》的前一部分。这些文字丰富了画面，美化了作品，文字内容也与秦始皇形象相呼应，可谓画面美丽，意义深刻。

第七种，王淑凝《群士观怀素帖》300件浮雕花瓶，以书写在蓝釉上的直行草书文字为全画背景，而浮雕群士观帖图则压在这个文字背景上，群士空隙又透出这个草书背景。群士观帖为上层，文字背景为下层，可谓构思新颖。

第八种，吴文斌《孔司寇像》瓷板中堂画，用刻划工艺把吴道子名画移植在瓷板上。但见孔子拱手于胸，雍容自若，儒雅庄重，展示了孔子的特定身份与思想性格，孔子像上方有"为人师表"四字，边饰联文为"德侔天地，道冠古今""删述六经，垂宪万世"，均为篆体。联文对孔子的业绩作了评介与歌颂，与孔子生动逼真令人敬仰的形象相互映衬。

第九种，碗、盘、杯贴花图案上，群童以不同姿势扛一圆圈，圈内分别为"福""禄""寿""喜"，"长""命""百""岁"等吉语文字，字为楷书者多，也有篆体。有的粉彩碗、盘锦地开光，开光圆圈内也是吉语文字。这是五十年前群众喜闻乐见的艺术形式。

第十种，傅尧生《大富贵亦寿考》粉彩瓷板画上，众官向郭子仪贺寿，众伎奏乐，宫灯高挂，老寿星喜气洋洋。二侍者展开礼品，其上大书篆体"寿"字，全画充满节日气氛。如此在陶瓷绘画中，以环境设备形式表现书法，也是陶瓷书法的一种艺术形式。由于创作目的不同、功用不同、陶瓷载体不同、载体造型不同、工艺技法多样，因此陶瓷书法表现形式多种多样，上述十种仅为其中部分而已。

（二）古代陶瓷书法

1. 唐代长沙窑陶瓷书法

唐代书法艺术的繁盛，加之唐代制瓷工艺的改进，使得以陶瓷作为载体的书法艺术到唐代才真正地出现。唐代楷书、草书、行书等书体的逐渐完善，涌现出了一大批书法名家和众多书法流派，促进了书法艺术的繁荣，也影响和推动了陶瓷书法的发展。陶瓷书法书写内容多为名人诗句抑或是酒茶文化，酣畅淋漓，圆润遒劲，配在不同的器物造型上，极具古朴简约之感，其中最具代表性的当数长沙窑出产的陶瓷器。

长沙窑的陶瓷书法属于釉下彩。长沙窑陶瓷书法以临摹经典名家为主，以同时代名家，如颜真卿、柳公权等为模仿对象时，其作品稍显严谨；而以前代名家，如王羲之等为范本时，则行笔较为流畅；粗犷奔放的则临摹张旭、怀素等人的书法风格。纵观长沙瓷的陶瓷书法，由于胚体的吸水性和釉料的渗透性，造成了如墨水书写的涨笔效果，很有一种独特的自然意趣。长沙窑陶瓷书法绝大部分为行书，其次为楷书，少部分略带草书的意味。总体而言，在气韵方面和书写的趣味上，长沙窑的陶瓷书法已经具有相当的高度，但是也不难看出，长沙窑书法整体水平还不够成熟，首先是受陶瓷器皿材质的限制，陶瓷胜胎表面的吸水性要远高于纸张和布帛，釉料的流动性也不如墨汁流畅，这样就对书者的技法及用笔技巧提出了很高的要求。长沙窑陶瓷书法虽多为模仿名家经典，不乏精彩之作，但是，有些作品在书写细腻和转折之处也有败笔。另外，书写工具的不同暴露出整体把握水平的功力不足，很多器具上的字体线条较为单薄，缺少柔性毛笔书写的厚度。唐代长沙窑陶瓷书法不但反映了该地区的制瓷水平，还在一定程度上体现了这一时期该地区的书法艺术、社会民俗与民间审美观念。

2. 宋代磁州窑陶瓷书法

宋代是我国瓷器发展史上一个极为重要的时期。宋代陶瓷器依然以釉色为美，江西景德镇、安徽繁昌的青白瓷，河南汝窑、陕西耀州窑生产的白瓷无不以釉色取胜。在当时，几大名窑也出现了风格上的差异，一些以釉色的纯正而取胜，其器物的造型多有商周青铜、玉礼器之风，沉稳大气，朴素典雅，这类瓷器大多受上流社会的青睐。有一部分用作祭祀礼器，汝窑、龙泉青瓷都属于这一类型。而另一些窑则追求瓷器的装饰美，主要以书画为装饰手法。宋代文风颇盛，百姓皆可读书识字，其书法亦是我国书法发展史上的一次高峰。早在北宋时期，磁州窑便已出现了有书法的瓷器，起初只是在瓷器底部书写制作者的姓名或窑厂的名称，后来磁州窑的工匠们将瓷枕的枕面或坛罐的外壁作为书写的载体，挥毫泼墨，笔力潇洒。与唐长沙窑的不同之处在于磁州窑书法风格更倾向于北方中原书风，特别是磁州窑的黑彩，非常接近中国传统书画的韵味，书法效果甚佳，颇为符合中国民众的审美需求。宋代的两位书法大家苏轼、黄庭坚曾主张书画一致，把诗、书、画称为“三绝”，磁州窑正是这一主张的先行者，将书法、绘画、诗文三种具有中国传统特色的艺术结合起来，并在瓷器上展示出来，这成为了磁州窑的重要特征。

磁州窑的书法艺术深受宋代书坛的影响。“唐人尚法，宋人尚意”，宋代的书法艺术具有创新精神，它让书法家从唐代“法”的束缚中挣脱出来，使书法艺术呈现出一种奔放豪迈的新气象。无论从书写内容抑或是形式上，都一改唐代拘谨的书风，开创了“尚意”的书法新风尚。书坛上刮起的这股新风给磁州窑带来了深远的影响，也为磁州窑书法风格奠定了基调。

宋淳化三年（992），太宗赵炅出内府所藏历代墨迹，命翰林侍书王著编次摹勒上石于禁内，名《淳化阁帖》。《淳化阁帖》是我国最早的一部丛帖，有“法帖之祖”之誉，对后世影响深远。宋太宗下旨编著阁帖，供大家临摹学习，使宋人能博采众长，逐渐形成自己的艺术风格。因为《淳化阁帖》中收录的大部分为唐人墨迹，所以宋代的书法中带有明显的唐人笔意。颜真卿是唐代书法家代表人物之一，颜真卿楷书方正大气，具有雄浑的气魄，与宋朝当时蓬勃向上的时代格调相一致，所以磁州窑初期的器物上的书法皆有颜体之风韵。例如，英国大不列颠博物馆收藏的一件北宋熙宁四年（1071）长方形白釉珍珠地画花枕，枕面上书有文字“家国永安”（图 3–8）。台湾收藏家收藏的一件“福德”字枕，这两件珍品横画劲挺，竖画粗壮，朴拙雄浑，大气磅礴，颇有颜体筋骨之韵。

图 3–8 “家国永安”瓷枕

磁州窑书法中的草书作品也颇有趣味。宋代一白釉诗句碗中有诗句：“风清因过竹，泉冷为通心”，两句诗文书写纵情放逸，笔墨飞舞，一气呵成，具有唐代张旭、怀素之风。另一件是四系瓶，瓶身书有“风花雪夜”四个狂草大字，线条夸张，姿势奇峻，起伏跌宕，令人回味无穷。这两件瓷器虽出自民间匠人之手，但在章法布局、运笔结构上，不失大家气派，具有动人心魄的艺术魅力。

宋代中后期，随着书法四大家（苏轼、黄庭坚、米芾、蔡襄）的崛起，使得磁州窑书法风格也在逐渐发生变化。苏轼是北宋著名的文学家、书法家、画家，是宋代文学最高成就的代表，在诗、词、散文、书法等方面都具有过人的天赋和才气。在故宫博物院收藏有一件磁州窑瓷枕，白釉黑花，枕面上书有“明知空手去，刚惹业随身”两句诗（图 3–9）。仔细品读该书法，结体扁平，“明”“空”“业”“随”等字多为侧势，行气错落，书法用笔跌宕，随着诗句语境的变化而产生波动，落笔从容，姿态百出而又结构紧密，与苏轼书法结体短肥的风格颇为相近。黄庭坚在北宋书坛与苏轼齐名，世称“苏黄”。黄庭坚草书凝练有力，结构奇特夸张，对后世产生了很大的影响。在杨永德先生赠给广州西汉南越王博物馆的百件瓷枕中有两件十分独特。一件是北宋圆腰形白釉诗文对枕（图3-10），枕面呈圆腰形，墨书题诗文：“欲作高堂梦，须凭妙枕欹；水簟堪为对，书帷枕更欹”。此诗文中“水”“书”“为”等字均有黄庭坚大字行书的风格；另外一件则是书有《菩萨蛮》的椭圆形瓷枕，这是一首苏轼早年创作的词，枕面上的书法与黄庭坚中年书风有异曲同工之妙。中年黄庭坚书法不似晚年书法那样长枪大戟，横画还没有那么突出，而且在用笔方面，也更加平滑，明显的提按顿挫较少，“弄”“春”“回”等字与黄庭坚行书手札中的写法如出一辙。此书法舒缓俊秀，用笔苍劲有力，较好地体现了黄庭坚的书法风格。

磁州窑的书法自然率性，古朴雅致，用笔果断，随心所欲展示其内在的艺术美。磁州窑书法多出自民间匠人，书法风格迥异，有的用笔流畅，挥洒自如，有的古朴，野趣横生。正是由于匠人们书法风格的不同，书写水平的差异，才使磁州窑书法多了几分随性和多变，使其充满了意趣。在宋代尚意书风的影响之下，磁州窑书法更是将书法之“法度”摒弃，字形、笔画多变是磁州窑书法艺术的最大特点，根据陶瓷器型的需要，字形宜大则大，宜小则小，笔画宜曲则曲，宜直则直，不拘泥于字体的大小与篇幅的整齐，而是着眼于陶瓷器物的整体和谐统一。宋代是磁州窑的诗文兴起并走向繁盛的时期，也是书法水平颇高的时期，许多磁州窑书法作品堪与名家手笔相媲美，其书法被评价为“字体遒劲古拙，非今人所能为”。总体看去，参差错落，欹侧多姿，使人百看不厌，妙趣横生。

图 3-9　磁州窑诗文枕

图 3-10　北宋圆腰形白釉诗文对枕

三、陶瓷对诗词文学作品的影响

在陶瓷发展的过程中融入了许多其他方面的艺术，对于文学方面来讲，在陶瓷上体现最多的就是诗词了。诗词短小，易于刻画在陶瓷上，而且诗词的优美意境和韵律也与陶瓷的精致和优美相呼应。陶瓷与文学诗词的结合，既庄重又典雅、既有可视性又给人留下了丰富的想象和创造空间，十分引人入胜。而且与画面相宜的诗词有深化主题、启迪思维之作用，雅趣横生、文雅可掬。由此，专门刻于瓷器上，与瓷画相应的诗词文学也就应运而生了。

（一）陶瓷诗词文学的发展

陶瓷上的文字最初只是简单的题款，从陶瓷题款到陶瓷诗词装饰大约可分为四个阶段：秦（包括战国）以前的陶瓷文字为较荒凉时期、秦（包括战国）至三国的陶瓷文字为实用时期、晋至唐以前的陶瓷文字趋向文学时期、唐以后的陶瓷文字为文学化时期。

秦（包括战国）以前的陶瓷文字为较荒凉时期。从现存资料看较少发现秦以前的陶器上留有字迹的，即使有的古陶器上有字也不多。因此，可以推断，在这个历史阶段中，陶器作坊不是很大，产品种类不是很多，因而不必或无力进行专门几种产品，甚至某一种产品的生产；日用陶器制作不是很精美，仅以满足实用为目的；即使有少量较为精美的陶器也是为少数的贵族所有，不存在或少有识别的需要，对于陶器上使用文字以示区别的要求不迫切甚至没想，或不想用。由于以上种种原因，这一阶段还处于陶器文字较为荒凉时期。在这个时期里，即使偶尔发现有文字的陶器，这些文字也仅仅是低级而简单的内容之类，如上文所提及的西安半坡出土的彩陶钵上刻画的陶文。以前人们一般认为我国现存最古老可识的文字是三千多年以前的殷商甲骨文，其实陶文比甲骨文起码要早一千多年，如上文所提及的陶尊上刻有太阳、山峰、石斧等象形文字。

秦（包括战国）至三国的陶瓷文字实用时期，陶瓷文字内容大有进展，其特征不仅是文字内容逐渐增多，而且种类齐全，以实用为主，还伴有非实用的情况，并且注意字迹的规范与艺术性。咸阳陶文有“咸如邑顷”等。关于纪年文字的陶瓷有：东汉“延熹七年”（164 年）纪年墓中所出的麻布纹四系青瓷罐，“熹平四年”（175 年）墓内出土的青瓷耳杯、五联罐、水井、熏炉和鬼灶，“熹平五年”纪年基中发现的青瓷罐，还有与朱书“初平元年”（190 年）陶罐同墓出土的麻布纹四系青瓷罐，这些青瓷器上的确凿可考的纪年文字，为证明瓷器出现于东汉时期提供了可靠的依据。除了以上实用性的文字外，此阶段有的陶瓷上还存在祈愿类的文字，如上文所提及的秦代十二字吉语瓦当，霍光墓附近的文字瓦当等。

晋至唐以前的陶瓷文字趋向文学时期，陶瓷文字内容有了新的开拓。一方面，仍继承实用传统，有祈愿、纪年、器名、匠名、业主名、工种名等内容；另一方面，一些实用性的文字中，文学因素不断增强，这就是陶瓷文字向文学靠近，直至过渡到以诗词文学作品内容装饰陶瓷的重要阶段。这个方面的文字特征是：在内容上仍有实用性，但在形式上逐步具备了文学因素，这和陶瓷文字装饰前进步伐，和社会的进步与人们的文学要求是一致的。例如，广州发现的西晋墓砖有：“永嘉世，天下荒，余广州，皆平康”和“永嘉世，九州空，余吴土，盛且丰”等铭文。实际上，这也是两首诗，可以认定这西晋墓砖铭文是以诗歌作为陶瓷文字装饰较早的事例。

唐以后的陶瓷文字为文学化时期，是文学以文字形式大量地进入陶瓷领域的历史阶段。这一时期瓷器上文字装饰的特征是：诗歌简短，语言朴实流畅，意境清丽、隽永，内容情真意切，形象生动逼真，有浓厚的生活气息，具有较高的艺术性。例如，唐代长沙窑青釉褐彩诗文壶上写有一首思亲的感怀诗：“一别行千里，来时未有期。月中三十日，无夜不相思。”1992 年 12 月 15 日《景德镇日报》登载了一篇《考察古瓷上的诗词》的文章，其中也提供了可贵的资料：“据报载，近日考古家在长沙郊区望城县发掘一座唐窑，出土了大批唐代瓷器，其中许多是酒壶，壶上写着唐诗，多是五言绝句，已发现有几百首之多，不少是《全唐诗》未收入的。有一首云：‘春水春池满，春时春草生。春人饮春酒，春鸟弄春声。’又一首云：‘人归万里外，意在一杯中，只虑前程远，开帆待好风。’都写得诗意盎然，比之清代许多酒壶只题旧句，可谓高出数筹。”引人注目的是，唐代长沙窑还以瓷器作为广告载体，其中一件瓷器上诗曰：“买者心惆怅，卖者心不安。题诗安瓶上，将与买人看”，此诗有“用户至上”的含意。另一个瓷壶上题诗曰：“富从升合起，贫从不计来。五文”劝人购买这种价廉物美的瓷器。

唐代长沙窑用大量的诗文来装饰陶瓷，反映了文学作品已经是声势浩荡、齐齐整整地进入了陶瓷领域，陶瓷艺术已经和文学艺术融汇合流，这是陶瓷艺术质的飞跃，也为最终在陶瓷上诗、书、画的结合奠定了坚实的基础，做好了重要的准备。

（二）陶瓷上的诗词文学举例

故宫博物院藏清雍正青花釉呈红松竹梅，该瓶题有五言诗：“竹有擎天势，茗松耐岁寒，梅花魁万卉，三支四时欢。”诗隐藏于画面中，这样既造成了画面的奇特迷离之势，又突出了整个饰面的主题，其意蕴使得松竹梅拟人化的象征品格更加鲜明地呈现在人们的面前。

在磁县彭城出土的一个瓷枕上题有一首《朝天子》：“左难右难，枉把功名干。烟波名利不如闲，到头来无忧患，积玉堆金无边无岸。限来时，悔后晚，病患过关，谁救得贪心汉。”此词题于枕上，倒颇能迎合睡时的情景。无论是商人学子还是达官贵族，在睡前见到这首词，想必能放下白日的苦闷和算计，放松精神好好睡一觉。“清心也可以”这首回文词题于洁白如玉的景德镇茶具上，富有哲理的诗词配上陶瓷洁白的肌理以及茶水的清香淡雅，使三者的韵味相得益彰。

在景德镇的瓷画当中，题诗有两种形式，一种是画师们自题的，另一种是由专人题写的。前者是作者创作时思想感情与见解的实践或者是陶艺家艺术与作品有关内容或佚事记录；后者则是以对作品的印象或评论为主，也有对主题的说明，这主要是体现在瓷画师以诗补画。用题诗文字为造型手段可以使画面富有变化，瓷画诗在作品中表现有以瓷画为主以诗为辅的，有字画各半、诗画并蒂的，从而构成一个艺术整体。

第四章　陶瓷贸易对世界范围内语言文化的影响

陶瓷文化历经千年，虽然源于中国，但是因为长时间的瓷器贸易，以及各国制瓷技术的产生和发展，陶瓷文化早已不是我国独有的文化。而且，由于各国文化、审美、思想、历史的不同，每个国家的陶瓷文化都有自己独特的韵味和魅力。同时在世界陶瓷文化的发展过程中，通过国家间的贸易，各国的陶瓷文化都在互相借鉴、互相吸收，使自己的陶瓷文化更加绚烂多彩。随着各国瓷器文化的交流，双方的审美、思想也在随着瓷器的交流而产生融合。总之，历经千年的世界范围的陶瓷贸易促进了各国语言文化的交流与融合。

第一节　瓷器语言以及文化在出口国语言中的体现

瓷器语言文化在出口国语言中的体现表现在陶瓷行业用语在其他语言中的对应翻译、其他国家与地区的陶瓷文化两方面。正因为中外陶瓷贸易的繁盛，才有大量学者研究如何将瓷器语言更加精准、优雅地翻译为其他语言，也正因为陶瓷在文化中占据着重要位置，才能在他国语言文学史上找到大量关于陶瓷的史料和例证。

一、西方语言中 porcelain（瓷器）的跨文化语源研究

西方语言中的“瓷器”一词拼写基本雷同（英语为 porcelain），这表明他们有共同的起源。但是，无论从拉丁语系的拉丁语、意大利语、法语还是从日耳曼语系的英语等角度或者相关文化的角度，都很难对该词的语源作出合理的解释。考虑到在历史上欧洲的瓷器最初是从中国输入的，而 porcelain 的拼写也不像地道的西方语汇，倒显示为一种外来语的音写，西方学者早就具有了从汉语或中国文化中寻找对音的想法。

（一）研究概述

18 世纪的法国传教士殷弘绪是研究中国瓷器的西方早期权威。他曾在景德镇对瓷器进行了全面系统的考察，内容包括中国瓷器制作工艺的全部流程和各个方面：瓷器的成分，准备工作，做坯胎子（pe-tun-tse）和用高岭土（kao-lin）制瓷器，入窑前的二十余道工序，在瓷器上作画，烧烤，控制窑温的措施，乃至景德镇独特的自然环境，他还论证了在欧洲制瓷的可行性。殷弘绪的考察具有当时西方研究的时代特色——百科全书式，即对某一事物的考察既是工艺技术的又是历史的，还对其名称寻根溯源。

他努力探究西方语言中为什么基本上都称瓷器为porcelain。对语言学颇有造诣的殷弘绪考虑到了法语词汇中有向汉语“借词”的现象，用他的话来说，“有些词既是法语，又是汉语，尽管这类词很少”（即法语词汇是汉语词汇的音写）。但瓷器的法语名称porcelaine和汉语相去太远，他考察后断言，对这个词的任何一个音节，中国人既不会发音，也不会书写，因此，他否定了porcelain一词源于某个汉语词的说法。此后，学界关于这个问题的研究长期归于沉寂。这样，殷弘绪就以古代“中国通”的身份，从一开始就把解决porcelain一词的语源可以从汉语中寻找对音的路子给堵死了。

直到伯希和才重新试图解决这个问题。不过，他信服于殷弘绪认为的porcelain不是汉语“借词”的先入之见，尽管在其《马可·波罗行纪校释》中花了大量篇幅予以考证，但没有在汉语中寻求对音，而只是在西方词汇中兜圈子，最终连他自己也不尽满意。

伯希和首先把“瓷器”和法文porcelaine（子安贝；货贝）联系起来，由于欧洲人长期以来认为那些质地细腻、晶莹透亮、叩之有声的瓷器是用贝壳粉制成的，就用“子安贝”来称呼“瓷器”。持相同观点的人不在少数，如伯希和的同胞沙海昂（A.H.Charigon）在《马可·波罗游记》的注中提到：“此种海贝（指印度——西太平洋沿岸出产、用作货币的贝壳）面有釉色，后来遂移为上釉陶器之称，世人且信中国瓷器用此物制造。”有的西方学者甚至断言马可·波罗“用直到那时一直专指珍珠质的porcella一词来为中国瓷器命名，因为大家在某一段时间内曾认为瓷器是以贝壳为原料制造的”。

伯希和比别的学者深入的是，他在明确“瓷器”的命名源于“子安贝”后，又去分析子安贝的得名。他精通拉丁语和法语，找到了这两种语言中与porcelain相近的拉丁语porcus（猪）和法语pucelage（处女状态，童贞），认为这些词汇联系的内在逻辑是子安贝的长相与猪的背部或者女性的外生殖器相似。所以，先有拉丁语porcus或法语pucelage，然后由于某方面的相似，有了porcelain（子安贝）这个词。最后，由于瓷器是用贝壳粉做的误传，porcelain就变成了西语对瓷器的称呼。

伯希和考证的疏误是显而易见的，主要表现为以下几方面。

第一，他的考证难以解释为什么作为“瓷器”的西文拼写是如此一致，而“猪”或“处女状态、童贞”在西文的不同语言中写法却大不一样（如pucelage在英语中作virginity）。也就是说，伯希和的研究缺乏全局观，他不去为西方各国拼写大同小异的porcelain寻找共同的语源，却在个别语言（如法语）中狠下功夫，最终只会把问题搞得支离破碎。

第二，伯希和的研究方法有问题。他通过法语来考证porcelain的语源，这就必须满足一个前提，即在欧洲porcelain一词最早出现于法语。但学界通常认为，《马可·波罗游记》中的porcellana是西方语言中最早出现的有关“瓷器”的拼写，法语、英语等只是对该拼法的直接利用。马可·波罗的时代正是意大利语形成的时代，这种语言应该更接近于通俗拉丁语（vulgar latin），拉丁词porcellana的拼写与《马可·波罗游记》中的拼写完全一致便是明证。因此，试图为一个最早出现于正在形成中的意大利语（或者说通俗拉丁语）的单词从法语中寻找它的语源，这肯定是不现实的。换言之，法语porcelaine完全可能源自拉丁语 porcellana，而研究者要从法语中为 porcellana 寻找语源，显然是南辕北辙。

第三，porcelain 是指子安贝的笼统说法，若进一步推敲还有一个问题，即在命名时主要是着眼于子安贝壳，还是子安贝肉。由于 porcelain 后来的含义又有扩大，可泛指一般意义上的贝壳，显然应该着眼于子安贝壳，而不是贝肉。所以，伯希和提出的子安贝的长相与猪的背部或者女性的外生殖器相似（显然是指贝肉），故 porcelain 从构词的角度是源于 porcus（猪）和 pucelage（处女状态，童贞）的假设，把注意力放在子安贝肉的形体上，而忽视了子安贝的得名其实在其壳上，这就难怪会与事实南辕北辙了。更何况即使我们对此忽略，作为 porcelain 词干一部分的 -lain 也还是没有着落。此外，从女性外生殖器到“处女状态，童贞”之间的跳跃过大，伯希和未能找到其间的过渡形态，也使结论缺乏说服力。

（二）porcelain 的溯源

在西方语言中，“瓷器”有很多种拼写形式：porcelain（英语），porcelaine（法语），porzellan（德语），porcelana（西班牙、葡萄牙语），porcellana（拉丁语、意大利语，《马可·波罗游记》中就写作如此形式），porcellæn（丹麦语），porslin（瑞士语），porselein（荷兰语），porcellanum、portelan（拉丁语）……在同一语种中也曾出现过多种拼法，如英语中还拼写作 pourcelaine（13 世纪），porcelana（同西班牙、葡萄牙语，出现于 16 世纪），porseland（16 世纪），porsline（16 世纪），porcellana（同意大利语，16—17 世纪），porcellan-e（16—17 世纪），porcelaine（同法语，16—19 世纪），porc’lane（17 世纪）以及 purslane、porselana、poslane、purslaine 等等。但万变不离其宗，拼写大同小异，作为尾缀的 -a、-e、-um 只是不同语言构词法的需要，显见均是音写，表明他们均发一种相近似的音。而且，在西方语言中，在很长时间内未能定型（“标准化”），表明其确实是一个外来词。

约 1530 年，英语中出现如下例句：“potts of erthe payntid，callyd porseland [porselana]。”注释是：“彩釉的土罐、壶一类称作‘porselain’”。本例句传递的信息为，必须是上色的陶瓷才叫作“porselain”。那么上的是什么色呢？所有的西方语言无一例外地告诉我们是“波斯蓝”，法语 porcelaine 的发音 [pɔrsəlɛn] 尤其清晰。porce 是“波斯”，lain 是“蓝”的音写。这种瓷器在汉语中名“青花”，青，即蓝，“青料”也称为“蓝色料”，因这种青料来自波斯，故名“波斯蓝”。

“波斯蓝”是一个规范的术语，并非杜撰。不过，我们现在在英语中通常看到的并不是 porcelain，而是 Persian blue。把它译成汉语，当然也是“波斯蓝”。但是，从词汇本身来看，“lain”的汉语语源极其明显。而“blue”是否有中国起源，却没有明显的标志。

波斯蓝是一种比普通的比深蓝色稍浅而略带微红的浅蓝色。例如，在日本三上次男的著作《陶瓷之路》中就出现了这一术语。胡德芬的译本作“札格罗斯山脉……的南麓，是闪耀着波斯蓝色彩的波斯湾海洋”，而李锡经、高喜美的译本作“波斯湾……变成了清澈见底的‘波斯蓝’色”，虽然文句颇不相同，但术语的译法完全一致。

这种构词法在中外语言中都有成例。今天人们还把“铬红”称作“波斯红”（Persian red），把“铁蓝”（一种深蓝色颜料）称作“普鲁士蓝”（英语 Prussian blue，拉丁语 Prussianus）。在法语中还有“中国蓝”（bleu de Chine）的说法，它就是许多法国人喜爱的中国青花瓷器上的那种靛蓝。其实，“中国蓝”就是波斯蓝，就像所谓的阿拉伯数字其实就是印度数字一样（从起源来讲，是印度人发明的，当然应该叫“印度数字”；但从向西方传播的角度来讲，是阿拉伯人的贡献，所以说成“阿拉伯数字”也没错，而且早就约定俗成了）。虽然这种“中国蓝”是中国制作的瓷器的颜色，但这种“中国蓝”的色料却来自于伊朗（“波斯蓝”），不同的称呼，只是着眼点不同。

在我国制瓷史上，青花瓷具有极其重要的地位。“青花”是指用钴料在瓷胎上绘画，然后施透明釉，以 1 300 摄氏度左右的高温一次烧成，呈现蓝色花纹的釉下彩瓷器，具有朴素清雅的特点。青花瓷早在唐代就已发明，13 世纪时的元代大量出现，尤其是景德镇的青花瓷烧制成功后，占据了中国瓷器生产的主流。学者普遍认为，青花是白地蓝花瓷器的专门名称，但也有学者认为青花分白地青花和色地青花两大类。元代制作青花瓷的青料用伊朗输入的“苏泥勃青”，呈深蓝苍翠之色，明艳浑厚。“苏泥勃青”，也写作“苏泥渤青”“苏勃泥青”“苏麻泥青”“苏麻离青”“苏泥麻青”等，可能源于波斯古城沙麻拉（Samarra）。该遗址于 1910 年、1913 年两次发掘，发现了大量唐代青瓷碎片。不过李正中和朱裕平认为，苏泥勃青为 Smalt 音写，是大青色或用钴、钾碱、硅石制成的蓝玻璃之意。张星烺指出：“盖中古之时，交通不便，运输甚难，奇异货物，自远方而来者，人恒不知何名，即以出口埠而名之。至今西人犹有此俗。”所以，人们据苏泥勃青的来源地而称此种颜色为“波斯蓝”是完全可以理解的。人们逐渐用“波斯蓝”来代称“青花瓷”，也不能说没有道理。最初接受此叫法的域外人误以为它是指一般意义上的“瓷器”，遂在欧洲有了统一称瓷器为 porcelain 之事。

类似的还有 nankin（英语还写作 nankeen，这种拼写的不定型同样是将外来语音写的明证）一词，它由于本色（实际上是淡黄色）的“南京布”而极其著名。nankin 不仅指本色布，而且后来还转变为指一种颜色（米黄色或本色）。

尤其可以作为支持例子的是，我国古代南方名窑之一的福建德化窑，它所创烧的独具特色的名瓷有“象牙白”“猪油白”（均以其颜色命名此类瓷器）等，而胎釉洁白、制作精细的白釉瓷则独独名为“中国白”。应该说，“中国白”与“波斯蓝”的得名缘由毫无二致。波斯（Persia）是伊朗古名，源出波斯发祥地帕而斯（Pars），古称安息。3 世纪建立萨珊王朝，在汉文文献中《魏书 · 西域传》首次出现“波斯”的名称，1935 年改称“伊朗”。

“波斯蓝”对音是否成立，我们还可通过中国陶瓷史来进一步论证。

我国钴料从波斯进口有悠久的历史，某些唐三彩就被认为使用了波斯蓝釉。冯先铭指出：“英国还化验过唐代三彩陶器的蓝釉，蓝釉原料跟青花瓷器一样，里边也含氧化钴，英国化验认为是波斯的原料。去年我们化验了河南巩县出土的蓝釉标本，证明也是波斯的原料。但这些都属于 8 世纪前半期的，就是盛唐开元天宝时期。7 世纪后半期唐墓出土的蓝釉没化验，是波斯的还是国内的原料现在还不敢讲。原料中已化验的唐三彩中凡是纯蓝釉都是进口的。”

扬州唐城遗址发现的白地蓝花枕残片，经测定蓝料为钴，枕上纹饰是波斯风格。后来发现 14 片白地蓝花碗片，经测定均属釉下彩，两件纹饰与枕片接近，均属波斯纹饰。

我国唐朝与波斯交往频繁。史书记载，从 7 世纪中期到 8 世纪中期，波斯派遣入唐使节多达二十余次。波斯教（琐罗亚斯德教）于唐朝时期传入我国；波斯等地商人在长安西市开设“波斯邸”，以善辨识珠宝著称；景教教堂也被命名为“波斯寺”；从波斯到东方来的船舶有专名“波斯舶”。在这样的背景下，蓝釉原料来自波斯当在情理之中。

宋代文献提到色料“无名异”作为“贡品”入贡，显然它也应来自国外。

以上是元以前的情景。研究表明，唐朝以来，我国陶瓷业所用蓝釉大量来自波斯。即在元以前，就有“波斯蓝”概念存在的可能。而《马可·波罗游记》的写作年代相当于我国的元代，所以使用“波斯蓝”概念更不成问题。

至于元代的青花瓷，意见就更加集中了，绝大多数学者认为 14 世纪的中国青花所用色料是从波斯的砷钴矿进口的。英国牛津博物馆考古实验室的学者在 20 世纪中期，经过检测明确了这一意见。我国一些学者也认为：“元青花中器身高大的至正型青花的钴料经测试为低锰、高铁、微量砷，被认为是波斯进口料。大部分呈色青翠，有一部分过烧的青中泛紫，欠烧的则青中带灰。”据中国科学院上海硅酸盐研究所测定，元代景德镇使用的青花原料含锰量极低，含铁量较高，且含有砷，与国产青料含锰量高、含铁量低的情况截然不同，确实应是采用进口青料。综上所述，学界一般认为，当时青花瓷所用钴蓝产于伊朗，从伊利汗国输入元朝境内。

虽然元代色料从波斯进口的说法至今尚不能得到有相应矿物存在的证实，但考虑到元朝时与伊朗交往的密切，从波斯进口青料当然完全可能。在元代，除蒙古文和汉文以外，波斯文是居于第三位的官定通行文字。伊利汗国（1258—1355 年）领土东起阿姆河和印度河上游，西及伊拉克和小亚细亚大部分地区，南临波斯湾，北抵高加索山。当时中国和伊斯兰世界有着密切的经济、文化交流，而这种交流主要存在于中国与伊利汗国之间。因此，我们也有充分的理由相信，在历史上这种进口的青料曾经被叫做“波斯蓝”，这就与在西语中至少早在 13 世纪就出现 porcelaine 一词的记载相吻合。

这样，porcelain 对音的成功不仅解决了语言学方面的问题，更重要的是，它从新的角度提供了无可辩驳的史实，有助于平息国内外学界对我国陶瓷业色料来源问题的争论，尤其是是否来自伊朗的争论。这一对音的结论与考古学界的研究一致，证实了至少在元朝时，我国制瓷所用上等色料确实来自伊朗，用它制成的瓷器不仅畅销国内，而且大量输往海外，尤其是伊朗和阿拉伯地区，深获穆斯林的喜爱。因为这些瓷器在使用色彩方面（波斯蓝）迎合了广大穆斯林的审美情趣：伊斯兰文化对白地青花纹饰情有独钟，青花瓷的那种蓝色是波斯和波斯血统民族的王家颜色。同时，这又为我国古代中外文化交流的发达提供了重要的史料佐证。

作为余论的是，原料来自波斯，并不就是说青花瓷的制作技术也一定来自波斯。国内外很大一部分学者所谓中国青花瓷器的出现与伊朗有关，是受他们蓝釉瓷器的启发，且从原料到制作工艺都从波斯传入等说法，仍有待实事求是地予以进一步探索。

（三）殷弘绪等人论证出现偏颇的原因

殷弘绪来华的时代与马可·波罗的时代已经大不一样了。

明清时期，制瓷业所用青料的情况发生了很大变化。永乐（1403—1424年）官窑青花瓷所用青料分前后两期，前期以国产料为主，后期又进口苏泥勃青，一直延续到成化初。后者含锰量少，不含紫色、红色，而为纯正的宝石蓝色，同时使用的还有国产料。《陶说》在叙宣德（1426—1435年）瓷时说："此明窑极盛时也，选料、制样、画器、题款，无一不精。青花用苏泥渤青。"专家们经过研究得出结论：明代永乐、宣德青花瓷使用最多的是进口钴料，应是文献记载的"苏麻离青""苏泥勃青"料。这种钴料与元代青花钴料无论在分析数据还是色调方面都有很多共同点，应当说属于同一产地。

《陶说》还指出："至成化（1465—1487年），其青（即苏泥渤青）已尽，只用平常青料，故论青花，宣窑为最。"也就是说，成化以后的景德镇青花瓷不再使用进口的"波斯蓝"，虽然也曾使用回青来装饰瓷器。正德（1506—1521年）青花料使用江西瑞州的石子青（石青），亦有记载曾用进口回青料。万历时期（1573—1619年）官窑青花所用青料分前后两期，前期即万历二十四年前用回青。天启（1621—1627年）以后，青料以国产的石子青为主。明末药物学家李时珍说："而今货石青者，有天青、大青、西夷回回青、佛头青种种不同，而回青尤贵。"

以上表明，明朝制瓷所用青料既有进口的，又有国产的，而且，进口的也不限于"波斯蓝"。于是，一个外延远比"波斯蓝"大的概念——"回青"在明朝应运而生，并取代了"波斯蓝"，成为当时最贵重的一种石青的称呼。但是，"波斯蓝"和"回青"的构词方式完全一致，都是"产地＋颜色"。更重要的是，"回青"即"西夷回回青"，与波斯蓝产地的方向也大致相同。

"回青"的"回"是"回回"的简称。在宋元明的很长时期中，它用以泛称信仰伊斯兰教的人或国家、地区，因此他们信仰的宗教被不正确地称为"回教"或"回回教"，如《癸辛杂识》《辽史》《元史》《元典章》等都作如此处理。在蒙古语中，与"回回"对应的词是"撒儿塔兀勒"（sarta'ul，11世纪以后，这个词在突厥人和蒙古人语言中是指中亚的波斯人。在明清两代的文献中，"回回"的含义有所扩大，还用来专指回族（即回回民族），在清代又对我国信仰伊斯兰教的其他少数民族也多加称"回"字，如称新疆维吾尔等族为"缠回"，东乡族为"东乡回"，撒拉族为"撒拉回"，甚至把新疆称为"回疆""回部"等。元末明初译成汉语的一部记录"回回"医药方剂的著作名《回回药方》，药物名称旁注波斯文。而元代培养译员的学校名"回回国子学"，学员在那里学习"回回文"（当时官方所称的"回回文"正是波斯文），学成后派充各官府。所以，回青的"回"，意义跟"波斯"仍有密切联系，只不过范围扩大了而已。

关于制瓷所用“回青”料，据资料调查研究，来源可能有两种：一是中亚和欧洲，因那里产钴毒砂矿；二是我国的甘肃、新疆一带，因这一带矽卡岩矿床异常发育，它与中亚地区属同一地质构造，钴毒砂往往存在于矽卡岩型钴矿床中，而甘肃、新疆和中亚都是丝绸之路所经之地。所以，有人认为，制陶瓷所用青料在历史上是西域即月氏传入的。西域月氏居住地是现在的甘肃中部、西部和东部及青海省的敦煌和张掖地区。不管是出自中亚或西域，这种青料总称“回青”，在当时的语言环境中是再合适不过的了。

清初制瓷所用青料沿袭明末，从顺治到康熙早期，以国产的石子青为主。康熙中期以后，则主要用国产的浙料（产于衢、信两郡的山中）。正因如此，殷弘绪在江西考察时，当地人（包括他广泛结交的中国儒生和广大制瓷工人）已经对“波斯蓝”一无所知了，以致得出了错误的结论，还误导了后人。

现在我们来看伯希和的问题，首先要研究子安贝和瓷器这两者之间到底有什么联系。

子安贝属腹足纲（Gastropoda）。腹足纲是软体动物门中种类最多的一纲，因足发达，位于腹部而得名。包括前鳃亚纲（如鲍、宝贝和红螺、田螺、钉螺等）、后鳃亚纲（如泥螺、海兔等）和肺螺亚纲（如菊花螺、石磺、椎实螺、蜗牛、玛瑙螺等）三个亚纲。这些动物的肉体绝大多数固然长相和猪的背部或女性的外生殖器相似，但问题是，为什么在命名时只有子安贝类的动物才强调这种相似呢？

子安贝即绶贝（Mauritia arabica，也称“阿文绶贝”），贝壳长卵圆形。背部圆，两侧下部微向内缩，边缘加厚，壳面呈褐色或灰褐色，布有纵横交叉的棕褐色断续的条文和许多星状圆斑，两侧缘灰色，有紫褐色斑点，壳口狭长，两唇的齿呈紫褐色，中药名“紫贝齿”。子安贝类动物的外壳晶莹剔透有光泽，颇似瓷器。所以，瓷器和子安贝确确实实存在着相似关系，但这种关系严格意义上不是由子安贝本身，而只是由它的外壳造成的。伯希和的错误就在于未能加以合理的区分，而想当然地进行了符合自己结论的抉择。

接下来的问题是，西方人先知道“瓷器”还是“子安贝”。或者说，在西方人心目中，是人造物（瓷器）“像”自然物（子安贝）呢，还是自然物（子安贝）“像”人造物（瓷器）？这个“先有鸡还是先有蛋”的问题，不仅事关认识论，而且也涉及历史学。解决这个问题可以先从子安贝的分布地域着手。子安贝产于暖海，广布于北印度洋、西太平洋，我国福建以南沿海习见。由于它不产于欧洲一侧的大西洋，西方人在漫长的古代和中世纪并不知道它的存在，当然也不可能对它命名。真正认识它，也是在 15 世纪末开始的地理大发现以后。所以，西方人先认识瓷器，后认识子安贝是确凿无疑的。伯希和等西方学者所谓的由于欧洲人长期以来一直以为瓷器是用贝壳粉制成的，就用“子安贝”来称呼“瓷器”的观点，缺乏历史常识，颠倒了事物的本来面目，造成了长期以来 porcelain 的语源研究走向绝路的严重后果。《马可·波罗游记》正文从未涉及“瓷器”和“子安贝”的关系，所谓两者相似，都是后来的注释者自作多情的强加。但正是这种强加，导致了 porcelian 语源研究的先入之见。

porcelain 的含义不断扩大，由专指子安贝，到泛指“宝贝”。不过，这种“宝贝”

不是任意的，通常是指北印度洋、西太平洋沿岸出产的海贝，“(古时在亚非地区作货币的)贝壳”，所以，porcelain 一词也被用以指“货币”。用贝壳当作原始货币，盛行于古代东亚、南亚——印度地区，以齿贝最为通行。我国在商周时期也流行，秦统一全国后废止，王莽的新朝时曾一度恢复使用。《说文·贝部》：“古者货贝而宝龟，周而有泉，至秦废贝行钱。”西方人东来之际，“印度已不复用此为货币，唯在老挝(Laos)及掸(Chan)种诸国(位于今我国云南、缅甸边境)尚用之”，在云南一带一直用到清初。但是，把贝壳当作货币或装饰品使用的功能(所用货币则以海中所出之白贝而用作狗颈圈者为之)只限于古代东方地区，西方并无此类现象。因此，在西方人了解他们之初，才用 porcelian 来称呼他们。关于这一点，法国学者沙海昂指出：“意大利人名 Cyprea moneta 曰 porcellana，亦即印度人之 cauri 也”。文中的“Cyprea moneta”冯承钧未译，大概不好懂，这是学名，即“货贝”(也作 Cypraea moneta，拉丁文为 cypraeamoneta)。

所以，从逻辑的角度看，porcelain 这个名首先是指瓷器，后来也用以指“如瓷器般的”贝壳。当然，既可以直接指那些“壳”——贝壳、货贝，乃至扩大到泛指货币，又可以用来指拥有这种“壳”的物种——如子安贝乃至所有的宝贝科动物。porcelain 作“宝贝”解的用法，在英语中很罕见。自 1601 年以后，表示这个意义的一般都写作 porcelain shell。这就进一步证明，“宝贝”不是 porcelain 的原始意义，如果是，那就不会在指它时，反而在后面还画蛇添足地再加上 shell。

此外，伯希和注意到在拉丁语中，马齿苋也拼写作 porcellanm(还拼写作 purslane)。由于他认为 porcelain 一词先是指“子安贝”，然后才指“瓷器”，那就根本无法将“子安贝”和“马齿苋”从逻辑上联系起来。其实，“子安贝”(壳)是从形状的层面，而“马齿苋”则从颜色的角度与“瓷器”(青花瓷)相联系。马齿苋，学名 Portulaca oleracea，在中国俗称“酱板草”“瓜子菜”，一年生肉质草本。平卧地上，叶青，梗赤，花黄，根白，子黑，故又称五行草。这就很清楚了，这种草本植物的叶子(“叶青”)因与被称为青花的瓷器有着相同或相近的颜色而得到“porcelain(波斯蓝)”的名称。它大约出现于公元 1400 年，但在英语中一般不直接写作 porcelain，而是写作 garden porcelain(或 purslane、poslane)。

综上所述，在西语中，先有瓷器 porcelian，然后由该词根构成的词循着两条线索被赋予新义。一是因其形状、外貌，产生了子安贝、贝壳、货币等新义或新词，还指一种深褐色并伴有米色羽毛的鸽子(因其色泽犹如瓷器一般)，在语言实践中也被用作“牙齿”解。类似的还有 porcelane enamel(glaze)，搪瓷，出现于公元 1883 年，porcelain-crab 指一种蟹，因其光滑而有光泽的壳而得名。二是因为 porcelain 原始的含义是“青花瓷”，因其颜色而产生了马齿苋等新义或新词。类似的还有 porcelain blue，瓷器蓝色，porcelain green，瓷器绿色。此外，porcelain ampelopsis 或 porcelain vine，均指蛇葡萄(学名 Ampelopsis brevipedunculata)。这是一种产于东亚而非西方的木质藤本植物，在西方的得名肯定也在“瓷器”后，缘于其浆果蓝色或淡紫色，让人想到瓷器。所以，该物种的得名既与颜色有关，也与形状有一定关系。

二、其他国家与地区的陶瓷文化

由于陶瓷在世界范围内的流行和普及，许多地区都发展起自己的陶瓷产业，并逐渐形成了自己的陶瓷文化和特色。其中比较著名的陶瓷种类有德国麦森窑瓷器、荷兰代尔夫特蓝陶、法国塞弗尔窑、日本有田烧，同时也诞生了诸如陶艺、瓮葬等不同的文化习俗。

（一）受中国影响的欧洲陶瓷

17 世纪，随着大量的中国瓷器被运往欧洲，进口商聚敛了大量财富，中国瓷器的进口量进一步增大，使欧洲更多的普通民众接触到了中国瓷器巨大的利润、可替代的实用性，以及瓷器承载的神奇功效。18 世纪整个欧洲纷纷开始尝试仿制中国瓷器，欧洲人仍然在苦苦探索瓷器制造的秘密，正如英国人简·迪维斯在《欧洲瓷器史》一书中所言："几乎整个 18 世纪，真正的瓷器制作工序仍然是一个严守着的秘密。"尽管瓷器制作是中国最高机密，但是中国的制瓷方法还是陆续传到了欧洲。1298 年，马可·波罗首次向欧洲介绍了中国瓷器及制作技艺。1712 年，在景德镇生活了 7 年之久的法国传教士昂特雷科莱将景德镇制胎、施釉、烧成的技艺传递给欧洲之后，启迪了那时正在茫然中探索着的欧洲人，使他们豁然开朗。欧洲人对瓷器的热情也促使欧洲各地积极投入制瓷技术研究，17—18 世纪，德国、英国、法国、意大利等国都运用不同配方，制造出了各具特色的瓷器品种。

但是，欧洲各具特色的精品瓷器最早都是从仿制中国瓷器开始的。中国陶瓷最早的仿制品不是瓷器，而是一种名为"代尔夫特"的锡釉陶器。17、18 世纪制造代尔夫特陶器的厂商都广泛仿制了中国瓷器的风格与样式。荷兰闻名世界的瓷器小镇代尔夫特，欧洲称其为"蓝陶之都"，其精制的青花陶瓷被称为"代尔夫特蓝"（delft blue），这种技术在荷兰兴起并成名，却为英国和法国所广泛应用。

从 18 世纪至今，欧洲最受欢迎的瓷器格调就是中国的青花蓝白风格。这种风格被所有的西方陶艺制作商模仿，最著名的是"蓝色洋葱"图案和"青花柳树纹饰"图案。"蓝色洋葱"纹样于 1739 年由著名的瓷器画家贺罗特根据中国青花瓷器的纹饰创作而成，也称为"球体"纹样，它虽然在很大程度上模仿中国销往欧洲的瓷器纹样，却明显有着自己独特的风格、这主要是由于画家对中国瓷器上描绘的花卉和水果一无所知，因此他们混合了各种元素，绘成了欧洲人较为熟悉的图案。所谓"洋葱"并不是指真正的洋葱，据历史学家的观点看，它极有可能是中国瓷器上装饰的桃子和石榴图案的变体。"青花柳树纹饰"是基于亭台楼阁、柳树篱笆等元素的图案，曾广泛应用于欧洲制瓷工厂，成为必备的图案样本，据说这种风格最早是 790 年前后由乔夏·斯波德（Josiah Spode）从一种被称为"满大人"（Mandarin）的中国原始风格沿袭而来，也有一种说法认为，这种风格在 1770 年由明顿（Minton）模仿而来。在西方，由于一些诗歌和传说的传颂，使这种著名的瓷器风格广为流行。200 多年来，蓝白青花式样的设计一直深受欧洲陶瓷制造业的青睐。

代尔夫特式陶器并不是真正意义上的瓷器，这些陶器质量低劣，这就意味着人们必须继续寻找一种更精确的制瓷配方。

18世纪初，欧洲各大国用各种方式成功仿制了中国瓷器。各地的瓷器产品都以不同的风格及表现出色的制造商而闻名，其中最著名的包括德国迈森、法国塞夫勒、奥地利皇家维也纳、意大利卡波迪蒙蒂，以及英国韦奇伍德、德比、伍斯特、切尔西、科尔波特、波尔等。欧洲瓷器最初的创新主要是镀金装饰、转印丝网印刷等，大型绘画作品的艺术风格与主题也融入到了瓷器装饰中。在功能方面，瓷器的用途也被扩展应用于装饰与更多的实用物品中。欧洲通过创新，从最初纯粹的复制中国瓷器，发展到能够制造一系列欧式艺术装饰风格的崭新瓷器。

（二）东南亚陶瓷文化的发展

东南亚共有5个国家发现了古代陶瓷生产中心的痕迹，分别为泰国、老挝、柬埔寨、缅甸和越南。

1.高棉（柬埔寨）陶瓷

最晚在扶南时代，高棉就已经生产陶器。6世纪末7世纪初使用辘轳制作薄胎陶器，烧制的陶器，从造型上看被认为是模仿印度陶器。9世纪，高棉人在今天的柬埔寨西北部建立了吴哥王国。在其首都吴哥窟东北部的克伦高原上，发现了迄今为止东南亚地区最早烧造釉陶的地方。高棉窑址主要分布在陶土资源丰富的Phnom Kulen和现在与泰国南部交界的Buri Ran窑。由于高棉王朝的领土在历史时期涵盖了大部分今天泰国的疆域面积，因而有些高棉古窑址位于今天的泰国境内，Buri Ran就属于这种情况。

9世纪开始，高棉陶器生产规模不断扩大。其产品主要是灰釉盘口瓶、盒子、钵、建筑装饰等。潘春芳在《略论唐宋以来中国陶瓷对柬、泰、越陶瓷的影响》一文根据遗址发掘推断，高棉釉陶受中国唐代瓷器的影响。并借鉴印度造型艺术及印尼爪哇佛教建筑中的浮雕壁画，创造了长颈花瓶等高棉陶瓷形式。11世纪中期以后在黄釉陶的基础上增加了铁的含量，导致黄釉陶逐渐减少黑釉陶增加。12世纪迎来了高棉制陶业的全盛期，制作工艺更加复杂，产品主要是各类大盘、大瓮、大瓶等，器形较黄釉陶明显变大。这一时期高棉陶器上出现了贴花装饰的大象、鸟、牛、马等动物浮雕装饰造型。目前，高棉陶器仅发现于吴哥王国领域内，可知其产品仅限于国内市场。当时，吴哥王国佛教兴盛，王宫、寺庙等“圣地”建设需要各种装饰，推动了陶业的发展。窑炉遗址中出土的装饰性瓦片与尖顶式等建筑构件，也能证明这一点。因而，所产陶器并非日常生活器具，多为宗教、王室场合使用的圣物，如陶瓶代替金属制品作为净瓶使用或用于插香。甚至有学者认为，烧制青釉Kulen ware的安隆通窑址是专门烧制王室使用器皿的官窑。

2.泰国陶瓷

泰国国王于1292年派遣使者到中国访问，归国时带回了50名磁州窑陶工，1300年，第二次出访时又招募了龙泉窑工，在素可泰和宋卡洛建窑，开创了泰国陶瓷生产。但从正式窑址发掘结果来看，12—13世纪高棉王国统治时期，泰国中部的华富里地区在高棉陶瓷的影响下就已经生产黑釉陶器，而且素可泰遗址也出土了大量高棉样式的无釉灰陶，这足以证明素可泰窑是继承了高棉陶瓷的生产技术，并非由中国陶工所创设。因此，中国陶工的到来对于泰国陶器生产不具有开创性，而是极大地提高了素可泰窑和宋卡洛窑制陶技术、装烧技术以及增加了新的陶器品种，从而使素可泰窑和宋卡洛窑陶瓷质量提高、产量上升、规模扩大，进入了一个新的发展时期。在素可泰城以北的西萨查那莱地区，新近发现10世纪的几百个陶窑清楚地表明，在中国影响到来之前的很长时间，泰国的陶瓷生产一直很兴旺。

3. 越南陶瓷

11世纪以前，现在越南北部的大片区域属于中国疆域领土范围。受汉文化圈的影响，这一地区在公元1—2世纪时期，就开始烧造施釉陶器。越南的汉代墓中，出土了典型汉代风格仿青铜鼎、尊、壶、炉等高温灰釉陶器及素烧陶模型，这种影响一直持续到公元7世纪左右。唐代安南都护府设立后，开始出现唐代风格的作品，如青褐色釉碗、罐等，经常在内地中心有四五个支烧痕迹。11世纪越南北部在黎氏带领之下，建立了独立王国，定都昇，中国宋时称之为安南。新都及寺庙建设需要大量烧造建筑构建，这促进了越南陶瓷的发展。12—13世纪越南陶瓷继续吸收中国宋代陶瓷的制作技术和装饰技法，模仿龙泉窑青瓷采用刻划花装饰等生产碗、盘、瓶等日用器皿，器物内底留有支烧痕迹。另外，此时在越南中部还发现了白釉褐彩刻花填彩筒、罐等类系列作品。布鲁塞尔皇家美术馆收藏了3000件这一时期的作品。《元史》卷209《安南传》载："自中统四年（1262年）为始，每三年一贡，可选儒士、医人及通阴阳卜筮诸色人匠各三人，及……白磁盏等物同至。"当时越南所产的陶瓷作进贡之物输入中国，可想而知其制作比较精细、优良。14—16世纪，越南北部陶窑极力模仿龙泉青瓷和景德镇枢府白瓷、青花瓷、五彩瓷等，积极参与世界陶瓷贸易。印尼出现的越南青花瓷砖和会安沉船出土的大量越南外销瓷也证明了越南陶瓷在东南亚地区有一定的市场，曾在世界贸易陶瓷中扮演着重要角色。Chu Du窑和Bat Trang窑是当时两大陶瓷生产中心，位于出口港Hai phong附近，对外贸易交通便利。荷兰东印度公司曾在河内设据点，购买当地瓷器销往东南亚和日本。16世纪末17世纪初，越南陶瓷外销才逐渐失去竞争力。Bat Trang窑主要生产香炉、花瓶等寺庙宗教用器和少数日用器如槟榔灰罐。17世纪后半期，随着大越国黎朝的灭亡，越南的陶瓷生产一蹶不振。

4. 缅甸陶瓷

缅甸位于马六甲海峡以西，因而与高棉、越南、泰国瓷器相比，受中国陶瓷生产技术的影响较少。缅甸从早期历史时期就开始生产无釉陶器，陶制品主要用于盛放死者火化后的骨灰遗骸。施釉陶器的制作始于何时，目前尚不清楚，但出土了许多用于佛塔建筑的绿釉陶建筑构建。青瓷是缅甸陶瓷重要品种之一，起始年代亦尚不清楚，主要器类包括碗、盘，与泰国宋卡洛窑制品相似受中国龙泉窑影响。传说缅甸入侵泰国时，将宋卡洛窑陶工掳掠至缅甸。目前已发现的窑址包括 Twante、Bago 附近的 Lagumbyee 村落。窑炉性质为椭圆形地上横焰式窑，窑址附近还发现筒状和柱状支烧具。从 Lena Shoal 沉船出土的少量缅甸青瓷和 Bago 王宫遗迹中出土的同类青瓷盘可知 16 世纪后半期仍在生产。另一重要的陶瓷品种“马他邦罐”，因其转运港口马他帮港（Martaban port）享有盛名。马他邦罐是缅甸南部生产的黑褐釉贴花纹带系大罐，主要用于盛装贸易商品。因而在十五六世纪印度洋与波斯湾沿岸流通甚广，少数遗址中的数量甚至超过中国陶瓷。此外，关于缅甸出土的锡白、绿釉陶的生产产地和技法发展，仍是个谜。

除以上所述主要地区外，老挝、南洋群岛等地也都有陶瓷烧制的遗迹和史料。

日本、美洲也是陶瓷文化比较发达的地方，尤其是日本的伊万里烧，曾是能够与我国陶瓷竞争，且受西方社会喜爱的陶瓷。由此可见，受中国陶瓷出口的影响，世界各地域的陶瓷文化发展都带有中国陶瓷的影子，且又发展出了自己的特色。

第二节 西方瓷器文化

一、西方国家定制瓷器——纹章瓷

西方皇室与贵族对中国瓷器十分狂热，在拥有了一件件中国风的瓷器之后，他们开始希望在瓷器上见到自己所熟悉的文化和元素，于是才有了定制瓷。纹章瓷是西方向中国定制的瓷器中最重要的部分，也是整个中国外销瓷史上重要的一部分。相较于其他瓷器来说，纹章是一个纯西方文化元素，是中国瓷器文化与西方文化融合的最好实证。

（一）纹章以及纹章瓷的起源

1. 纹章的起源

关于纹章的起源，一般认为是来自于中世纪战场，用于交战双方辨别敌我。随着时代的发展，纹章逐渐成为家族身份的象征。早在 13 世纪，英国国王亨利三世就曾定制过一件银盘，上面刻有皇室纹章，他把这件银盘作为礼物送给了他的王后。从此这一做法开始逐步流传到贵族及王公大臣。到了文艺复兴时期，纹章也不再仅仅只是一个盾牌的形状，纹章的装饰越来越繁复，除了盾牌以外，还装饰有羽饰、头盔、冠冕、披风、扶盾者、格言（图 4–1）。尤其是国王和贵族，纹章的装饰更是富丽堂皇。其中头盔和冠冕是贵族身份的象征，在使用上有着严格的等级限制。一个完整的纹章图案应该包括以上这些元素，但是在具体使用过程中，由于身份的不同，有些元素会被省略。

图 4-1 完整的纹章图案及各部分名称

关于纹章的使用，并非只有贵族高官才有资格拥有纹章。实际上，英国和欧洲其他国家的相关法律都没有这样的规定。在英国，只要遵守纹章使用的一些准则，遵守纹章设计上的规定，都可以向纹章院提出申请，缴纳一定的费用，得到批准后就可以使用该纹章。家族纹章的继承权属于长子，次子也可以使用家族的纹章，但是必须对纹章做一定的改变，以表明其在家族中的地位。在与拥有纹章的女继承人结婚后，两个家族的纹章会以一定的方式合并在一起。因此家族的纹章越是复杂，表明其历史越是悠久。

2. 纹章瓷的诞生

在瓷器传入欧洲之前，欧洲人餐饮用具主要是金属器和陶器。上层社会主要使用金银器，中下层平民则使用锡器和釉陶。餐饮用具作为日常使用的器物，也是展示纹章的重要工具，尤其是在贵族家庭，拥有一整套银质的纹章餐具是必不可少的，在招待客人的时候显得非常体面。维多利亚阿尔伯特博物馆收藏有一件1677—1678年制作的纹章银盘，纹章属于伯爵。而早在此之前，陶制的纹章器具就已经出现。

不只是在英国，欧洲其他国家也非常热衷于在餐饮器具上装饰家族纹章。维多利亚阿尔伯特博物馆收藏有一件15世纪后半叶文艺复兴时期意大利佛罗伦萨生产的一件彩陶纹章盘（图4-2），颜色非常丰富，包括白色、黄色、绿色、紫色、棕色。其实纹章图案本身是彩色的，而且各种颜色搭配有严格规定。所以，在金属器上不能完整的表现纹章，而在彩陶上则可以更好地复制纹章图案。意大利烧制彩陶的历史非常悠久，可以说在中国生产的五彩纹章瓷出现之前，在餐饮用具方面，意大利的彩陶是表现纹章最好的工具。但是，它毕竟是陶器，火候不高，质量难以和真正的瓷器匹敌。

图 4-2 意大利彩陶纹章盘（维多利亚阿尔伯特博物馆）

达伽马在 1497 年绕过好望角正式打通东西航路，随后葡萄牙人的势力逐步渗透到亚洲海域，葡萄牙人从 16 世纪开始批量的将中国瓷器运往欧洲。由于欧洲国家有着悠久的使用纹章的传统，特别是皇室贵族习惯在其私人物品上装饰家族纹章以凸显高贵品质，纹章瓷的定制就变得顺理成章了。值得注意的是，早期葡萄牙人从中国定制的纹章瓷全部都是青花瓷，虽然此时五彩瓷器在中国已经大量出现，而且无疑五彩更适合来表现纹章图案，但是目前还没有见到明代外销欧洲的五彩纹章瓷。目前见到的最早的五彩纹章瓷，是在清代康熙海禁解除以后，荷兰人定制的。

纹章瓷最早的定制者来自葡萄牙和西班牙，但是销往两国的纹章瓷数量不多。葡萄牙国王初识中国瓷器，就迫不及待地定制了属于自己的纹章瓷。现收藏在纽约大都会艺术博物馆的一件执壶残件（图 4-3）壶柄缺失，底“宣德年制”伪托款，实际是正德年间烧制的。壶身以釉下青花绘制葡萄牙国王曼努埃尔一世（1469—1521）的纹章，可能是由于早期双方沟通不畅，该纹章绘制的时候上下颠倒了。据统计，绘有葡萄牙王室纹章的瓷器现存共有 10 件。在这一阶段，纹章都是以青花的形式来表现，整个纹饰风格都是典型中国式的，图案布局沿用了这一时期大批外销欧洲的克拉克瓷器的样式。早期销往葡萄牙的中国瓷器数量有限，价格自然不菲，纹章瓷这类特殊定制的瓷器就更是难得了，所以定制者主要局限在王室及社会高层。

图 4-3 明青花葡萄牙纹章执壶（残）

到了17世纪，荷兰取代了葡萄牙与中国贸易的主导地位。最早销往荷兰的纹章瓷是在17世纪末，康熙皇帝重新开放海禁后。Johannes Camphui js（1634—1695）作为荷兰东印度公司在亚洲的最高长官，曾在中国定制过一套纹章瓷。从17世纪末开始，一直到18世纪初，荷兰人陆续从中国定制了数百套纹章瓷。进入18世纪，英国人开始在中西贸易中独占鳌头，而且热衷于从中国定制纹章瓷，整个18世纪销往英国的纹章瓷数量是其他欧洲国家难以望其项背的。在晋升官阶、封敕爵位、喜结连理等重要时刻，很多英国人会选择定制纹章瓷来纪念。不仅有私人定制纹章瓷，还有为城市、公司、行会等机构定制的纹章瓷。到了18世纪的后半段，还出现了所谓的“伪纹章”瓷，这类纹章多是定制者自己想象出来的，纹章图案不符合纹章设计的规定，也没有得到官方机构的认可，严格意义上并非是真正的纹章。整个18世纪销往英国的纹章瓷呈现出了一种复杂而又丰富的面貌。

（二）纹章瓷的种类、器型及纹饰研究概述

纹章瓷的种类有青花瓷、五彩瓷、青花五彩瓷、青花矾红描金瓷、粉彩、墨彩等。器型上包括盘、花盆、盖碗、马克杯、茶壶、牛奶壶、调料杯、潘趣碗、杯碟、花觚盖瓶陈设组合等。在17世纪末—18世纪30年代，纹章瓷刚刚出现，其器型还以中国传统样式为主，夹杂少量咖啡杯、马克杯、牛奶壶之类的西方器型，器物多以实用为主，陈设器较少。纹章瓷的辅助纹饰基本都是中国的传统纹饰，龙凤图案大量出现，可以看出整个图案并非为纹章瓷专门设计的，纹章放在其中显得很不自然，呈现出早期纹章瓷生产还不够成熟的一面。这一时期的纹章瓷，青花占有很大比例，但是随着釉上彩在纹章瓷上的应用，青花比重迅速下降。五彩相较于青花，有着明显的优势，可以更准确地复制纹章图案。这一时期出现的五彩纹章瓷有纹章和辅助纹饰，全部以五彩来表现，也有辅助纹饰为青花，纹章用五彩描绘的所谓青花五彩。中国伊万里是受日本影响于康熙时期出现的陶瓷新品种，在这一时期的普通外销瓷中大量生产，而纹章瓷多是借用中国伊万里普通外销瓷的设计，稍加改动，将纹章图案嵌入其中。18世纪20年代，在欧洲珐琅彩的影响下，粉彩瓷器终于烧制成功，粉彩一经出现，大受欢迎，很快取代了青花、五彩、中国伊万里，在发展期和成熟期的纹章瓷上占据绝对统治地位。同样受欧洲影响出现的新品种还有墨彩，但是在整个18世纪，墨彩纹章瓷数量都不是很多。

18世纪30年代到70年代，西方器型的瓷器开始增加，成套餐具中调料杯、汤盆比较多的出现，陈设器上也开始装饰纹章。之前流行的青花、五彩、矾红描金等瓷器品种被粉彩所取代，青花纹章瓷仅有少量生产。在这一阶段，英国客户对纹章以外的图案装饰提出了具体的要求，纹章瓷整体图案西化风格明显，受到麦森瓷器图案影响较大，中国元素减少，之前流行的龙凤图案、鲤鱼跳龙门图案彻底消失，甚至有一些纹章瓷是按照英国客户提供的整幅画稿制作而成，纹章瓷已经形成了自己独特的风格。这一时期后半段，纹章瓷边饰开始往格式化方向发展，中国陶工在描绘纹章的手艺方面也更加精进。同时，纹章瓷彩绘的工作中心也从景德镇等地区转移到广州地区，这样纹章瓷的运输也方便快捷了许多。

18 世纪 70 年代到 18 世纪末，纹章瓷器型有中式也有西式，个别器物如茶壶、牛奶壶造型与前两期相比有了比较大的变化。纹章瓷边饰变得更加简单，有了固定的模式，以几何图案和细碎花纹为主，之前的山水、人物等图案基本不见。边饰除了青花外，还大量使用釉上蓝彩描金等新的装饰手法。同时，为了节省成本、提高效率，纹章瓷除了简单的边饰和纹章图案，没有过多装饰，大量空间留白，最开始密不透风的装饰方法不再出现。

随着纹章瓷的流行，18 世纪的英国出现了一种“伪纹章瓷”（Pseudo-armorial Porcelain），之所以称之为“伪纹章”，是因为图案并非严格按照纹章学的规定来设计，也没有通过纹章院的审核，完全是由个人创造出来的。有些基本具备纹章的外形，有些甚至连外形都不具备，但是因为这类瓷器和纹章瓷一样都可以找到确定的定制人，也有必要对其研究，西方的纹章瓷专著一般也都将其纳入研究范围。

“伪纹章”瓷的定制者有个人和社会组织，个人定制的最为常见，一些富有的商人阶层或者中产阶级，想拥有一套带有自己标签的中国瓷器，但是自己的家族并没有显赫的背景，没有家族纹章可以继承，又不愿意花费时间、金钱和精力去纹章院申请一个真正的纹章。于是，采用以姓名的首字母为主体的图案，周围再加上一些简单的装饰，以这样的形式定制“伪纹章”瓷。这样的图案不需要特别的设计，边饰也有固定的样式，使得纹章瓷的定制成本大大降低，可以满足中产阶级的需求。这类瓷器从 18 世纪 40 年代开始大量出现，不仅是在英国，在美国更为流行，因为美国没有纹章的传统，也没有专门的纹章管理机构，所以就以这种方式来表明定制者的身份。而社会组织定制的“伪纹章”瓷更多的是表达一种政治理念，这类瓷器出现的时间要比个人定制的“伪纹章”瓷早。

二、欧洲陶瓷文化产生与欧洲陶瓷名窑

（一）欧洲陶瓷文化的产生

1. 进口瓷器对欧洲瓷器与文化的影响

几百年前，在中国和欧洲的瓷器贸易史上，有一段被人遗忘的辉煌历史，值得我们推崇和熟知。

当今西方社会对中国有个普遍共识，那就是中国仿造了很多西方国家的产品。中国近期的仿造技术和手段在一定程度上导致了西方社会对我们的技术壁垒和制裁。但西方的瓷器发展史又告诉我们这样一个事实：300 多年前欧洲各国如何仿造中国的瓷器，再结合欧洲文化，创造出令人难忘的欧洲瓷器工业发展史，同时带动了欧洲工业革命。正是因为这重大的历史意义，才应该让中国人以及西方人共同认识其价值，重视其效应。

17 世纪，中国和欧洲的贸易发展迅速。其中，中国瓷器产品最受西方社会欢迎。对

于仍在使用铁制品的欧洲人来说，它的轻巧、美丽、干净和实用令人惊诧。中国瓷器在欧洲各国是上流社会才可以享受的高档品，只有富裕的上层人士才能支付得起。因为中国瓷器的昂贵，很多欧洲国家开始仿造中国瓷器，第一代仿造品是由德国人制造的陶器。1708 年在德国迈森，一名科学家成功烧制出欧洲第一代瓷器，尽管远远不及中国瓷器那般精致，但它已有七到八成的相似。随后，在法国和英国也开始仿造中国的瓷器。

18 世纪中叶，整个欧洲大陆尤其是英国和德国的瓷器制造业得到了迅猛的发展，很多城镇开始有规模地生产瓷器。起初他们纯粹仿制中国瓷器，后来逐步结合欧洲文化和传统生产出具有欧洲风格，不同形状、不同图案、不同颜色的欧洲瓷器产品。这一仿造、结合、创新和自成一体的瓷器工业成为 18 世纪到 19 世纪中期欧洲最为重要的工业之一，成就了欧洲近代约 200 年的经济发展。在创造了几百万就业机会的同时，也为当时的欧洲创造了巨大的财富，并形成了辉煌的瓷器艺术。

16~17 世纪，随着新航路的开辟，欧洲的航海业获得了空前发展，使得东西方贸易往来日渐频繁，来自东方的珍贵货物，如丝绸、香料、瓷器、玉器、漆器、各种织物、象牙雕刻等被源源不断地运往欧洲各国。其中，尤以温润柔美，光洁细腻而著名的瓷器最被欧洲王公贵族及整个上流社会所珍爱，瓷器的价值一度超过了黄金，瓷器在欧洲成为财富和地位的象征。因此，瓷器在欧洲的诞生也就呼之欲出了。早在新石器时代，陶器就已经在欧洲出现，但纵观上古时期的世界陶瓷艺术，主要有两大源流，“一是中国，二是西亚”。所以欧洲的瓷器大体上是在东方的影响下产生，其产生时间较晚，一般认为 18 世纪是欧洲瓷器工艺发展的黄金时期。总的来说，欧洲瓷器的产生发展是经历了从东方进口、仿烧东方瓷器以及最后形成具有自己风格的欧洲瓷器这样几个阶段。瓷器在英文中被称作 china，以中国（China）作为瓷器的代称，虽然不能说明影响欧洲瓷的只是中国瓷器，但至少也说明了瓷器来自东方，是东方的产物。其实，在欧洲瓷器的产生发展过程中，东方瓷器对其有着直接的影响，它直接刺激和促进了欧洲瓷器的产生和发展，而在东方瓷器中又尤其是以中国和日本瓷器的影响最大。

2. 欧洲瓷器诞生的前奏：陶器对瓷器的模仿

陶器在欧洲有很长的历史，但瓷器在欧洲的出现很晚，东方瓷器也在很早就已经传入欧洲了，但东方瓷器对欧洲陶瓷工艺产生影响，使得欧洲陶器对其进行大规模的模仿却是到了 17 世纪的“巴洛克时代”才开始。尽管只是用陶器仿制瓷器，但意义非常重大，欧洲陶器对东方瓷器的模仿拉开了欧洲瓷器生产的序幕，为欧洲瓷器的诞生准备了条件。

17 世纪，瓷器在欧洲是王公贵族及整个上流社会最为珍爱的瑰宝，乃至于中国瓷器在欧洲市场上的价格一度超过了黄金。在这种情况下，欧洲各国竞相掀起了仿制中国瓷器的热潮。其中，尤以荷兰德尔夫特（Delft）窑的陶器（1611 年之后）最为出色。

荷兰是最早发展航运事业的国家之一，于 1605 年成立东印度联合公司，建成通往远东的港口，并继西班牙之后独家垄断了远东贸易，其中最主要的货物便是远东的瓷器。而在 1640~1690 年（明末清初），中国因战乱而导致瓷器出口锐减，但代之出现的日本瓷器又价格昂贵，从而为德尔夫特窑的发展提供了机会。早在 16 世纪初，由安特卫普传入的意大利马略卡式陶器就已在阿姆斯特丹和哈勒姆等地流行起来。16世纪和17世纪初，在中国和日本等东方陶瓷的影响下，17世纪后半期，德尔夫特的制陶工艺开始在全欧洲处于领先地位。在那时的欧洲人眼里，“如能买到一件德尔夫特窑生产的陶器，将被看作荣誉、幸福以至财富的象征”。

早期德尔夫特陶器，由于仿制中国青花瓷才在欧洲市场上获得成功。该窑的“中国样式”正是从当时中国外销瓷样式中来。例如，现藏海牙美术馆的锡釉蓝彩花卉纹双耳多流有盖瓶（图4-4），是巴洛克时代荷兰德尔夫特窑的作品，这与清乾隆时期的那种青花缠枝莲赏瓶十分相似。德尔夫特陶器装饰多在盘、瓶、壶等器物上，纹样多是龙、狮子、凤凰、亭台楼阁、仙人、花鸟草虫、庭院花枝、楼阁仕女、山水风景等中国青花纹样，人们称之为“中国的形象”。其所谓“希诺瓦兹里”（chinoiserie，意为中国样式）的纹样，是从大量中国进口瓷器纹样中，选择适合欧洲人理解的形态，加以改造和重组而形成的。1670年以后，德尔夫特开始烧制五彩瓷器。荷兰最早接触的五彩瓷器，是中国南方的民窑产品，欧洲人称之为汕头瓷。此后，中国康熙五彩和日本柿右卫门、伊万里彩绘瓷输入欧洲，从而改变了欧洲人对青花的偏爱而随之投向了彩绘瓷。德尔夫特五彩陶常见的是黄、紫、绿、茶、红等锡釉色料。

图4-4 锡釉蓝彩花卉纹双耳多流有盖瓶

这一时期，德尔夫特陶器同时受到中国和日本的影响，但两者的影响还是有一定层次差别的。从此时中日瓷器关系上来看，中国正是清初，陶瓷技术已较为完备。而在日本是桃山·江户时代，桃山·江户时代是日本工艺美术史上划时代的转折点，此时陶艺获得了飞跃的发展，是“茶陶”的黄金时代，同时也是日本瓷艺的起步时期。日本学习和消化中国北宋的瓷器工艺技术，烧制出当地的第一批瓷器，此后逐步实现了瓷艺的“日本化”。因此，这一时期，日本对德尔夫特窑的影响还主要是陶艺的制作技术及装饰风格的影响。由此可见，中国给予德尔夫特窑的影响是直接从瓷器的形制、样式、纹样、色彩等多方面影响，而日本则是主要以陶器影响德尔夫特窑的产品。所以，在欧洲瓷器诞生之初，中国瓷的影响不仅相当大，而且占主要地位。

（二）欧洲瓷器的诞生与德国麦森窑

17 世纪末 18 世纪初，德国人约翰·弗里德里希·伯特格尔（Johann Friedrich Böttger，1682—1719）和埃伦弗里德·瓦尔特·冯·契尔恩豪斯（Ehrenfried walter Von Tschirnhaus，1651—1708）经过反复试验，最终由伯特格尔于 1709 年 3 月成功烧制出欧洲的第一件白釉瓷器。瓷器的成功烧制，为德国增加了收入，带来了繁荣，也直接推动了麦森窑的产生。1701 年 1 月 23 日，德国国王命令在德累斯顿 20 千米之外的阿尔布累希茨堡建立麦森（Meissen）王室瓷窑，该窑选用“希诺瓦白土”，最终烧制出优质的白瓷，并于 1713 年春开始批量生产。这时生产的瓷器才“可谓名副其实的硬质瓷器”。

麦森窑的瓷器同样具有浓郁的东方色彩，中国瓷和日本瓷都不同程度的对其产生了影响，其早期纹饰多为中国式的人物、楼阁、园林以及花草动物等。18 世纪 20 至 30 年代，麦森窑开始大量仿制日本柿右卫门和伊万里彩绘瓷器，如八角形器皿、带盖茶碗等器形以及装饰纹饰，几乎达到以假乱真的程度。这与国王奥古斯特二世对日本瓷器的偏爱有着直接的关系。此外，为了收藏和陈列逐年增多的瓷器，他还将易北河对岸的陆军元帅官邸易名为“日本宫”，专门收藏和陈列瓷器。皇帝的好恶直接左右着窑厂瓷器生产的风格，因此，日本瓷对麦森窑的影响是非常大的，直接主导了麦森窑瓷器在装饰纹样、色彩、器型等方面的日本特色。

（三）洛可可时代的法国塞弗尔窑

18 世纪后期，法国是继德国之后在欧洲唯一能够真正生产硬质瓷器的国家。早期法国瓷器主要以烧制软质瓷为主，这是一种以陶土与玻璃为原料，以较低温度烧成，胎体呈白色半透明状的瓷器。而 18 世纪后期的塞弗尔窑是洛可可时代法国最著名的瓷厂，其原型是路易十五 1738 年在维森那建立的皇家瓷厂，于 1756 年迁至塞弗尔，其代表了近代法国瓷器的发展水平，同麦森窑一样成为了欧洲瓷器生产的杰出代表。

塞弗尔窑的产品主要有两种形式，一种主要采用天蓝釉，称为“国王蓝”。蓝白相间的底色上用雕刻、彩绘等形式装饰以线条流畅、造型轻盈的洛可可式纹样；另一种样式是运用玫瑰色釉彩。由于路易十五的宠姬蓬巴杜夫人是该窑的主要赞助者，玫瑰色是她喜欢的颜色，因此，亦称之为“玫瑰色蓬巴杜式”。塞弗尔窑的瓷器似乎与德国瓷器脱胎于中国、日本的原型不同，有了新的倾向。例如，在继承、发扬欧洲传统宫廷艺术精华的基础上，又充分吸收其他艺术设计门类的流行时尚，从而创造出高贵优雅、华丽妩媚的独特风格，这与当时洛可可时代的趣味相关。但具体来看，塞弗尔窑的瓷器与中国、日本瓷器，尤其是中国瓷器还是有一定联系的。

首先，洛可可艺术与中国艺术有着密切的关系。有学者指出，正是中国艺术影响了洛可可。早在17世纪，路易十四就非常迷恋中国瓷器，到洛可可时代这更是一种宫廷时尚。日本学者小林太市郎在《洛可可形成》一文中明确地指出“在工艺美术方面，尤其在法国，全面地学习中国，形成法国的理性和享乐的文化。”可见，中国对于法国工艺美术的影响，而洛可可时期塞弗尔窑的瓷器也同样有中国瓷器的影子。其次，一方面，洛可可艺术偏爱曲线美，而塞弗尔窑瓷器的优美曲线和复杂花草纹样很显然是受了中国的影响，一些曲线和纹样在中国瓷器、刺绣、漆器、编织品上到处可以见到；另一方面，中国瓷器高贵的黄色和典雅的蓝青色，都是法国艺术家们喜欢的色彩，这在塞弗尔窑瓷器上也很容易见到。

总的来说，洛可可时代法国的塞弗尔窑在一定程度上是受到中国瓷器的影响，但此时欧洲瓷器也逐渐开始走向独立发展的道路，形成了具有自己民族文化特色的瓷器，其对于中日瓷器的依赖在逐渐减小。欧洲瓷器发展到后来，其独立性越来越强，欧洲文化特点也越来越明显。例如，法国自1770年开始，塞弗尔窑的陶瓷装饰便常以欧洲古典题材为主。德国自1765年起就在王室瓷窑的瓶类制品中有了所谓的“古希腊罗马式”。同样，在英国也有了大批模仿古希腊陶瓶的产品。也可以说，到此时欧洲瓷器才逐渐摆脱了对东方瓷器的依赖和迷恋，走上了独立发展的道路。

东方瓷器尤其是中国瓷器和日本瓷器在其产生发展的历程中，占有非常重要的地位，它直接刺激和推动了欧洲瓷器的产生，并在最初的几百年间影响了欧洲瓷的生产和装饰方式，主导了欧洲瓷的风格特点，甚至引领了欧洲人的审美风尚，具有不容忽视的作用。因此，陶瓷艺术的发展只是从一个侧面反映文化交流和融合的问题。实际上，艺术的发展从来就不是一个孤立的过程，而是文化交融的产物，不论是一国还是两国之间，都是不同民族间文化的交融，任何一个民族都不足以，也不能单凭本民族的文化力量立足于世界（即使有特例，它的文化也必然是相当弱势的文化）。要想一个民族发展壮大、一个国家繁荣昌盛，就必须从其他民族中吸取新鲜的养料，才能重获再度发展的活力。因此，世界艺术是各国艺术共同组成的，其发展也是各个民族、各个国家艺术交流融合的结果。正是有了不同民族的文化、各个国家的文化相互交流与融合，我们的艺术才如此璀璨夺目，生活才如此丰富多彩，世界才如此气象万千。

第三节 日本陶瓷文化发展历程

一、中日陶瓷贸易史简述

日本作为我国邻邦，中日间陶瓷贸易十分频繁，下面将以唐、宋两朝为例介绍中日间的陶瓷贸易。

（一）唐五代时期中日陶瓷贸易

中日两国间往来的历史源远流长，唐朝的这种友好往来和经济文化交流更臻隆盛。

据日本文献《入唐求法巡礼行记》《三代实录》《日本纪略》等记载，唐武宗会昌二年（842年）至唐昭宗天复三年（903年），仅60年间，见于记载的中日船舶往来就有三十多起，实际上可能更多，可见当时两国之间的往来已是相当密切。而两国之间的贸易，主要有与朝贡相关联的官营贸易以及民间贸易两种形式。

唐朝时期，日本大规模地吸收中国文化，日本政府正式派遣唐使到达中国就有13次之多，唐朝也至少7次派使者去日本。遣唐使到唐，对唐朝廷进呈礼物及其他物品，唐朝廷亦照例回赠礼物，并对使节按照级别各有赏赐。作为对遣唐使的回访，唐朝也曾多次向日本派遣使节，并带去了大量的礼物赠送给日本政府。唐朝所赠答礼和遣唐使带回日本的物品，其中是否有陶瓷品，就目前所见中日两国文献中未有记载。但据文献记载，遣唐使回国后常以带回国的物品奉献给神社、山陵，而这些地方大多出土了唐三彩及其他中国陶瓷，表明这一时期确实向日本输入了中国陶瓷器。但应该指出的是，这些中国陶瓷是作为礼物赠送给日本政府的，而不是作为商品的外销陶瓷。

除了政府使节之外，中日两国的民间私人贸易也很兴盛，商舶往来频繁。文献中记载了唐代大商人李邻德、张支信、钦良晖、李延芳、李处人、崔及、崔铎等，自备船舶，来往于日本与我国明州（宁波）、台州（临海）、温州、福州诸港，以及日本商人神御井等也驾船来明州经商的情况。当时，中国商船进入日本的指定港口是博多（今福冈），唐船到达博多后，就被日本政府安排住宿在鸿胪馆（遗址于1977年在福冈市平和台棒球场附近被发现）。按照日本政府的规定，中国商船必须先和由政府派出的官员进行交易，然后才能进行私人买卖，但实际上“唐人商舶着入时，诸院、诸官、诸王臣家等，官使未到之前，遣使争买。又内富豪之辈，心爱远物，踊值贸易”，以至于日本政府要一再下令禁止越关私买唐物，从日本政府的三令五申中，一方面可以看出律令制的无力化，另一方面亦可看出当时日本各界人士对唐物的喜爱程度，以及民间私人买卖的兴盛。关于贸易货物的品种，文献记载不详，凡记载唐船到达的都只有“多赍货物”等句，其中是否有中国陶瓷器，从文献中无从得知。所幸的是，由于陶瓷器本身具有不朽不腐的特性，至今已在日本各地出土了大量的中国陶瓷标本，从而为我们的研究工作提供了第一手的珍贵资料。我们借助于对出土物的研究，可以探寻出一些历史的面貌。

出土物表明，盛唐时期中国的唐三彩即已输入日本。1954年，日本玄海滩冲之岛的冲津宫祭祀遗址曾出土了4片三彩陶片，当时还没有能够确定为唐三彩。1969年，以九州大学冈崎敬教授为团长的考察团，再度来到岛上进行调查，又发掘出18片三彩陶片。令人惊奇的是，两次出土的陶片竟属同一件器物，拼合后为一件器身有贴花装饰的三彩长颈花瓶。后来经日本著名的陶瓷学者小山富士夫的鉴定，认为与东京国立博物馆收藏的一件唐三彩花瓶属同一类型，确认为唐三彩器。这次出土引起了国际上的关注，因为唐三彩在中国本土外，过去仅在埃及开罗郊外福斯塔特遗址和朝鲜半岛的庆州这两处发现。此后，唐三彩在日本其他地方陆续又有少量出土，笔者所见的有福冈市博物馆收藏的大宰府观世音寺出土唐三彩贴花缶复（残），奈良大安寺遗址出土的三彩枕片以及御坊山古坟出土的三彩圆砚等。

国内有研究者认为，日本发现的唐三彩是外销陶瓷，这个观点似可商榷。从唐三彩大多发现于日唐交通航线经由地附近的外交机构遗址、寺庙遗址、贵族大坟以及日本当时的首都奈良附近来看，并且数量相当少，这似乎表明唐三彩并非贸易品，而可能是通过遣唐使带回去的，或者是唐朝的使者赠送给日本宫廷或寺院的礼品。从日本各地的出土资料来看，笔者认为至少到8世纪，我国的陶瓷还未进入作为商品外销日本的阶段。

进入9世纪，也就是日本平安时代早期，相当于我国晚唐五代时期，由于中国国内陶瓷业的发展和日本对中国陶瓷需求量的增加，中国陶瓷外销量由少到多，开始大量输入日本。这一时期我国外销日本的瓷器主要是越窑青瓷、长沙窑彩绘瓷和白瓷（所属窑口尚有不同意见），在日本的许多地方都出土了这三类产品，出土地点遍及日本中部、西部，直至冲绳。这些产品不仅在日本，在同一时代的埃及、伊拉克、伊朗、朝鲜、巴基斯坦、菲律宾和印度尼西亚等国都有发现，可见这些瓷器与8世纪的唐三彩不同，是作为商品瓷而销往国外的。

越窑青瓷在日本目前已发现的出土地点有130多处，在最接近中国大陆的九州地区（尤其是设有外交机构福冈附近的大宰府和鸿胪馆等处）以及当时日本的首都京都的平安京、奈良的平城京，出土特别多，但属于8世纪的越窑产品极为少见。笔者曾在福冈多年，对大宰府和鸿胪馆出土的中国陶瓷多次进行考察研究。在这些地方出土了大量的越窑青瓷、长沙窑彩绘瓷和白瓷，出土的越窑青瓷以碗、碟、壶、水注等生活用品为多，有一件与越窑青瓷同时出土的刻有“××之年胡承琏镌　小蒋置此砚瓦”铭款的风字砚，给笔者留下深刻的印象。这个“小蒋”，很可能是随船贩卖瓷器的中国商人。

在日本平安时代，博多是日本对外开放的唯一港口，而设在博多的接待唐朝使节和管理贸易的衙门，便是大宰府及其属下的鸿胪馆。而在当时的中国方面，商人对日贸易出海的港口主要是明州（今浙江宁波），从地理位置看，明州同博多确实是隔海相望一衣带水的对岸。在明州附近，就是著名的中国越窑所在地。1973—1975年在宁波姚江海运码头附近出土了700多件唐代瓷器，其中大多数是越窑和长沙窑产品。1978—1979年在宁波东门口码头遗址，又出土一批晚唐越窑青瓷。如此多的瓷器集中于港口附近出土，应是当时准备外销的瓷器中的一部分。中日两地港口出土陶瓷数量之多，以及出土物的种类与纹饰相同或类似，这绝不是偶然的巧合，而是中国瓷器外销日本的实物例证。因此，笔者认为，从晚唐即日本平安时代早期，我国的瓷器开始作为商品外销日本。

在日本，长沙窑产品的出土地点也相当广泛，在京都、奈良、九州地区等约20余处寺院遗址、居住遗址和墓葬中都有出土。在大宰府附近筑紫野市出土的一件长沙窑壶，腹部作瓜棱状，三处施椭圆形褐绿斑，与宁波沉船出土的长沙窑壶式一样，褐绿形斑的装饰也相同。甚至在日本最西端的西表岛也有出土，1992年2月，笔者曾赴西表岛进行考古调查，西表岛出土的唐开成三年（838年）釉下书写年款的长沙窑瓷盘，具有确切的纪年，是一件十分珍贵的资料，表明其是9世纪早期的产品。

值得注意的是，在日本，长沙窑制品往往与越窑青瓷一起出土。例如：九州的久留米市山本町西谷火葬墓，出土了一件长沙窑瓷为壶身，越窑青瓷作为其盖的藏骨器。在平城京内京都四条御前通，一起出土了越窑青瓷碗和长沙窑褐釉贴花水注。1975 年，在奈良药师寺西僧房遗址，一起出土了长沙窑水注、越窑青瓷和白瓷。奈良药师寺的出土资料很重要，因为药师寺在天禄四年（973 年）遭受火烧，所以其下限是可以确定的，表明这批出土物是在 973 年以前输入的。

长沙窑在今湖南长沙市铜官镇，又名铜官窑，是唐代的重要窑场之一。唐代长沙窑瓷器在国内的出土地点分布很广，陕西、河南、安徽、江苏、浙江和广西等省的唐墓及古城遗址都有出土，但长沙窑和越窑瓷器一起出土的例子并不多见。突出的例子，是在唐代通商口岸的宁波和扬州，这两地一起出土了大量的长沙窑和越窑瓷器。扬州在唐代是国际贸易都市，1975 年发掘扬州唐城遗址，出土唐代陶瓷碎片 15 000 多片，其中不少是长沙窑和越窑产品。1983 年，笔者在扬州参加全国古陶瓷鉴定班时，在唐城遗址附近，也曾采集到不少长沙窑和越窑瓷器标本。湖南长沙窑与浙江越窑两地相距甚远，两种瓷器于通商口岸一起大量出土，显然是经由商人长途贩运而集中准备销往国外的。这两种瓷器在日本一起出土，表明他们在同一个时期，经过同一条路线运销日本，为当时的日本人所使用。因此可以认为，长沙窑和越窑瓷器曾经同时作为外销瓷销往日本。

此外，白瓷的出土数亦甚可观，奈良、京都、千叶、富山以及福冈等日本的 50 多处遗址都有发现，出土白瓷中，以玉璧形底足的碗居多数。例如，福冈平和台鸿胪馆遗址出土的白瓷碗，奈良平城京东三坊大路和越窑青瓷一起出土的白瓷碗残片以及京都西寺遗址出土的 30 多件白瓷碗等。对于这些白瓷所属窑口，日本陶瓷学界有不同看法，有的认为是中国华北地区窑，有的认为是江南地区窑，有的认为是定窑产品，也有的认为是邢窑或景德镇黄泥头窑产品。笔者认为，从日本出土的白瓷碗，唇口和玉璧形底足的特征来看，具有我国唐代北方地区窑口的典型风格，这类碗大多是河北地区的产品。

以上是晚唐五代我国陶瓷外销日本的一些情况。实际上，9 世纪中叶以后，中日两国政府间的正式关系已经中断，894 年，日本政府根据营原道真进呈的《诸公卿关于议定遣唐使废止的请求状》奏文，以航海牺牲过多和唐朝衰败为理由，从此正式废除了过去往来不绝的遣唐使。但是，民间的贸易并未因此停止，如前所述，从 9 世纪中叶到 10 世纪初，见于记载前往日本的中国商船就有 30 多起。五代时，中国民间商船去日本贸易的更加络绎不绝，文献中曾记载了吴越商人蒋承勋、蒋衮、季盈张、俞仁秀、张文过、盛德言等赴日贸易的情况，其中蒋承勋、蒋衮等人多次往来于中日两国之间。前文讲述在大宰府鸿胪馆遗址出土的“小蒋置此砚瓦”铭款的风字砚，“小蒋”很可能是这些商人中的某一个。综上所述，晚唐五代我国陶瓷外销日本是以民间私人贸易形式进行的。

（二）宋代中日陶瓷贸易概述

960 年，宋朝建立，结束了五代十国的分裂割据局面，统一了中原和东南。宋代的农业、手工业和交通较前代有了进一步的发展，商业繁荣，文化、科学技术比较发达，因此海外交通与对外贸易也有了很大的发展。宋代外销瓷贸易的地区之广，品种以及数量之多，都是空前的。《宋史·食货志》记载当时的陶瓷器作为一种商品输往海外诸国，

“开宝四年（971 年），置市舶司于广州，后又于杭州、明州置司，凡大食、古逻、阇婆、占城、渤泥、麻逸、三佛齐诸番，并通贸易，以金、银、缗线、铅、锡、杂色帛、瓷器，市香、药、犀、象、珊瑚等物。”南宋赵汝适《诸蕃志》一书，是他任福建路市舶提举时所撰，是一部详细记载我国宋代瓷器对外贸易的重要文献，书中记载了当时的 30 多个国家和地区博易宋朝的瓷器，其中有青瓷、白瓷和青白瓷。朱彧的《萍州可谈》中更详细地记载了宋商当时泛海兴贩陶瓷的情形，“舶船深阔各数十丈，商人分占贮货，人得数尺许，可以贮物，夜卧其上。货多陶器，大小相套，无少隙地”反映了宋代外销瓷贸易的发达兴盛。宋代对日贸易的主要港口是明州（现宁波），此外还有泉州和华亭。日本的贸易港则有很多，这似乎与晚唐五代的情况没有什么变化。值得注意的是，有不少船只从博多深入到日本海。日本平安时代的文献资料《日本考略》《扶桑略记》《元亨积书》《日本记略》《百炼抄》《小右记》诸书中，记载了这一时期中国商人去日本经商的情况，仅北宋商人前往日本贸易见于记载有姓名可考者即有陈仁爽、徐仁满、周文德、郑仁德、朱仁聪、孙忠、李充等，不下二三十人。

宋代我国陶瓷外销日本的情况，宋崇宁四年（1071 年）两浙路市舶司签发给泉州客商李充的公凭，是研究这一时期外销瓷贸易非常珍贵的资料。宋朝政府发放给商人到海外经营的许可证，叫做“公凭”，也叫“公据”或“公验”。公凭的样本和内容在我国史籍中缺乏记载，但李充的公凭在日本古代典籍《朝野群载》卷 20“大宰府附异国大宋商客事”中保存了下来。公凭中记载李充“今将自己船壹只，请集水手，欲往日本国，转买回货。经赴明州市舶务抽解，乞出给公验前去者。”所带货物有“象眼肆拾匹，生绢拾匹，白绫贰拾匹，兹瓦垸（瓷碗）贰佰床，兹瓦堞（瓷碟）壹佰床”。可见除了丝织品外，瓷器也是中国输往日本的大宗货物之一。记载中所谓的“床”应为安置器物的架子，估计一“床”可装 20 件瓷器，按照此说，“兹瓦宛贰佰床”就等于 4 000 件碗，“兹瓦堞壹佰床”就等于 2 000 件碟，加起来共计 6 000 件瓷器，可见当时舶商自中国贩往日本的瓷器数量相当可观。

外销到日本的宋瓷，从出土资料来看，绝大多数出土文物属于北宋后期到南宋时期。出土器物以盘、碗器皿最多，瓶、罐、壶、水注、经筒也有一定数量。经筒细长形的筒身，上有盖，下有座，为佛教用物，因不见于我国国内，似为日方定制的，出土的经筒多达 300 余件，出土物的产地和品种以我国浙江龙泉窑或龙泉系统的青瓷占多数，里刻花、外浮雕莲瓣纹的碗出土较多，器物的特点是圈足宽矮，挖足浅，胎壁厚，釉薄而光亮，这类产品在龙泉古窑址中有大量发现。此外，还有江西景德镇的青白瓷、福建晋江流域诸窑的青瓷和白瓷、福建建阳和江西吉州等地的黑瓷、广州西村窑的褐釉瓷等，其他还有不少产地不明的中国陶瓷。

北宋前半期的瓷器，日本很少有出土。日本已故的东京大学教授，著名古陶瓷学者三上次男认为：“北宋成立的这一时期，由于中国国内需要数量增加，用于贸易的陶瓷器数量相对减少，从而向日本出口的数量也就不多了。”对于这个观点，笔者认为值得商榷，因为同一时期的中国陶瓷，在东南亚诸地区有不少的出土，如果按照三上次男的理由，这种现象是难以解释的。从中国方面的原因来看，北宋前期，由于宋朝与北方的辽朝对峙，宋朝政府害怕商人到与辽朝接壤的高丽去贸易，可能与辽朝发生关系，一度禁止商贩去高丽，因而也影响到与高丽近邻的日本之间的贸易。这种情形一直延续到元丰二年（1079 年），宋朝政府正式颁布法令，才允许商人去高丽经商。自此以后，中国商人经海道去高丽以及日本贸易，才有所增多。从日本方面的原因来看，中国北宋时期大致相当于日本藤原氏全盛期前后，日本政府禁止本国人私自渡海贸易，有犯者货物收官，本人处罪，因此往来商船只有宋船。到了南宋时期，这种情况才有所扭转，日本随着武家的兴起，采取颇为进取的政策，大力鼓励对外贸易，日本来华贸易的海船大增，中日两国之间的贸易，才恢复了正常状况。由此可知，北宋前期向日本出口陶瓷数量的减少，并不是因中国国内消费数量的增加导致出口减少，而是政治和军事原因所致。

北宋后半期至南宋时期，相当于日本平安后期至镰仓时代早期，这一时期中国陶瓷在日本出土地点的分布极为广泛，北起东北地方，南到冲绳，各地的中世纪遗址都有发现。发掘这一时期港口遗址、豪族的城址和住宅遗址、寺院遗址、祭祀遗址等，几乎都曾发现中国陶瓷。尤其在当时的政治与商业中心的京都、镰仓，广岛的福山、九州的福冈及其附近，以及冲绳诸岛均有集中的发现。最引人注目的是镰仓海岸采集到的青瓷碎片，其总数达四、五十万片，几乎全是日本视为最珍贵的“砧青磁”（浙江龙泉窑青瓷），以及“珠光青磁”（福建同安窑青瓷）和青白瓷。这些碎瓷片应是从中国的海面千里迢迢运往日本仓海岸的途中破损的，在到达镰仓海岸搬运时被抛弃下来。如今在一地竟采集到如此庞大数量的青瓷碎片，实在令人惊叹。

外销日本的黑釉瓷器也很多，在日本一般把施有黑釉的中国瓷器通称为“天目”。其名称的由来，据说是入宋留学的日本禅僧在浙江天目山修业，归国时曾从天目山携带回去黑釉茶碗，故有“天目”之称。据笔者观察，实际上所谓“天目”瓷器，是我国福建建阳窑、晋江磁灶窑和江西吉州窑的产品。笔者留学的日本九州大学考古学研究室，收藏有一件日本出土的我国宋代黑釉茶碗，底部墨书“张纲”两字。宋代从事海外贸易舶船的船长叫做“纲首”，又叫“都纲”，这件写有“张纲”铭款的黑釉茶碗，可能就是姓张的中国船长所用的碗。

中国黑釉瓷器大量输入日本，与中国的饮茶风尚对日本的影响分不开。我国宋代盛行“斗茶”之风，斗茶先斗色，茶色贵白，所以黑釉茶碗便成了最理想的斗茶器物。在日本平安朝初期（相当于我国晚唐），日僧最澄从中国带回去茶种，在日本本土种植成功，于是饮茶之风首先在禅林中盛行。而后镰仓初期，宋代碾茶法由禅僧荣西传入，各地竞相仿效，风靡日本。尤其是新兴的武家，“斗茶会”盛行，这样就为我国黑釉瓷器大量外销日本提供了良好的基础。

二、日本瓷器受中国瓷器文化的影响

虽然日本陶瓷受中国陶瓷文化的影响颇深，但实际上中国瓷和日本瓷之间还是有诸多差异，两者间形制、纹样、装饰特点等方面都不同。

日本很早就受到中国文化的影响，属于中国大文化圈。在瓷器工艺方面，中国起步很早，在东汉晚期（约公元3世纪）就已经成功地烧制出青瓷。而到17世纪，即明末清初之时，中国的瓷器工艺已较为成熟了。而此时的日本，瓷器工艺才开始起步，并且在其产生发展的过程中，中国瓷器对其也具有重要的影响。

早在日本室町时代（1333—1600年），中国宋以前的青白瓷就已经开始输入日本和东南亚诸国，而同时朝鲜对日本瓷器的产生又有直接的作用。在桃山时代文禄、庆长年间（1592—1614年），当时赴日的朝鲜人在九州佐贺县唐津市及其附近建窑厂，创立“唐津窑”，最初主要烧制“朝式”的朴素日用杂器。至江户时代初期，元和初年（1615年）则由朝鲜人李参平在肥前有田（佐贺县境内）烧制出当地第一批瓷器，成为日本烧制瓷器的第一人。此时的瓷器出现了描绘花样的装饰技法，这在日本陶瓷工艺史上是一个划时代的重大发展。这一时期，“唐津窑”的产品是日本瓷器工艺的主流。宽永（1624—1644年）后期，日本人酒井田柿右卫门精心钻研和学习中国以赤、青、黄等为主色的彩瓷，并加以改造，从日本人的审美意识出发，制成第一件上釉瓷器，以日本人崇尚的象征美、圣洁的白色为底色，纹饰洒脱，装饰华丽，具有鲜明的日本特色。“柿右卫门”样式成为当时的流行样式，并产生了许多有名的作品，如“彩绘秋草纹八角瓶”“彩绘花鸟纹酒壶”等。

由此可见，中国瓷器对日本陶瓷工艺的发展产生了相当大的影响，中国瓷器对日本瓷器的影响，并不是日本完全照搬照抄，而是通过对引进的中国瓷进行消化、吸收，以日本特有的文化和审美意识出发，形成了具有日本特色的瓷器风格，其风格的独立性不容忽视。然而，如果从另一方面来看，尽管日本瓷器有自己的风格和特色，但中国瓷器对它的影响并没有完全消失，在日本瓷器中多少还有中国瓷器的影子，可以见到一些中国的工艺和样式。

1. 绳纹、弥生与古坟时代

日本古陶主要出现在绳纹、弥生、古坟三个时期。绳纹是日本最早的土器，也是世界上最早的土器之一。土器表面有绳纹图案，故得名绳纹土器，明治19年（1886年）于东京大森贝冢最初发现并定名。作为世界上最早的土陶器，已存在近一万年。绳纹时代长达数千年之久，在日本也遍及各地，主要以日本东部为中心，北至北海道，南至四国、九州。绳纹土陶的制造技艺非常原始，几乎都是徒手捏制，而且不是在窑中烧制的，而是依靠太阳进行自然干燥，再堆放在木柴上露天烧制的。所以火度很低，据推测仅有600℃左右。弥生土器是古昭藏博士在东京市文京区本乡弥生町最先发现的一类陶器，以地名命名。在考古上定为弥生式文化时代，系指公元前3—4世纪的六七百年间制作的陶器。弥生陶器也是徒手捏制，烧成方法与绳纹式陶器相仿，露天烧造，比绳纹陶烧结温度高，约800℃左右。绳纹式土陶器多为黑色，而弥生式土陶多为褐色，有的呈很美的红色。

从绳纹陶到弥生陶，古人的审美观发生了变化，表现在造型的日趋洗练和受中国文化的影响。3世纪后半叶至7世纪中叶称古坟文化时代。4世纪后，中国大陆大批居民移居日本，使汉字、中原文化和佛教传入日本，值得指出的是这个时代出现的土师器和埴轮。土师器为淡褐色薄胎，纹饰简单，用于上层贵族丧葬的祭器。埴轮即土陶俑，也是古代日本人神秘信仰的陪葬之物，其中有男像、女像、家具、武器、船等泥塑，并在这些造型中增添人们生活中常见的鸟、兽、鱼等动物塑像，造型非常生动。4 世纪后半叶，开始使用辘轳成型，造型更加规整，并且从中国引进还原焰烧制方法，温度高达千度以上，可以大量生产，这样的须惠陶确实是窑艺飞跃发展的证据。

2. 奈良、平安时代

592 年，第一位女天皇推古天皇即位，由圣德太子摄政。圣德太子向中国隋朝派遣使臣，以学习大陆的先进文化。612 年，圣德太子故后，日本仍不断向唐朝派遣使臣，每次都有不少留学生和僧侣随行。707 年元明天皇即位，710 年迁都平城京（奈良），先后 70 余年奈良成为了政治文化中心，史称这个历史时期为奈良时代。

日本陶器从奈良时代开始出现釉陶，其中最为有名的为奈良三彩，从中可以明显看出，中国唐朝三彩陶器的影响，器表有绿、黄、白三种颜色，少量的有绿、白二彩。器釉以铅为熔媒，氧化铜和氧化铁为呈色剂，这些制品是为奈良的大佛开光用的祭器和皇室专用的物品。奈良三彩的多数精品都作为天皇御用之物保存在正仓院，但在大阪、奈良、福冈、滋贺等地也有出土，这说明当时在日本各地都曾烧制，这在日本陶瓷史上无疑是杰出成果的体现。

进入平安时代，从唐朝输入的陶器制品增多，三彩釉陶的生产技术也同时引进。陶器器型很多，有盘、瓶、高脚杯等，在成型技术上比须惠器更进一步，硬度也有所增强。平安时代的中期，神秘的奈良三彩以及低温釉烧制技艺突然中断。从平安中期到镰仓时代初期，日本的制陶技艺进入停滞期。

奈良三彩为皇室、寺院特殊专用品，加工精细、器壁薄、重量轻，制作手法不熟练。器型单纯，且以使用为目的，双面施釉，不渗水，这明显区别于中国唐三彩器内无釉且都是冥器的特点。

3. 镰仓时代

1192 年，源赖朝从天皇处得征夷大将军封号，在镰仓正式开设幕府，开始了封建武士掌权的镰仓幕府时代。

镰仓时代的日本文化深受中国宋代的影响，其中在陶器上的表现在，随从高僧道元和荣西去中国的陶匠那里学习从中国带回制陶技艺，并在日本进一步发展。日本陶技在平安中期之后一直处于停滞状态，这次以传入的中国陶瓷技艺为契机，再一次迎来陶瓷艺术的春天。后来日本成为“陶瓷之国”，就是镰仓时期奠定的基础。进入镰仓时代有彩釉陶几乎消失，代之为灰釉陶系的陶器，花式图案增加了划花、印花、镶嵌等装饰手法。大量中国宋青瓷输入日本，也刺激了日本制陶技术的提高。受中国青瓷影响，日本工匠在陶器表面加刻一两条弦纹，增加唐草纹、牡丹纹、菊花纹及柳纹等图案，并采用划花、印花、模压等多种技法。

镰仓时代对日本陶器业做出划时代贡献的人是濑户的加藤四郎左卫门景正（通称藤

四郎）。因将中国的陶瓷技艺传入日本，而被尊为日本的“陶祖”。初代藤四郎姓藤原，名景正，贞应二年（1223 年）随遣宋使道元禅师来中国，在浙江学制陶，至安贞二年（1228 年）返日，在濑户村安居并开始制陶，这也是今日闻名于世的濑户烧的起始。藤四郎陶器为茶褐色有釉陶，初始有简单印花，后期发展到印花、刻花等多种形式，制作出各种瓶、壶（罐）、四耳壶、香炉和犬（犬俑象）等。

4. 室町时代和战国时代

1338 年，足利尊氏在北朝获封征夷大将军封号，在京都室町设立幕府。1467 年，幕府细川、山名两派对立冲突，引起十年混战，此后成“以下克上”的混乱局面达一个世纪，史称战国时代。

室町时代流行斗茶，在足利义政时达到极点。外国产的青瓷茶碗和各种天目釉茶碗以及中国产的茶入（茶叶罐），非常受人喜欢，因此大量进口，同时，在日本国内也开始仿制。但由于仿制技术不过关，在日本国内施釉陶器还只是尾张（濑户）一地制作。

中世纪日本陶窑出现了著名的“六大古窑”，即濑户窑、常滑窑、信乐窑、越前窑、丹波窑、备前窑。从镰仓时代至室町时代，六大古窑分别成为了各地的制陶中心。

5. 安土桃山时代

1586 年，丰臣秀吉统一了全国，随即进行了一系列改革，因其晚年住桃山城，故称安土桃山时代。丰臣秀吉在 1592 年和 1597 年两次侵略朝鲜均以失败告终，史称这两次战争为文禄・庆长之役。两次战争虽然失败，但在返回途中虏俘了大量朝鲜人归国，其中陶工数量不少，这些人到日本之后因迫于生计而开始从事制陶，促进了日本国内制陶业的发展。

（1）濑户系

由于濑户地区连年战乱，陶工外逃，加上临近的岐阜县、多治见市周围发现优质陶土，因此陶窑迅速增加，以美浓为中心成为新的制陶中心，产生了黄濑户、濑户黑、志野、织部等一系列新的品种。

桃山时代的作品以菖蒲手黄濑户为代表，志野是日本国内首先制作的白色陶器，其意义深远。受当时传入朝鲜李朝的白地铁釉绘纹样的启发，制作志野的半透明釉药和蜂窝状的结构以及铁釉药绘纹样，都是具有典型的日本风格。

织部烧比志野、濑户黑产生晚，古田织部对日本陶艺界影响不仅限于美浓，还应包括伊贺、丹波、信乐、备前、唐津等窑。

（2）朝鲜系

西日本的制陶主要在九州，除室町以前的须惠器烧制之外，也烧制具地方特点的陶器。文禄・庆长之战后，李朝陶瓷器对本地影响较强，丰臣秀吉虽然征战朝鲜失败，但收获是陶艺和陶工的大量引进，所以有人说这场战争是陶瓷之战。大量朝鲜劳力虏回，使唐津地区制陶业迅速发展。

唐津烧初期是朝鲜陶工按李朝方式制作，原料由朝鲜运入，后在唐津附近发现陶土，以此地为中心先后建成窑场 130 处，总称唐津烧。当时的代表作品有奥高丽茶碗、绘唐津、朝鲜唐津、斑唐津等一批珍贵品种。高取烧、上野烧、小代烧、萨摩烧等也均为朝鲜陶工参与建筑和发展的窑场。

文禄三年（1594年）在朝鲜之战佐贺藩归化的李参平（朝鲜陶工）于元和二年（1616年）发现磁石矿，并于天狗谷筑窑，在日本国内首次制瓷成功。这件事在日本陶瓷界意义非常重大，与濑户的藤四郎有釉陶器、柿右卫门彩绘一起称为日本陶瓷史上的三大革命。白瓷施透明釉，釉下多青花纹样，从中可看出李朝的影响。

在李参平白瓷烧制成功的影响下，有田制瓷业迅速发展，很快形成西日本的制瓷中心。有田烧的品种也由李朝白瓷增加到染付（釉下彩）、锦手（彩绘）、染锦（釉下、釉上彩结合）和青瓷。受中国进口彩绘瓷器影响，有田柿右卫门苦心研究，终于试验成功赤绘技法（釉上彩绘法）。柿右卫门是日本彩绘的始祖，至今已传十三代。

宽永五年（1628年）佐贺藩主锅岛胜茂在有田岩谷川开窑，后产生精美的色锅岛瓷器，色锅岛瓷器图样用黑线双勾描画，产品不外售，次品全部毁掉。由于坚持分业制，制坯、彩绘、烧成分头进行，实行严格的技术保密制度，不但形成了自己独有风格而且经久不衰。

6. 江户时代

1600年，德川家康在关原之战中获胜，掌握大权。1603年，获封征夷大将军称号，在江户开设幕府。进入江户时代，全国窑场已达2 000家以上。以京都为中心的京烧，在野村仁清出世之后，逐渐成为全国陶业中心地。

明历三年（1657年）仁清彩绘问世后，引起轰动。仁清特有的彩绘作品和独特风格，确立了京烧在全国陶业的主导地位。其后弟子尾形乾山及其弟光琳合作，名品不断问世，京都五条坂南北两侧分成两大流派，形成粟田烧系和清水烧系。京都粟田烧以彩釉、彩画描金擅长，最初的御菩萨烧、锦光山宗兵卫、宝山文藏、带山与兵卫、岩仓山吉兵卫等均属于此。

清水烧则以音羽烧、清闲寺烧、音羽屋九郎兵卫、茶碗屋六兵卫为主，出现了清水六兵卫、高桥道八、和气龟亭、水越与兵卫、斡山传七、清风与平、清水藏六等大师。除此之外，相马、益子、真葛、赤肤、明石、尾户、闲谷、高松、现川等窑也都同属于京烧范畴。

德川幕府后期，以京都为中心茶道风行，全国各地名士相聚，茶道用青花茶碗需求大增。此时，清水烧青花制品大量生产，产生名人青木木米、仁阿弥道八等大师。

7. 明治维新

1853年，美国军舰开入浦贺港。翌年日本在武力压迫之下被迫开国，1868年，与美、英签订了商约，西方资本主义势力大肆入侵。同时在“尊王讨幕”旗号下迫使德川庆喜将军下台，奉还大政于天皇。天皇下令废除幕府，建立新政府，改东京为首都，年号明治，确立了以天皇为中心的近代中央集权体制，实行了一系列改革措施，这就是历史上有名的“明治维新”。

进入明治时代，由于维新改革，藩窑没落，市场需求发生变化，制陶业向输出和大众化方向发展。引进国外先进技术和聘用专业人才，尤其是聘用德国化学家瓦格耐尔（G.Wagener），给日本陶瓷业发展和与西方交流以巨大促进。日本国内陶瓷业也由手工作业向机械化生产迈进，窑的结构由小型向大型转化，燃料也由烧木材向烧煤、天然气和电力方向改进。陶瓷业向传统陶业、海外输出和观赏用陶艺三个方面分化，并按各自方向发展。

8. 大正与昭和时代

此时的陶工们根据不同情况，以艺大出身的人为中心组成日展系，传统工艺者组成日本工艺会，同时还有现代工艺美术协会。此外，还有民艺派、走泥社、新匠会等许多协会和俱乐部。

近代出现了板谷波山、富本宪吉、北大路鲁山人、河井宽次郎、金重陶阳等一代名师。生产民艺品和土特产品的窑场近年兴起，作为陶艺家的有益子烧的浜田庄司，水户的城户夏男，佐野市的田村耕一，在东京周围还有加藤土师萌、宫之原谦、安原喜明、井上良斋、唐杉涛光、吉贺大眉、井高归山、川濑竹春、土肥刀泉。濑户方面志野烧的荒川丰藏、加藤景秋。织部、黄濑户风格的加藤唐九郎、加藤舜陶、河本五郎。京都方面以乐家十四代传人吉右卫门开始，除永乐善五郎、清水六兵卫、三浦竹泉、伊藤陶山、高桥道八等世家之外，还有楠部弥一、石黑宗磨、森野嘉光、浅见隆三、伊藤翠壶、宇野三吾等三百名以上名陶艺师。

日本国现有 4 500 个制陶工场，陶瓷器生产最多的爱知县和岐阜县拥有工场近 3 000 家，两县产量约占全日本的 80%。主要现代化工场有名古屋“日本陶器”“鸣海制陶”“名古屋制陶”，濑户的“三乡制陶”，多治见的“山加制陶”，户冢的“大仓制陶”，常滑的“伊奈制陶”，多治见的“上山制陶”以及小仓的“东洋陶器”等。

第四节 陶瓷在文学艺术作品中的体现以及陶瓷名器

陶瓷作为一种兼具艺术性与实用性的器物，历来受到艺术工作者的喜爱。无论是在文学作品还是绘画、雕塑中，陶瓷都有所体现。而且，陶瓷不仅在国内文学艺术中有体现，更在世界范围内的文学艺术中有所体现。陶瓷在文学艺术作品中的体现大部分集中于诗词、绘画作品当中，中国的陶瓷诗歌种类繁多，有的描写陶瓷制作与外销的盛况、有的写出了瓷器本身的精美。在国外的艺术文学作品当中，陶瓷多体现于绘画当中，大部分用以表现国外社会人们的日常生活，反映出当时国外对瓷器的喜爱与狂热——几乎每家每户都在收集陶瓷。另外，陶瓷本身的艺术性使其在悠久的发展历史中留下了许多名器，这些名器分布在世界各地的博物馆中，几乎每个国家都会有这样的国宝级陶瓷文物，其中大部分是中国外销的陶瓷，也有一部分来自其他地区。例如，维多利亚与艾伯特博物馆的藏品中有古代波斯陶器，尽管当时烧制的陶器简陋粗糙，却呈现出一种宝石蓝般的鲜艳色泽，这也是陶瓷文化根植世界的表现之一。此处笔者仅以日本的馆藏名器为例进行阐述。

一、中国咏瓷诗歌的起源及历代发展状况

正如许多劳动创造先于文字记载，尽管陶器远在新石器时代就已出现，并随着时代的潮流如火如荼地发展起来。经历了由商朝原始瓷器的发明，东汉末年成熟瓷器的真正出现，魏晋南北朝陶瓷发展的壮大到唐五代瓷窑遍布的瓷业高潮一系列演变，但唐以前有关陶瓷的现存文献记载却为数不多，陶瓷诗歌则更是屈指可数。最早的一首陶歌出自《诗经·小雅·何人斯》："伯氏吹埙，仲氏吹篪"，埙，"乐器也，以土为之，六孔"（《说文解字·土部》)，它是一种用陶土烧制而成的中国最古老的吹奏乐器之一。此诗通过对埙篪合奏的和谐意境来体现兄弟二人感情的和睦。另外，在《诗·陈风·宛丘》中也提及："坎其击缶，宛丘之道"，缶，作为一种小口大腹，用以盛酒的陶器，在先秦一器多用的时代同样用作打击乐器。由此可见，咏陶诗歌最初是以乐器面貌出现在文学作品之中的。

关于瓷器在唐以前的文学作品中记载不多，较早的有《西京杂记》中《酒赋》提到"醪酿既成，绿瓷既启"，西晋潘岳《笙赋》中提到"披黄苞以授甘，倾缥瓷以酌醽"。《西京杂记》作者何人写于何时学界尚未有定论，但作者南朝人吴均是三位推测人中年代最晚的，故其最晚写于南朝，因此"瓷"字最迟也在西晋就出现了。关于茶具最早则在西汉王褒的《僮约》中就提到"武阳买茶，烹茶尽具"。但至于第一首咏瓷诗具体时间和内容已经没有办法得知，根据现存的古文献资料，我们只能得知进入唐朝之后，陶瓷越来越频繁地被诗人作为创作题材进行咏颂和描写，唐宋陶瓷诗歌出现高潮。

进入元代，如童书业所说的，整个陶瓷业的发展历程，呈现一种中衰的现象，即使青花、釉里红等新技术出现，但该时期旧的瓷窑和瓷器不断衰落甚至终结，而新的瓷器却还在酝酿之中。与此同时蒙古族统治之下的文人社会地位低下，他们不仅受到政治、经济对其物质、身体上的限制，更受到了文化和制度各方面的冲击，其修身齐家平天下的传统儒家思想已经很难实现。然而"强烈的愿望和这种愿望实现的渺茫之间的冲突，使这些文人感到无所归依，内心充满了虚渺的痛苦"这就使得文人在诗歌中更倾向于抒发对旧国追悼、自身命运感慨的情绪。而这类品茗赏器的闲情雅趣之事已然被痛苦和追悔所代替，这对陶瓷诗歌的发展来说无疑产生了重大的影响，致使该时期的陶瓷诗歌首先在数量上就极大地少于历代。不仅如此，中国陶瓷考古史在过去的很长一段时间里，出现对元代陶瓷忽视的现象，这或许也与元代关于陶瓷的其他相关古文献极少有关。

而至明代，随着陶瓷业发展日盛，有关陶瓷的诗歌再次出现在诗人笔下，著名文学家、书法家徐渭就曾在他的一幅名为《墨芍药》的画中题诗写道："花是扬州种，瓶是汝窑烧。注以江东水，春风锁二乔。"以花赞瓶，以瓶衬花，二者结合呈现名花名瓷之美。而事实上"宋元以来百花齐放的瓷坛，到明代均集中在景德镇的百花园中了"。明代王世懋就在《二酉委谭》中记录景德镇"天下窑器所聚，余认分守至其地，万杵之声殷，火光烛天，令人不能寝。戏目之曰四时雷电镇。"故关于景德镇陶瓷发展状况的诗歌也愈多，明代缪宗周就以"陶舍重重倚岸开，舟帆日日蔽江来。工人莫献天机巧，此器能输

郡国材”一诗来咏颂景德镇当时陶瓷运输的情况，感叹其陶瓷业的繁盛。同样，陶瓷制作大家也自然成为诗人咏颂的对象，明代李日华《赠昊十九》云“为觅丹砂到市廛，松声云影自壶天。凭君点出琉霞盏，去泛兰亭九曲泉。”不仅以一个“点”字突出了制瓷名家昊十九的技艺高超，更将其“明如朱砂，色如晚霞”的流霞盏与曲觞流水之意结合起来，顿然使得此人此盏此诗充满文人闲雅之趣。明代瓷器“以宣、成窑为最佳”，明人樊玉衡就有咏颂“宣窑薄甚永窑厚，天下知名昊十九”的诗篇。而明代的茶具开始风行宜兴窑的紫砂壶，它是一种介于陶与瓷之间的炻器，颜色呈赭红，胎质颗粒较粗不挂釉，造型多仿瓜果花叶之态，质朴而又厚重，深受文人喜爱。有学者就提出，这个时期的茶具“一则黜退绀黑建盏，且尚小贵白；一则流行时尚的苏样瓷壶，为晚起的宜样砂器所并流，且进入嗜茶人士的书斋，成为清供之雅品”。徐渭在《某伯子惠虎丘茗谢之》一诗中咏道：“虎丘春茗妙烘蒸，七碗何愁不上升。青箬旧封题谷雨，紫砂新罐买宜兴。”明代文学家袁宗道在《寿亭舅赠我宜兴瓶茶具酒具，一时精美，喜而作歌》中也曾咏：“吾舅赠我宜兴瓶，色如羊肝坚如石。”

中国陶瓷产业在清代尤其是康雍乾三朝达到了鼎盛，呈现出空前繁荣的局面，景德镇瓷器代表了整个时代的水平，同时陶瓷诗歌也进入了黄金时期。首先，体现在数量上，可谓是前朝历代之最，清代仅咏景德镇窑及瓷器的诗歌就有百余首，甚至出现了专门咏颂陶瓷的组诗，这对于陶瓷诗歌的发展无疑是个重大的突破，并且其他产瓷地区的地方民歌也对陶瓷进行了相关的记录。其次，在内容上清代陶瓷诗歌已经开始全角度去描绘陶瓷，除了与前代相同多咏赞陶瓷“重重水碓夹江开，未雨殷传数里雷”的生产盛况，“百种佳瓷不胜挑，霁红霁翠比琼瑶”的绚丽色彩，诗人们开始关注一切与陶瓷相关的各方面内容，既有“九域瓷商上镇来，牙行花色照单开”关于陶瓷贸易交往的描写，还有关于陶瓷生产生活的叙述，“五月节迎师主会，六月还拜风火仙”是景德镇制瓷界的风俗，祭拜窑神以求陶瓷烧造顺利。“瓷件茭成船载去，愿郎迟去莫迟还”则是直白表达了陶瓷工人的情感生活。

而清代陶瓷诗歌内容上最大的突破则是将陶瓷工艺制作过程作为题材写入诗中，长达60首的诗歌集《景德镇陶歌》，对采石“在山石骨出山泥，水碓舂成自上溪”，练泥“方方窨子滤澄泥，古语儿童莫坏坯”，做坯“几家园器上车盘，到手坯成宛转看”，修模“钧院陶自古宗良匠，怪得呈材要楷模”，画料“青花浓淡出毫端，画上磁坯面面宽”，上釉“浇泑看来似易皱，一般团转总均匀”，装匣“匣钵由来格不同，一般层叠着砂工”，入窑“白釉青花一火成，花从釉裹吐分明”，出窑“开封火窑尚炎炎，抢掇红窑手似钳”等一系列工序都做了最详尽集中的描述。同时清代陶瓷诗歌包括当地的民谣还对陶瓷工匠的艰辛疾苦多有叙述，清代沈嘉徵和郑兼才就都分别作《窑民行》和《窑工》来反映窑工生前死后的状况。而民谣“坯房佬，坯房佬，搗泥做坯双手搅。弯腰驼背受压榨，死了不如一棵草”则一针见血地指出了窑工的悲惨命运。

最后，清代陶瓷诗歌的作品多样化，美国人朗费罗就曾在景德镇游历时发出“俯看全境如焚火，三千炉灶一齐熏。充满天际如浓雾，喷烟不断转如轮”的感慨，而在中国诗人里，除了传统意义上的文人，那些直接参与陶瓷制作的督陶官、窑工以及当地官员等也用诗歌向人们展现了陶瓷工艺之美，乾隆皇帝弘历则更可谓名副其实的陶瓷诗人，所作陶瓷诗歌数目就达到两百首之余，内容涵盖各大名窑名瓷。

综上，中国古代陶瓷诗歌经历了一个数量上由少至多，内容上由单一至全面，创作者由文人至多样化的过程。而每个阶段的陶瓷诗歌都独具时代特色，融入了诗人不同的社会生活方式和审美情趣。

二、陶瓷在欧洲艺术作品中的体现

瓷器最引人注目的不是它的实用性而是所附带的艺术审美功能。陶瓷艺术发展至今，产生了无数陶瓷艺术名品，陶瓷的生产和贸易盛况也为中西艺术家带来了许多新鲜题材。首先，欧洲文学中有大量赞美陶瓷的诗篇，欧洲1716年出版的《大帝繁华狂诗》咏叹道："看这个瓷器，我被它的美丽所诱惑，魂牵梦萦。它来自新的世界……它来自中国，在大地孕育了百年之久。"

再如这首录自《致一位迷恋古中国的女士》的诗句：

是什么激起她心中的热情？
她的眼睛因欲火而憔悴！
她缠绵的目光如果落在我的身上，
我会多么幸福快乐！
我心中掀起新的疑虑和恐惧：
是哪个情敌近在眼前？原来是一个中国花瓶
中国便是她的激情所在，
一只茶杯，一个盘子，一只碟子，一个碗，
能燃起她心中的欲望，
能给她无穷乐趣，能打乱她心中的宁静，

——约翰·盖伊（John Gay），1725年

盖伊的诗句不一定仅指来自中国的瓷器，而是泛指18世纪初市场上所有的陶瓷，反映瓷器的持续受注目及其象征意义。

在西方人开始接触瓷器时，瓷器在文学作品中是神物一样的存在，这一点在西画中也有所体现。例如，（图4-5）意大利画家乔凡尼·贝尼尼创作于1509年的油画《群神宴》，青花瓷和诸神待在一起，表示这是一种只有神才能使用的器物，反映了当时人们对于中国瓷器的珍视。又如，安德雷·曼特拉的油画《东方三贤士朝圣》，三位来自东方的圣贤献给圣婴的礼物，是中国的青花茶具。我们可以看到这件青花小杯子里面装满了金币，进献给耶稣基督，足以显示中国瓷器的贵重。

图 4-5　油画《群神宴》

人们最熟悉的青花克拉克瓷在 17 世纪充斥世界市场，从不同层面引来注视目光。是亚洲贸易的明显变化之一，不仅能饮用刚流行的茶、咖啡和巧克力等进口饮料，还是最赏心悦目的装饰品。瓷器开始出现在那个时代的绘画中，尤其在 17 世纪初就率先大量进口瓷器的荷兰。

如（图 4-6）出自冈萨雷斯 · 科奎斯（Gonzales Coques，1618—1684 年）手笔的油画《访客》。17 世纪荷兰的室内画常凸显中国克拉克瓷，如这幅画中靠近天花板的架子上的瓷器。他们被放在不易受损的地方，让观赏者尽收眼底，足见其价值和地位。这显然是个富裕家庭，除了瓷器外，还有夺目的进口餐桌布和挂毯。

图 4-6　荷兰室内画中的瓷器

从风俗画中可见，青花瓷有各种用途。室内装饰用的瓷器，通常放在房间的高处，以免受损，也摆放在女士们喝茶的餐桌上。但在许多画里，瓷器多半被当作静物写生的一部分，和其他静物摆放在一起，缔造出一种别有寓意的场景。

荷兰画家的成名作中也有中国瓷器，这些写实的“逼真立体画”旨在产生一种仿真度极高的视觉效果。由于瓷器在那个时代属于异国奢侈品，往往与镶上珍贵金属的螺壳、色彩斑斓的波斯地毯或银碟等其他舶来物一起陈列，共同绽放异彩。有助于艺术史家确定制作日期，从而也能确定绘画的日期。从沉船中发现的瓷器，也能提供新的线索，使日期更为精确。

相对于明显世俗而奢华的物体，静物画中也有各种别具寓意义的事物。例如，橘类食品中，橘子（橙）经常出现，出现，则有可能暗喻荷兰的执政者奥兰治家族（House of Orange）。许多绘画也画了被吃掉一半的食物和杯盘狼藉的餐桌，寓意宴饮者已去，欢乐何其短暂。同样，一幅植物静物画中，中国花瓶里插着艳丽而昂贵的郁金香，其叶子却满是虫斑，也许用以警惕世俗的欲望。

18 世纪，中国瓷器也在英国艺术家的绘画里出现，通常作为茶具和其他日常用品。有些大家族有正式的大型瓷器展览室，经精心摆设，让瓷器作为家居装饰。到 18 世纪中叶，随着饮茶的流行，英国东印度公司每年大量进口茶具。中国瓷器价廉物美，款式越来越多，加上欧洲仿制瓷器的竞争，极大地刺激了人们收藏这种漂亮耐久器物的欲望。上述那首 1725 年左右描述痴迷中国瓷器的英诗，反映的也许和实际情况差不多。

三、日本历史上的陶瓷名器

12 世纪时茶道传入日本。与此同时，随着中日两国禅僧之间的频繁往来，中国的书法、绘画、陶瓷、织物等也一起传入日本。尤其是与茶道直接相关的陶瓷器物更为武将们所珍惜，被称为“唐物”，成为他们千方百计去搜集、猎获的对象。这些“唐物名器”中有中国名瓷的天茶碗、青瓷茶碗、青瓷香炉、茶叶瓷罐等。例如，大阪市立东洋陶瓷美术馆所藏的福建建窑油滴天目茶碗，油滴天目是建窑的名贵品种之一。它的特点是釉面上散布着许多具有银灰色金属光泽的小圆点，大小不一，大的直径可达数毫米，小的只有针尖大小，形似油滴，在中国被称为“油滴斑”，宋代时将其称为“鹧鸪斑”，因其酷似鹧鸪鸟胸部羽毛的斑纹。此件油滴天目茶碗酱色的口沿，碗壁内外黑色的底釉上布满了密集的大小不一的油滴状结晶斑，有的油滴呈团聚状，斑块周围依稀可见蓝色的晕光，是一件国内外都极为少见的优秀作品，已被评定为日本的国宝。

日本的茶入是盛浓茶粉的小罐，日本战国时代的茶入多从中国进口的，量少珍稀。这些从中国传来的茶器，得到了武将茶人的特别钟爱。他们为自己心爱的宝物命名，还为他们精心设计制作了各种不同的包装袋，这些茶器在茶会上被使用的情况都被记录在案，保存至今。例如，收藏于五岛美术馆的“唐物茄子茶入”和“文琳茶入”。

这样的陶瓷名器在西方也有很多，例如，1753 年，丹麦雕塑家萨利（Saly）创作了国王弗雷德里克五世的塑像，用时长达 4 年之久。1768 年，青铜铸造艺术家科尔（Cor）

又将国王这一威武的大型骑马塑像浇铸为铜像。东印度公司的富商克拉逊提出要把这个轰动一时的国王铜像复制在中国瓷器上。他邀请宫廷建筑家、画家卡拉米尔（Cramer）进行设计。这套著名餐具的图案和造型都较简洁，盛汤的盖碗下面圆形的纹饰中装饰了国王的铜像，把柄的装饰采用了法国金银器皿的造型，即用月桂树组成的花冠。顶盖的球形捏手是可以活动的，顶盖镶边的上面写着在中国的生产日期。在丹麦的皇宫中还珍藏着一对中国瓷盘，上面画着弗雷德里克五世和王后玛利亚的肖像。这幅肖像是由纽伦堡家族的著名画家普雷斯赖尔（Preissler）创作的，他从北欧著名的宫廷历史画家皮罗（Pilo）所创作的丹麦国王弗雷德里克五世和王后的肖像中汲取艺术长处，然后由中国匠师复制在瓷盘上。

欧洲历史上，奥古斯都二世的瓷器收藏是我们了解古陶瓷名品的重要渠道。17 世纪晚期，数以百万计的中国和日本瓷器通过荷兰东印度公司销往荷兰，远洋的大帆船抵达阿姆斯特丹、海牙或吕伐登港口，来自欧洲各地的瓷器采购商便蜂拥而至，成为当时欧洲社会的一道特殊的景观。奥古斯都二世的收藏热是在这一历史背景下产生的，当时的普鲁士王室和法国的波旁王朝都已是中国瓷器的收藏大家，为了显示萨克森王国的经济实力，同时也为了满足个人的收藏嗜好，奥古斯都二世开始了他一生疯狂的瓷器收藏。奥古斯都二世的收藏途径较多，有国与国之间购买的，也有大臣们呈送的，不过大部分瓷器是在萨克森州的莱比锡（Leipzig）城购买，当地的瓷器商从荷兰购得中国瓷器再转手卖给奥古斯都二世。

奥古斯都二世留给后世的财富除了价值连城的绘画、瓷器和珠宝之外，还有一份制定于 1721—1727 年的收藏清单。藏品的清单采用旧制的德语撰写，共有两卷。第一卷是奥古斯都二世命首相坎特弗莱明（Count Fleming）收集制定的，这份清单包含了 1727 年刚落成的“日本宫”展示的所有东方瓷器以及那一年奥古斯都二世的新收藏。第二卷则是 1727 年之后的收藏，现已遗失。不过弥足珍贵的收藏清单第一卷仍向我们表明，奥古斯都二世收藏的顶峰时期，茨温格尔宫共有东方瓷器 24 100 件，这些收藏都是陶瓷中的珍宝。

除此之外，以陶瓷为题材的其他作品也有很多。例如，18 世纪末的油画《中国瓷器的生产与运销》，把中国瓷器的生产与贸易的全过程描绘在一个仙境般园林似的风景之中，满足洛可可时代欧洲人对生产瓷的仙境“中国的想象力”。明清时期，广州的陶瓷贸易景象十分壮观，清政府在广州开设“十三行”，码头上飘着各国的国旗，运销瓷器的商船往来景象被刻画在许多陶瓷上，成为纪念这种盛况的媒介，而描绘这番景象的绘画作品也在欧洲社会十分盛行。

由此可以看出，陶瓷是我国与其他国家文化交流与融合的载体，在陶瓷上，人们将本国的艺术文化和习惯刻画成美丽图案，凝聚成独具特色的造型，同时借鉴其他国家的文化艺术审美，再创作出自己的东西。而陶瓷也承载了中西方贸易和文化交流的历史，留下了无数宝贵的艺术作品。

第五章 陶瓷出口之路对世界文化与语言的影响

第一节 陶瓷出口之路的延伸及影响

一、中国陶瓷之路以及制瓷技术传播

（一）中国陶瓷之路概述

中国的四大发明对世界人民做出了巨大贡献，这是世人所共知的。除此之外，丝绸与瓷器也是中国的伟大发明，对世界各国人民在物质文明与精神文明两方面的进步均发挥了重要作用。在古代世界，中国被誉为“丝国”，在中世纪，中国又有“瓷国”的美誉。可以说，丝绸和瓷器是中国第五和第六项伟大发明。同时，丝绸和瓷器又是中西交通、商品交流和文化交往的象征。19 世纪末德国地理学家李希霍芬提出了著名的“丝绸之路”一词，20 世纪 60 年代日本学者三上次男又提出了“陶瓷之路”。在这 100 年间，特别是近 50 年中，国内外许多专家学者从各个方面和不同角度对之进行了深入的探讨，至今方兴未艾。80 年代末，联合国教科文组织制定了十年规划，组织各国学者对“丝绸之路”（包括“陶瓷之路”）进行研究，举行了一系列的活动，因而它已成为国际的、跨世纪的综合研究课题。

根据文献记载和考古发掘资料证明，在中唐时期，即 8 世纪晚期，中国陶瓷开始向外输出。从晚唐五代到宋初的 200 余年，是中国陶瓷向外输出的第一个高潮。这一阶段输出的陶瓷品种有唐三彩、邢窑（包括定窑）白瓷、巩县窑白釉绿彩瓷和青花瓷、越窑青瓷、长沙窑彩绘瓷及橄榄釉青瓷（即广东近海一带的窑口生产的碗和作为储藏容器的罐）。输出的主要地区与国家是：东北亚的朝鲜与日本；东南亚的新加坡、泰国、马来西亚、印度尼西亚、菲律宾；南亚的斯里兰卡、巴基斯坦和印度；西亚的伊朗、伊拉克、沙特阿拉伯、阿曼；北非的埃及；东非的肯尼亚和坦桑尼亚等。此时，海上交通路线主要有两条，一是从扬州或明州（今宁波）经朝鲜或直达日本的航线；二是从广州出发到东南亚各国，或出马六甲海峡、进入印度洋，经斯里兰卡、印度、巴基斯坦到波斯湾的航线，其时，有些船只继续沿阿拉伯半岛西航可达非洲。前述亚非各国中世纪遗址出土晚唐五代宋初的瓷器，就是经过这两条航线而运输的。

唐五代输出的瓷器数量极大，以长沙窑和越窑产品为最多。例如，1998 年在印度尼西亚勿里洞岛海域发现的一艘沉船，经两次大规模发掘，出水中国瓷器 67 000 件。其中，

长沙窑瓷近 60 000 件，邢窑白瓷 300 余件，越窑青瓷 200 余件，巩县窑白釉绿彩瓷 200 余件，以及 3 件青花瓷。此沉船有确切纪年，为公元 826 年。这说明 9 世纪 20 年代唐瓷已大批量地向外输出，长沙窑是最重要的外销窑口。再如，2003 年在印度尼西亚爪哇岛北岸井里汶海域发现一艘 10 世纪后半叶的沉船，经 2003~2005 年的发掘，出水 20 余万件（片）中国瓷器。其中以越窑青瓷占绝大多数，另有少量定窑、繁当窑等所产白瓷，但不见长沙窑瓷，可见此时它已停止生产，越窑则及时地取而代之，成为外销瓷的最重要窑口。

宋元到明初是中国陶瓷输出的第二个阶段。这时向外国输出的瓷器品种主要是龙泉青瓷，景德镇青白瓷、青花瓷、釉里红瓷、釉下黑彩瓷，吉州窑瓷，赣州窑瓷，福建、两广一些窑所产青瓷，建窑黑瓷，浙江金华铁店窑仿钧釉瓷，磁州窑瓷，定窑瓷，耀州窑瓷等。特别值得一提的是，韩国新安海域沉船经 11 次发掘，出土陶瓷器 2 万余件，除极个别的为朝鲜瓷和日本瓷外，均属中国所产，其中绝大部分已判明所属窑口，但也有少数待考。宋元外销瓷输往的国家较之前大为增加，有东北亚、东南亚的全部国家，南亚和西亚的大部分国家，非洲东海岸各国及内陆的津巴布韦等国。宋、元、明初时期的航线，主要有航行到东北亚、东南亚诸国的航线及通往波斯湾等地的印度洋航线。这一时期中国航海的成就主要表现在印度洋航线上。第一，可从波斯湾沿海岸向西行进而到达红海的吉达港，然后上岸陆行至麦加；也可以在埃及边界的埃得哈布港上岸，驮行至尼罗河，再顺河而下到福斯塔特（古开罗）；还可以从红海口越曼德海峡到东非诸国。第二，郑和船队又开辟了横渡印度洋东西两岸的三条直达航线。一是从印度西海岸的小葛兰（今奎隆）直航东非索马里的木骨都束（今摩加迪沙）；二是从马尔代夫的官屿（今马累）直航木骨都束；三是从马累直航卜拉瓦（今摩加迪沙以南海岸）。这些横波印度洋的航线，成为 1498 年葡萄牙人达·伽马在阿拉伯领航员马吉德指引下从肯尼亚马林迪直航印度的古里（今卡利卡特）的先声。从这里可以看出，是郑和七下西洋的伟大壮举拉开了 15 世纪大航海的序幕。

明代中晚期至清初的 200 余年是中国瓷器输出的第三个阶段，也是其黄金时期。这时输出的瓷器主要是景德镇青花瓷、彩瓷、广彩（景德镇制胎，在广州画彩），广东石湾瓷，福建德化白瓷和青花瓷，安溪青花瓷以及福建、广东两省其他窑所产的一些瓷器。其中较精致的外销瓷多是国外定烧产品，其造型和装饰图案多属西方色彩，还有些在纹饰中绘有家族、公司、团体、城市等图案标志，称为纹章瓷。这时期的外销瓷数量很大，17 世纪每年输出约 20 万件，18 世纪最多时每年约达百万件。输出的国家除前述诸多国家外，主要销往欧洲和美洲诸国。运输路线一条是从中国福建、广东沿海港口西行达非洲，继而绕过好望角，沿非洲西海岸航行到达西欧诸国；另一条是从福建漳州、厦门诸港至菲律宾马尼拉，然后越太平洋东行至墨西哥的阿卡普尔科港，上岸后陆行，经墨西哥城（或普埃布拉）到达大西洋岸港口韦腊克鲁斯港，再上船东行到达西欧诸国。这样，无论从福建、广东两省港口西行还是东行，最后都可抵达西欧，形成了一条环球的陶瓷贸易航线。

在17世纪和18世纪，中国瓷器通过上述环球航线行销世界各地，成为世界性的商品。同时，这也是一条全球贸易和文化交流之路，对人类历史的发展起了积极作用。

（二）陶瓷制造技术向外传播的过程概述

四大发明对人类做出的巨大贡献是通过技术的传递来完成的，丝绸和瓷器在世界上产生的深远影响则是先通过产品的远销，然后才是技术传递，但在此以后仍以其精良的质地和优美的纹饰而继续盛销海外，直至今日。

中国陶瓷输出所产生的影响是多方面的，就国外陶瓷制造而言，可包括两个方面。首先是在制陶方面尽量模仿中国瓷器的器形与纹饰，这在亚、非、欧一些国家的制陶业中不同程度地存在着，如埃及制陶业就出现过三次仿中国瓷器的浪潮。第一次约在10世纪前后，主要模仿唐三彩、越窑青瓷和定窑白瓷，有的是模仿装饰，有的是模仿器形，甚至模仿越窑和定窑碗足的玉璧底形式；第二次是在11世纪后半叶至14世纪，主要是模仿龙泉青瓷的器形、釉色、贴花工艺及器内外的刻画纹饰，其模仿数量之大令人吃惊，如在福斯塔特的一个小遗址中，出土龙泉青瓷109片，而埃及仿龙泉青瓷的陶片则有6 917片，两者数量相比近1:70；第三次是在14世纪下半叶以后，主要是仿制元、明青花瓷，并有专门作坊经营，仿制品非常成功，甚至能“以假乱真”。

其次是学习中国的制瓷技术，包括三个方面。起初是聘请中国制瓷工匠到彼国建窑制瓷。据传泰国著名国王拉玛甘亨（Rama Khamheng，1275~1317年在位），即《元史》中的敢木丁，曾在1294年、1300年两次来华。他带回中国的制瓷匠人，在素可泰建立窑场，其产品称素可泰瓷。后因此地瓷土欠佳，又把窑场迁至附近的宋加洛，其产品称宋加洛瓷。该窑到15世纪衰落，约1464年以后停止生产。这两窑主要生产磁州窑型、龙泉窑型和青花瓷器，据传越南、伊朗也曾聘请过中国匠师前往制瓷。随后是派人来中国学习制瓷技术。如南宋时日本人加藤四郎景正，随道元禅师到中国浙江和福建学习制瓷术而归，曾在濑户开窑烧制黑瓷，时人称为“濑户烧”，开日本制瓷术的新纪元。加藤四郎也被日本人称为“陶器之祖”。在明朝正德年间，日本人五郎大夫祥瑞来到景德镇学习制瓷技术，5年后回国，在肥前的有田开窑烧造，又在奈良的鹿脊山烧瓷，其产品大受欢迎。在中国制瓷技术传入日本的过程中尚有一段佳话，明末清初时，浙江余杭县人陈元赟多才多艺、能诗善画，并在河南少林寺习武，可谓文武双全。他33岁孤身旅日，在日本娶妻生子，85岁逝世于名古屋。他在日本颇有名声，而且以改良瓷艺著称。他曾主持“御庭烧”，选用濑户土和中国的黄色釉料，自为书画，产品为时人所重，称“元赟烧”，流传至今，为收藏家所珍视。他的技术为日本陶工继承，代代相传，时至今日，名古屋以制瓷著名，应与陈元赟曾在此制瓷有关。最后欧洲从15世纪开始仿制中国瓷器，生产出软质瓷，但还不能称作是真正的瓷器。1709年，德国人包特格尔在德累斯顿经数年试制，终于烧出欧洲第一批硬质瓷，并于1710年在麦森设立瓷厂，其产品优良，畅销欧洲诸国，世称麦森瓷，以后制瓷术为欧洲各国所掌握。欧洲人掌握制瓷技术是独立研制的，但应当看到，这是受到中国瓷器的影响、经过长期的仿制后才研制成功的。由于欧洲各国都建立了瓷厂，18纪末中国出口瓷器数量锐减。鸦片战争后，中国瓷器生产进一步衰落，到19世纪末，一些欧洲国家生产的瓷器反而输入到中国。这一反常现象在中华人民共和国成立以后才得到根本的扭转。

中国古瓷行销世界达千余年之久，经考古发掘，它在亚非欧美广大地区出土，是中古时期中国与世界贸易的实物证据。当然，文化交流是双向的，中国古陶瓷生产也受到了一些外来影响，如明永乐、宣德时所产白瓷、青花瓷有20余种是仿伊斯兰的器形，整个明代则达30余种。

二、各阶段的陶瓷出口之路发展

（一）艰难而漫长——宋以前的瓷器

瓷器外销的形式，从汉代直到明嘉靖开关前没有什么变化，主要有两种，一是朝贡的赏赐，二是民间的贸易。历代皇帝为扬威海外，派使臣出使国外，如张骞出使西域等，出使的官员随带大量礼品。这些赠礼中是否有瓷器呢？目前没有明确的资料记录。但据1059年巴依巴基的记录，8世纪末9世纪初，呼拉珊总督阿里·宾·伊萨曾向巴格达国王河伦·巧西德进献了中国精美瓷器20件和一般瓷器2 000件，这位总督进献的中国瓷器，多是中国皇帝赐予。古代，周边国家纷纷来中国朝贡，礼尚往来，中国皇帝回赠了很多贵重礼品，其中就有瓷器。在伊朗沙法维王朝（867—903）的首都尼夏普尔，就出土了唐代长沙窑、越窑以及邢窑的瓷器。国外发现的早期中国瓷器，大部分应该是中国赐赠的。

隋唐之前，中国瓷器外销不仅没有记录，在国外也没有实物发现，外销瓷究竟始于何时，现在无从考证。但从公元前5世纪古希腊被称为“历史之父”的希罗多德留下的资料看，西方早在几千年前就知道有中国的存在。中世纪的时候知道中国瓷器，并用中国没有的原材料交换瓷器。那时候并不是直接从中国人手中交易，而是辗转经过了多国商人之手，中国古代把罗马帝国叫“大秦”，《后汉书·西域传》记载甘英到了波斯湾一带，被人们认为是到了大秦。从中国到罗马有两条路，陆路由中亚到里海，海路经波斯湾到红海、开罗。主要贸易的内容是丝绸、大黄、桂皮（后来才有陶瓷和茶叶），交换金银及玻璃等。

宋代之前的瓷器外销大致有陆路和水路两条路线。陆路开始于很遥远的年代，中国与西方的贸易至少远到古希腊、罗马地区。随着罗马帝国的消亡，即中国汉代之后，奥斯曼帝国堵住了欧洲通往中国的要道，陆地贸易线路只能到西亚一带。

《汉书》中还详细记载了汉代远航商船通往南海诸国的航程，这时中国的航船已能到达印度东南沿海和斯里兰卡。广州西汉南越王墓（约葬于公元前122年）出土的银盒、金花泡饰、象牙及香料等西亚或南亚的物产，广州横枝岗2061号西汉中期墓出土的中国发现的年代最早的罗马玻璃器等，都证明了秦汉时代海上贸易的存在。

唐代海上贸易一直比较兴旺，航程已能道达非洲各国。到日本、朝鲜半岛、南海沿岸的国家及波斯湾的阿拉伯港口城市，也多是从海上运送货物。1974 年，在宁波余姚的唐代出海口附近发现一艘沉船，内有几百件越窑青瓷、长沙窑褐彩和黑釉瓷器。同时，还发现一块方形瓷块，上有“乾宁五年”（898）刻款，与瓷器的年代相符，证明这是一艘唐代的船。唐代由海上去日本等地多从宁波出海，在日本筑野市大口出土的一件青瓷壶与宁波沉船上的青瓷一样，属于同一地区的产品。

日本奈良市大安寺经堂与讲堂之间的烧土层，发现了 30 多件唐三彩，日本玄海滩、奈良县安部寺和福冈县太宰府等地都发现了不少唐代瓷器碎片。由于奈良地区仿制唐三彩，历史上称为“奈良三彩”，因此，这也是唐代外销瓷的一个印证。

唐代瓷器也在中国南海航线沿岸的一些国家中陆续有发现。巴基斯坦的卡拉奇东郊班布尔，原是古代印度的一个重要港口，在这里发现了唐代越窑青瓷壶和长沙窑的碗。在印度河沿岸、印度尼西亚地区、马来西亚及波斯湾沿岸港口，也都发现了中国唐代的瓷器。

古代埃及上京的福斯塔特城，于 13 世纪初叶在一场人为的灾难中成为了废墟。考古学家在这里发现了许多中国陶瓷碎片。从《中国陶瓷史》中我们看到，日本学者小山富士在那里捡出唐代越窑青瓷片 600 多片，还有白瓷与唐三彩碎片，共 12 000 多片。

伊拉克，远在隋唐时期，就已是中国出口瓷器的重要对象。伊拉克的萨麻拉城，在唐中和六年（883）成为废墟，考古学者在这个遗址中发现了来自中国的白瓷和越窑青瓷片。在巴格达东南部的阿比耳他遗址里，也曾挖到晚唐和五代的白瓷及越窑青瓷。

在中东一带众多的古城遗址中，几乎都曾挖掘到中国古陶瓷，当时的交往一定是十分频繁的，那时的“丝绸之路”应该是非常繁荣的。在上千年之后的今天，我们从许多拍卖行的唐代三彩陶瓷的拍品中，依然可见许多深眼凸鼻、大胡子的中东人牵着马或骆驼的造型。可见当年胡人出现在西安、洛阳一带，不会比如今外国人在北京的比例少。

隋、唐、五代是我国陶瓷史上的一个大发展时期，制瓷工艺和窑场数量都有很大的进步和扩展。隋朝的窑址考古出现在河北、河南、江西、安徽、浙江、湖南、四川七个省十几个县内，到唐朝已扩展到十二个省的五十多个县，已发现的唐朝窑址比隋朝多五倍以上。

执壶是中唐时出现的一种酒器，唐人记载的正式名称是“注子”。这种器型出现得非常突然，以前没有这样的造型器物。《中国陶瓷史》的记载说：“可能由鸡头壶演变而来”执壶的出现和发展应该是受外来造型的影响。宋代沉船“南海一号”上的青瓷执壶造型，两边各有一个衔环的兽头，与铺首衔环一致。美国的一次家庭遗产拍卖上曾出售一件罗马玻璃皮革执壶，与“南海一号”沉船中的宋代青瓷执壶造型极为相似。执壶到宋代以后去掉了兽头，如元代青花执壶和明代永乐执壶的造型基本没有改变，一直沿用至今。

（二）市舶利最厚——宋元的瓷器外销

市舶也就是海外贸易，由于其利润巨大，所以，自唐朝市舶司成立以来的千余年里，贪渎成风，屡禁不止。管理市舶的官职叫“市舶使”，多为宦官担任。初时官阶不高，如唐开元十年（722 年），任市舶使的宦官韦某只是七品，但权力很大，他实际上代表皇帝行使管理海外贸易的权力。

市舶司主要负责登记、检验货物，收纳关税。宋朝的市舶司赚得更多，因为海外来华贸易中，大多数价值高的货物，如金银、香药、犀牙、珍珠等都由皇家市舶司负责国内贸易。所从，宋高宗赵构也说："市舶利最厚，若措置合宜，所得动以百万。"当时海外贸易的主要城市，以南海各国为主要贸易对象的在广东和福建两省，重点是广州、汕头、泉州和厦门。而浙江、江苏、山东各港口，如宁波、温州、扬州等地主要针对日本和朝鲜进行贸易。

宋代重文抑武，文人士大夫阶层地位提高。文人讲究品位，好玩物，对文房四宝、瓷器、玉器、诗词书画的喜好，带动了宋朝民风，由此引发了收藏热。那时窑场环设，商贾云集，著名的哥窑、官窑、汝窑、定窑、钧窑瓷器争奇斗艳。虽然宋之前也有越瓷，但都无法与宋瓷相比，宋瓷之美，无论是钧瓷之变幻如行云流水的窑变色釉、汝窑汁水莹如堆脂的质地（图 5–1）、色质如玉的景德镇青白瓷（图 5–2），还是龙泉窑翠绿晶润的梅子青、哥窑的铁锈裂纹的缺陷美，都体现了宋瓷的雅致，与文人士大夫的趣味相一致。这种沉静素雅的风格，后世千载追仿，都难望其项背。

图 5–1　北宋汝窑瓷碗（旧金山私人收藏）

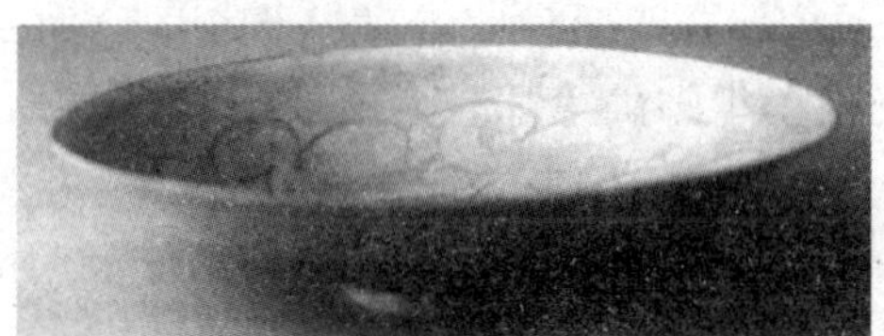

图 5–2　南宋影青瓷碗

南宋理宗宝庆元年（1225 年），赵汝适在《诸蕃志》一书中列举出中国瓷器运往亚、非的十五个国家，其中有越南、柬埔寨、马来西亚、印尼、菲律宾、日本、印度和非洲的坦桑尼亚等，连东非的桑给巴尔都有中国宋瓷出土。

日本保存了平安时代中国宋朝到达日本的船只、船主姓名和到达时间、地点等资料，其中有些中国商人的名字就一再出现，如泉州客商李充，于宋崇宁元年（1102 年）到四年（1105 年），三次往返于中日之间做瓷器和丝绸生意。南宋人写的《袖中锦》一书，有个条目是"天下第一"，列举中国及各国的特产，有"端砚、洛阳花、建州茶、蜀锦、定瓷、浙漆"等器物食品。有趣的是，由于外销瓷（尤其是唐朝宫廷烧制的秘色瓷，后在宋代停烧）对韩国的影响，在"天下第一"中，竟把"秘色瓷之第一"的美誉冠于高丽，并有“高丽秘色，西夏剑，契丹鞍”之条文，是因为高丽在当时仿中国秘色瓷工艺高超之缘故。唐代的秘色瓷传到了高丽，高丽保留了秘色瓷，而中国却失传了。如今，我们只有在宝丰县清凉寺出土的唐代秘色瓷中才能得以一睹其真面目。

瓷器作为中国最先发明的一种商品，使不少外国人感到惊异。他们把它当作极其珍贵的宝物，带回自己的国家。北宋时在广州、杭州、泉州和宁波都设有市舶司来管理海上贸易。在《宋会要辑稿》中写道：“遣内侍从，帛分四纲，各往海南诸藩国勾招进奉，博买香药、犀牙、珍珠、龙脑等。”靖康之后，宋朝的版图小了许多，但却非常重视外销的利润，大力发展船舶业，民用海船设备齐全，为世界最先进，用指南针定向，船的承载量也是当时世界最大的。因为海上贸易发达，当时的赣州、九江成为“海上丝绸之路”运输途中繁荣的大码头，赣州城现在城市下水道系统还是以宋代的古城结构为基础构建的。

元朝虽然短暂，但由于成吉思汗的铁骑横跨欧亚，版图极大，以前许多国际贸易对象，现在成为了国内贸易，加上宋末元初的外族入侵，大量的中原陶瓷技术人员都逃到了地处山区的景德镇，使景德镇一下成为真正的“瓷都”。

马可·波罗著名的神秘的中国故事在西方重新引起了人们对遥远中国的向往。那时候西方还没有像样的瓷器，马可·波罗告诉西方人，在中国城市的街头，用很少的四个便士银币，就能买到在西方从没见过的蓝、白色的三个瓷器碗。可是，当瓷器真正运到西方时，因稀少而昂贵。

元朝以前，陶瓷的主要装饰手段是刻花、划花和印花。元朝时期，开始了以青花绘画为主要装饰的手法，也就是外国人说的蓝白瓷。当时，大量的阿拉伯人进入中国，穆斯林文化对中国青花瓷纹饰影响很大，珍贵而稀少的元青花实际上就是一种外销瓷，钴料是从中东来的，纹饰也是以伊斯兰文化为主，而蓝色正是穆斯林文化的主色调。很多元青花销售到中东一带，元代的蒜头瓶等器型看起来也有伊斯兰文化的特征。

元青花在陶瓷史上创造了很多的第一。元曲是元代对中国戏曲文化的一大贡献，陶瓷上第一次出现了戏曲人物或历史人物的图案（图 5-3），也第一次直接将诗文写在瓷器上，这些装饰手法在明清瓷器上被大量应用，当时有大量元青花运往土耳其、中东及东南亚等地。马可·波罗重新唤起了西方人对中国的向往，成吉思汗的铁骑又将中国的版图扩大，并打破了国界，使交流更为方便。在土耳其的托布卡比宫就有大量的元青花，目前在世界各地的博物馆，大概有数百件元代青花瓷。

图 5-3 萧何月下追韩信罐

元代的器型有继承宋代造型的样式，也有唯元朝独有的器型，如四系扁壶。游牧民族的特征器型，不仅前所未有，以后也不见再烧了，只在元朝出现过。

元朝是中国文化的一个转折点。从元开始，书画走向了从抒情、笔墨为主的水墨画，以表达文人们心中对统治者的不满。而陶瓷本来就是世俗的日用品，所以世俗化非常迅速，出现了很多装饰画法的瓷器。以前对元青花的研究不够，大部分被当做明青花看。直到 1929 年，英国人霍布逊发现了带有至正十一年（1351 年）铭文的青花云龙象耳瓶，颈部有题字，瓶身绘有枝、菊、蕉叶、海水、云龙、波涛和莲瓣等八层图案后，西方学者才开始研究元青花。20 世纪 50 年代，美国的波普以此瓶为依据，对伊朗、土耳其藏的元青花进行了研究，选定这个至正十一年的瓶子为标准器。从此，西方掀起了研究元青花的热潮，拍卖价格也就居高不下。

唐宋时期有一种特殊的器型传入了中国，这就是来自印度的军持。大部分学者认为，军持和以前中国从印度传过来的一种器型“捃雅迦”（Kundika）有关。捃雅迦原是印度僧人的用具，是用来净手的。在敦煌十二窟一幅观音画像中，其右手所持的器物就是捃雅迦，学者还从印度教神像中看到这个器物。军持传到中国，再由中国传到日本和韩国等地。早期的捃雅迦脖颈细长，如这件藏于北京故宫博物院的唐朝白瓷捃雅迦（图 5-4）。宋代后其造型发生了改变，如南宋时德化窑印花青瓷的军持，脖子加粗了（图 5-5），实际上就是一件玉壶春的花瓶加上流的嘴子。军持的形状到了明朝就基本定型了，除了一些特别造型的军持之外，我们通常讲的军持基本上都是这种造型，所谓特别造型的军持大多是指一种象形军持。2009 年 1 月，在纽约佳士得收藏家霍道夫外销瓷专场拍卖会上，拍品中有一件明万历年间青花大象形军持。

图 5-4 唐代白釉军持（捃雅迦）

图 5-5 南宋德化窑印花军持

（三）从固守到开放——明朝外销瓷

元朝将人分为四等，南人最低贱，从而造成许多才子仕途美梦破灭。文人们以书画寄情怀成为风尚，这也就是文人画，文人画推崇书写为重要手法的“骨法用笔”。到了明朝，进一步发展成为个性化色彩强烈的画派和画家。绘画走向社会，文人们开始以卖画为生，以画泄愤抒情，金石书法也融入了画中。

与文人水墨写意画对应，在瓷器中，人们选择了青花为载体。元朝重视手工业者，强迫瓷器艺人为官作坊做工，关在作坊里不许回家，没有自由。而明洪武年间，对工匠实施轮班制，在三四年中须为官作坊做三个月，其余时间均可在自己的私家作坊。加上首都选在南京，更使江南一带十分繁荣。从永乐三年（1405 年）到宣德六年（1431 年）间，郑和七次下西洋，促进了海外贸易发展，刺激了手工业的繁荣，陶瓷业中也出现了一些特别高档精美的瓷器，如成化斗彩鸡缸杯，永乐、宣德青花及釉里红等，以满足皇家及地主等富裕阶层的特殊要求。在明代，文人士绅阶层生活精致化，使得手工业、制造业异常发达。即使是一只吃饭的碗（图 5-6）或者装鸟食的容器，也做得十分精美，令人叹为观止。

图 5-6 明宣德青花牡丹纹缠枝碗

这时的景德镇已是一个真正的全国瓷业中心，“工匠来八方，器成天下走”，每日用工不下数万人，制瓷分工已很细致，在《天工开物》中就列举了有舂土、澄泥、造巧、利水、过利、打圈、字画、喷水、过镑等，“一巧工力，过手毛十二，方克成器”。

明洪武年间，景德镇有了专为皇家烧瓷的御窑场，官窑占用了最好的技工和最好的瓷土，同时也提高了当时民窑的技术水平。可从说，官窑是用国家财力来研究开发瓷器，官搭民烧的制度使民窑场具备了烧制官窑的能力。“官搭民烧”是指官窑的瓷器借民窑的窑口烧制，付给民窑烧制费，但要用民窑的最好窑位。

青花瓷中最好的就是永乐、宣德青花。永乐（1403~1424 年）、宣德（1426~1435 年）中间隔了个只在位一年的洪熙皇帝。这些年国家强盛，经济繁荣，郑和下西洋，带来了伊斯兰地区的钴料——苏麻离青。这种钴料含锰量低，含铁量高，在适当的火候下，能烧成像宝石一般色泽的蓝色。其中多含铁而自然生成的锈斑加上烧制时产生的晕染效果，很像在宣纸上画水墨的感觉（图5-7）。永乐、宣德瓷的胎质和釉比元朝有了很大的提高，胎质细腻洁白，釉层晶莹肥厚，使永乐、宣德青花达到了中国文人审美的最高准则。但用苏麻离青画人物显然无法画仔细，于是也出现了青花色极幽雅美丽、没有铁锈斑的瓷器，这些钴料是当地的平青料。在绘画上是以书写手法来画，很少渲染，基本沿袭宋磁州窑和元青花的形式，更为秀丽和典雅。永乐瓷很少有款，宣德有款而且有的写在器身上；永乐瓷轻，宣德瓷重。

图5-7　明青花晕开象耳瓶局部

明朝制瓷业的烧制量很大，宣德八年（1433年）一次烧制龙凤瓷443 500件。现在国外藏永宣青花比国内多，除了民间贸易流至海外，很多是皇家赐赠之物。例如，明洪武七年（1374年），一次赠琉球瓷器7万件，洪武十六年（1383年）赐占城和真腊各19 000件。费信所著《星槎胜览》、马欢所著《瀛涯胜览》都提到，当时中国青花瓷在国外很受欢迎。为此，明朝政府限制瓷器对外交易数量，以控制瓷器的外流。弘治年间，“贸易使臣到京者，每人许买青花瓷五十付”（《大明会典》）。但大量瓷器外销，绝不是政策所能控制的，那时候外销的瓷器质量虽好，但价格也很高。《大明会典》记载，当时青花白瓷盘，每个五百贯，碗每个三百贯，瓶每个五百贯；豆青瓷盘每个一百五十贯，碗每只一百贯，瓶每个一百五十贯。

中国这一时期的瓷器除了苏麻离青是外来的原料之外，由于外销的需要，伊斯兰风格的纹样和文字会用在瓷器上。例如，一件销往土耳其的伊斯兰风格的青花壶，上面写的是波斯文的祷告词（图5-8）。这件瓷器无疑是直接为伊斯兰地区定制的，其造型也不是中国传统风格，而是西方狼器造型，底部非常有趣地写有明代“正德”年款，显然明朝有时候也不只是官窑才使用当朝年款的。西方人喜欢在瓷器上用金属包住执手、盖子或是流嘴等地方，现在这种包了金属的外销瓷一般比没包的要贵。明青花基本保持汉民族的绘画手法和审美特征，而由于苏麻离青的出现使其达到了难以仿制的最高峰。这时候的西方，以意大利为中心，刚刚跨进文艺复兴的门槛，文化、科技和政治都刚开始激烈的变革。从 1453 年土耳其攻占君士坦丁堡到 1517 年马丁·路德进行宗教改革并引发随后的宗教战争，只有几十年的时间，还没有能力远航到中国来。

图 5-8 明正德伊斯兰纹执壶（正德教）

明代永宣到成化年间，又出现了一个制瓷高潮。成化瓷的主要贡献是斗彩，当然，成化青花小巧玲珑，胎薄釉白而青色淡雅，也是一绝。成化以后，苏麻离青的钴料开始和国产材料在青花上混合使用。斗彩是釉下青花勾线和釉上彩绘填色相结合的一种方式。景德镇当地的方言把两件东西合在一起叫做“斗起来”，这个“斗”是两种不同东西或人组合在一起的意思。卯榫结构的家具的榫头，用当地方言说叫做“斗榫头”。广义上讲，釉上和釉下的结合都应叫“斗彩”，但严格意义上的“斗彩”只是指釉下勾线、釉上彩填色的做法。这种做法在外销瓷上极少，在中国古瓷上也是昂贵的（图 5-9）。

图 5-9 清雍正都次鸡缸杯

成化（1465—1487 年）御窑场的烧造量依然十分巨大，青花料上开始用平头青，也就是上饶地区乐平县的陂塘青料。成化斗彩鸡缸杯成为少数皇家贵族的高级玩物，但从成化开始，画风趋向于轻松、愉快。明朝崇尚道教，不仅有许多流传的佛道故事绘画和传统纹样，更增添了不少世俗题材。从明朝官窑和民窑的婴戏纹样瓷器来看，民窑显得比官窑生动、活泼许多。

嘉靖朝（1522—1566 年）长达 44 年，这一时期的产瓷量仅官窑就达百万余件，青花是回青料和石青混合使用。石子青产于江西上高县，回青料是进口的，是从云南方向运进来的。嘉靖青花，蓝中带红紫，浓重、鲜艳，没有铁锈斑。这时候的官窑和民窑已经不再是高低档次分明的产品了，高档民窑瓷基本具有和官窑产品一样的品质。嘉靖五彩瓷水平比以往高，而且量大，成为这一时期制瓷的主要特征。

嘉靖五彩烧制量很大，成为与青花并列的一个重要品种。五彩瓷中的釉下部分主要是青花，青花在五彩中只是当做一个蓝颜色使用。后来，清代外销瓷中的伊万里风格瓷工艺程序就和明朝五彩瓷一样，只是在青花上面增加了釉上金彩勾线（图 5-10）。青花五彩、伊万里瓷、斗彩，用当地土话来说都叫“斗彩”。五彩有红、淡绿、深绿、黄、褐、紫、青花蓝色和金色。在绘画题材上，嘉靖朝基本上具有以后直至清朝的大部分题材内容，尤其是人物画、戏曲人物绘画内容成为康熙五彩和青花瓷人物的基础。

图 5-10　清康熙伊万里风格花卉盘

嘉靖年间，欧洲人开始来华进行贸易，并有了欧洲样式或伊斯兰样式来样定制的外销瓷。我们所说的外销瓷就是从这时候开始的，开始时西方人从宗教文化为先导进入中国。耶稣会传教士沙里略（Francis Xavier）多次到中国南海，但限于海禁，无法进入大陆，1552 年客死在中国近海的上川岛。后来，利玛窦（Matteo Ricci）等人为了进入中国，一面学中文，一面想尽办法选一些“奇器”作为叩门砖，送给中国官方，以达到他们的目的。其中的“奇器”之一，就是钟表，如同中国的瓷器对西方产生了持续数百年的影响一样，西方的时钟在中国也被追捧了长达 300 多年。清朝皇帝是最大的收藏家，仅乾隆就收藏了近三千件钟表的贡品。

从成化到嘉靖的一百年间，欧洲进行了文艺复兴的剧烈变革。印刷术的出现，使得人文主义、宗教改革得以传播与发展，绘画领域出现了“文艺复兴三杰”，使绘画画得更准确，人物画开始深入到人性的深处进行探索。与此同时，对财富的渴望和对地球知识的了解，使欧洲人开始了对海洋和外部世界的探险。哥伦布（1451—1506 年）当年游说西班牙等国出资帮助他西进到中国和印度时，也是以当时欧洲大量需要东方的丝绸、瓷器、茶叶、香料等物质，要打通一条海上通道为由，而得到西班牙皇后资助的。欧洲人从马可·波罗的书中和极少数人拥有的中国丝绸、茶叶、瓷器中认知并向往中国。因此，当时有着至高权力的教皇，在地球上画了一条线，葡萄牙以东的海洋地区，归葡萄牙，以西的海洋地区归西班牙。为了公平，将新加坡一带岛屿也归西班牙。这样，就出现了后来西班牙与中国的贸易是以新加坡、马尼拉为据点，经美洲、加勒比海到西班牙的线路。

虽然哥伦布至死都认为他发现的美洲就是印度，但事实上还是后来麦哲伦东方之行才真正到了菲律宾群岛。1498 年，葡萄牙探险家瓦斯科·达·伽马（Vasco da Gama，1469~1524 年）到了印度，成为历史上第一个到达印度的欧洲人，并取得了贸易权，从印度进香料，这无疑更激起了葡萄牙要到中国进行贸易的欲望。于是，葡萄牙打败了阿拉伯各国，1514 年控制了波斯湾和印度及马六甲海峡，也就是在 1514 年，葡萄牙人终于到达了广州。这是欧洲国家的船首次到达中国，葡萄牙人提出来要明王朝开放港口通商（1517），但被中国拒绝了。直至 1557 年，才由嘉靖批准了他们到澳门定居，葡萄牙与中国商贸的总部就设在澳门。

也就是在嘉靖年间，中国初具资本主义萌芽，而西方诸国也具备了远航到中国的能力。如果说在这之前中国是为了宣扬国威和贸易主动地出国，那么嘉靖以后就进入了接受欧洲各国来华贸易的时期。此前，中国国力强大，足以到达西欧各地，而西方国家并没有能力远航到中国。然而从嘉靖年开始，西方各国敲开了中国的大门。在以后的三百多年间，基本上就是欧美各国主动来华贸易的一段历史。这时候，出口到葡萄牙、西班牙的瓷器，以青花为主。瓷器只是整个贸易的很少一部分，更多的是茶叶、丝绸和香料等。瓷器的风格主要是伊斯兰文化样式和中国明朝的瓷器纹样，如人物花草、动物鱼藻等。由于明朝崇尚道教，所做纹样中鲤鱼、鹭鸟、鹤、昆虫花草以及福禄寿等神仙故事的象征性含义的内容特别多。这些东方象征文化首次引起西方的好奇，并逐渐探求和认同其中的含义，如《海屋添寿》就是画王母娘娘骑着鹤（或是凤）给大海（福如东海）中的房子添料（添寿）的画面。西方人最初不懂这些，但逐渐了解并开始喜欢上这样的寓意，以后历朝的外销瓷中都有《海屋添寿》或是其他象征吉祥的中国纹样（图 5–11）。

图 5–11 明宣德《海屋添寿》青花碗

人们通常把 1620~1680 年这段时间称为转型期。明嘉靖以来由于人们生活水平的提高和外销的需要，人们越来越不满足于以往青花瓷中粗略简洁的画法。这是因为以水为溶解剂来调制钴料画在泥坯上，泥坯吸水特别快，使得画工必须快速地描绘，因此极难画出细腻的层次和空间的变化。到了明朝末期，因为市场的需求，人们开始研究稀释剂，画工们把用水调改成用胶水和油来调。这样青花就可以画得非常细致，层次也可以画得很丰富了。这种技术的改变导致了风格的变化，应该是由于外销市场的需求而产生的，否则在兵荒马乱的明崇祯年间如何会改变画风由粗犷转至细腻呢？

明末清初，外销瓷方面也有两个重要的变化。一是从万历年间开始，接受西方构图风格和图案结构，出现了一些崭新的构图样式，如克拉克瓷样式。“克拉克”一词由1602年荷兰东印度公司在海上抢劫了一艘葡萄牙商船“克拉克”号，船上有大量的中国青花瓷而得名。克拉克瓷是指器物中间有一个主图案，外圈由多个开光图案组成边饰的形式，图案主要是中国传统的花鸟、人物、吉祥图案等，后来也出现了具有异国情调的繁密纹饰、郁金香纹样、西方的神话、宗教图案和西方人物、社会生活等画面。例如，这件依据西方人物版画绘制的克拉克风格的青花瓷（图 5-12），我们从原版画和画成青花的瓷器绘画上能够看到东西方绘画的差异。这件青花瓷是中国人依照西方光影和透视画法的绘画作品画出来的，远看十分精细而漂亮，但仔细一看特别有趣：前面的一只脚伸不出来，被画成了平的，明暗阴影和人体结构明显脱节，更多地具有装饰意味，尽管如此，它依然不失为一件精彩的作品。

图 5-12 清康熙西方人物乐队青花瓷盘

有人认为该样式是中国瓷器商人做的一些给外国商人看的样板瓷盘，里面有各种图案画在一个瓷盘上，供外国商人选择。后来由于外国人喜欢这种在一个器型上有多种图案的样式，所以就成为了一种定型样式。这件画有西方海船和地球纹饰的克拉克瓷（图 5-13）与中国传统的吉祥纹样组合的外销青花盘，也是最早的中西结合瓷器纹饰之一。从万历年间开始，按照西方人喜好的样式绘制的瓷器纹样越来越多，反过来又影响到了中国艺术的发展。

图 5-13 明末荷兰市场海船地球青花盘

二是开始接受欧洲设计的订单。西方人要景德镇的艺人做出他们想要的器型（原为银器的造型），就用木头做了一批模型。景德镇艺人按模型做出瓷器，制作的工艺难度比工匠们熟悉的中国传统瓷器难度要高许多，所以价格也比较贵。这些外来样式在中国是没有销路的，所以国外瓷器商人要把这些统统运回本国。刚开始他们并没有特定的图案，只是用中国当地的图案画在外国的器型上面，因此外销瓷上并不都是外国的图案，一开始就是中西结合的产物。16 世纪时，葡萄牙人在中国定制了他们设计的一种熊的图案，是后来的外销瓷中很少见的。这是葡萄牙国王定做的最早的纹章瓷，图案直接从葡萄牙钱币上复制过来。少数的碗和花瓶上也刻了葡萄牙人的名字，这些瓷器出现很早，大约在 1541~1552 年。后来，在澳门的耶稣会为纪念利玛窦到中国传教，烧制了一些绘有十字架的宗教瓷，成为中国外销瓷中最早的具有西方宗教内容的瓷器。

葡萄牙人主导贸易时，欧洲其他国家都要从葡萄牙进口中国瓷器，这些国家只能偶尔直接或间接地买到很贵的瓷器。1604 年，葡萄牙的“圣卡塔古林娜”号帆船被荷兰东印度公司抢劫，船上的货物使荷兰东印度公司的资产翻了一倍，荷兰从此强大起来。

（四）欧土重华瓷——清代外销瓷

17 世纪是荷兰人与中国贸易的世纪。荷兰东印度公司开始在澳门设点，并于 17 世纪中叶占据了台湾，有了稳定的贸易据点。然而，这段时间中国战争不断，社会动荡，官窑衰落，且国外订货量大，质量要求高，以致大量的官窑艺人转向民窑，故明清之交的瓷质和釉面都有很高的品质。当时的民窑都是用一般的瓷土，如景德镇郊外瑶里乡的土质，而外销瓷则用优质的高岭土（图 5-14）。因此，这一时期民窑生产的外销瓷器丝毫不亚于官窑产品。

图 5-14 优质高岭土

荷兰稳定了贸易点后，瓷器的订购量越来越大，仅 1639 年就达 25 000 多件。当时最主要的风格就是克拉克瓷风格，其次是定制的纹章瓷和特殊的订单及中国内销的瓷器和瓷雕。16 世纪末 17 世纪初，荷兰在大量进口中国瓷器时，也开始在国内自己仿制克拉克风格的青花瓷。根据荷兰东印度公司的档案记录，当时的外国商人多在广州按照样本指定瓷器的样式和种类定制。

1644 年，年仅 6 岁的顺治登基，在位 17 年。他喜欢读《西厢记》，所以该剧的人物故事多见于顺治和康熙早期的瓷器上。在外销瓷中，有特别多的《西厢记》题材，外国人不清楚画中的故事，多用“人物故事”画来标注名称。许多历史故事如《三国》《隋唐演义》等画面都标注“人物故事”，究竟是什么故事，就要细究了（图 5-15）。这段时间瓷器上戏曲故事题材的画面较多，也许和这位皇帝有关。另一方面，当时的文人士大夫借历史题材寄寓对朝代变更的不满和抒发情绪，加上新兴的商人阶层对高质量瓷器的需要，以及大量的外销瓷和国外商人高质量要求的瓷器订单，使 17 世纪 50 年代后景德镇瓷器开始了创新热潮。即使三藩之乱的战火燃烧到景德镇，瓷器的烧制和外销也没有中断过。这时的高档民窑瓷以花瓶、盘子和笔筒为多，基本上都是以陈设和收藏为目的的民窑瓷。

图 5-15 清康熙五彩战争人物故事盘

清朝的山水画纹饰多以明代山水人物画家的作品和风格为摹本，并开始有了具有绘画感、构图严谨、层次丰富的青花及五彩瓷器。也许是由于地理位置的因素，地处安徽的新安画派对康熙山水画影响很大，使康熙时期的青花、五彩山水画多呈块面状，构图样式都受其影响，类似明代画家周臣的山水画。这种样式的构图，17、18 世纪被大量用在陶瓷绘画上（图 5-16），并出现了很多种不同的变体画。从顺治到康熙开始了以大笔渲染、青花的层次比较丰富的山水画法，如中国水墨画一般。

图 5-16 清乾隆粉彩山水盘

文人士大夫和清朝宫廷画家不仅寄情于山水，还喜欢涉及家庭生活和仕女婴戏的题材，这些也影响到瓷器的绘画。画有家庭生活场景的瓷器多是五彩瓷（图 5-17），如同工笔画一样精致。

图 5-17 清康熙仕女五彩盘

康熙、雍正、乾隆三朝的瓷器，数量最多，质量也好，被人们议论最多，每次拍卖的瓷器价格也较高，俗称清三代。康熙早期外销瓷风格有两种类型，一是延续了顺治朝的青花样式，二是按国外的器型样式和外国人喜爱的装饰纹样定做，这一部分在康熙早期数量不多。

由于康熙初年实行海禁，使这一时期的中国瓷器外销几乎停滞，欧洲由此将目光转向日本九州市场。九州的陶瓷受明末青花五彩及红绿彩的影响，形成了一种从釉下青花和釉上矾红加金的伊万里风格。伊万里瓷有两个特点：一是沿用明朝的釉下青花加五彩（主要是矾红）加金彩手法；二是有不对称的图案，有明显的日本风格。1659 年，第一批大规模数量的订货从日本运到阿拉伯和印度、欧洲等地。后来二十多年日本厂区越扩越大，销往欧洲的瓷器基本是欧洲的器型、日本的图案，日本风格的不对称图案在欧洲大受欢迎（图 5-18）。由于荷兰等欧洲市场的需要，1683~1730 年是中国生产伊万里风格瓷器的时期，到 1730 年以后伊万里风格瓷器就少了，1750 年以后，中国基本不再生产伊万里风格瓷器。

图 5-18 清康熙英国约翰 · 海特利（John Hatley）家族纹章瓷盘

但由于中国瓷器的魅力，世界各国纷纷效仿中国瓷器的纹样，甚至中国的瓷土和釉色也是他们追仿的目标。日本人也有将中国瓷器的白胎拿回日本再画釉上彩，此法后来法国 Samson 公司效仿得最多。荷兰、英国、德国等效仿中国瓷器的样式一直沿用到现在（图 5-19）。

图 5-19 18 世纪法国 Samson 公司仿中国粉彩沥线纹章瓷盘

1659年，康熙指定广州为与国外通商的唯一港口，各国纷纷在广州设立办事处。外国人不能直接到中国生产地进行买卖，而是要与享有中国朝廷特许经营对外贸易的洋行（又称公行）进行贸易。这些洋行内有贸易区、货栈、仓库、办公室和生活区。贸易区内商馆的楼房在城墙、堤岸之间排列，江面上来往着各类船只，堤岸上竖立着许多国家的旗杆，有英国、瑞典、丹麦、法国等，使这儿成为了画家表现的一个风景点。当时流行一种行画，称为风俗画，画的内容非常广，从家庭生活场景到水果蔬菜花卉，以及城市风景、农活耕作等，都有反映，像"十三行"这个地方就有许多中外画家画过。清朝同时出口到西方的有很多的商业性绘画，画着西方人喜爱的题材，如种植茶叶、制作陶瓷和一些中国人家庭的生活场景等。这些绘画现在也是西方各个拍卖行的竞拍内容，只是价格比较便宜。这个"十三行"的画面，曾有景德镇艺人画在大碗、盘子和其他瓷器上。珠江外围的长洲岛和广州的"十三行"对西方商人来说有着特别的意义，所以许多欧洲商人在离开中国的时候，都会特别设计定制或者购买这样的一些瓷器，作为回国后的纪念。那时候，有些中国商人会雇用一些有绘画能力的画工，专门绘制"十三行"。这种绘有"十三行"的街道、厂房、仓库等建筑的大碗，一般在前面都会画有岸边和栏杆，并竖立了各国的国旗，而前景就是珠江和江面上的船只。这种大碗流行于1765年到1795年，通常是中国商人先买下来，再卖给外国人。

由于外国人购买什么都要通过中国公行，为逃税和减少费用，欧洲商人开始在景德镇买白胎瓷，在广州西方人的贸易区内绘制烧成，然后用小船运到珠江外围的长洲岛，在那儿上大船。

最早的粉彩外销瓷大约出现在1720~1722年。最早的一件粉彩纹章瓷（图5-20），应该是一个英国商人家族的纹章，这件瓷器是为纪念英国贵族约翰·罗伯特过世而定做的。通常纹章瓷都是为结婚而定做，而纪念一个已经过世的人定做的纹章瓷只有这一件订单。

图5-20 清康熙英国贵族约翰·罗伯特（Sir John Lambert）家族粉彩纹章瓷盘

雍正时期，由于皇帝直接干预陶瓷制作，任命年希尧和唐英督导，官窑水平从瓷质到釉面及彩绘都十分好，外销瓷也是一样。这个时期的外销瓷，从如玉般的釉面到简洁精彩的画风，都与官窑相似。民窑风格的外销瓷同样也打上了雍正的烙印，瓷质温润如玉，画风精致秀美。雍正和康熙不一样，他不喜欢西方传教士，并开始驱赶基督教徒和西方传教士。但是他留用了学者和艺术家，如郎世宁等人依然受到重用，然而，这似乎并没有影响到外销瓷中出现宗教题材。这件雍正矾红瓷盘（图 5-21），画的是耶稣受洗图案。约翰正在为耶稣施洗，天开了，有圣灵从上面下来，边饰中的四个小天使俨然就是中国的胖小子形象，连耶稣都长得像中国人。许多宗教题材的瓷器都是在雍正时期生产的。从当时传教士往来的信件来看，雍正时期的西方传教士在中国传教比康熙朝要困难得多，所以他们尽量把西方的宗教人物画得像中国人，这也是宗教本土化的一种方式。这些瓷器在欧洲大受欢迎，因为欧洲人看到了不一样的圣母和耶稣的形象。

图 5-21　清雍正荷兰“耶稣受洗瓷”矾红金彩瓷盘

在 1720 年以前，成套的餐具和茶具的订单不多，定制的餐具和茶具都是和银器混合使用的，所以每个订单的数量都不多，也因此餐具和茶具成为外销瓷收藏的紧俏商品。法国路易十五国王因为法国在东方购买了大量的香料、瓷器、丝绸、茶叶等，需要大量的白银，曾于 1750 年左右下令熔化所有的银器餐具，一时间法国瓷器的需求量猛增，成套的瓷器订单也就多了起来。从以前的一些贵族订货的清单里，如英国人查尔斯·皮尔斯的纹章瓷清单，我们可以清楚地知道，这一套纹章瓷订购的只是整套餐具中的一部分，和他们原有的银器合起来用。在那以前，欧洲人家中只有来了客人才用瓷器。1720 年之后，法国和英国逐渐开始定制成套的餐具和茶具，瓷器渐渐替代银器成为了主要餐具。

这期间，英国上层社会开始流行喝茶，喝下午茶渐渐成了一种社会风气。为了推广喝茶，东印度公司设计了一系列带有饮茶图案的瓷器。

18 世纪中国外销瓷是英国人的天下，这一时期也是出口贸易瓷最旺的一百年。1700—1820 年的 120 年间，仅英美市场就有 6 000 多份私人纹章瓷订单。英国著名学者大卫·霍华德在他历时近 50 年写成的两本《中国纹章瓷》书中研究并收录了 4 000 个订单，每个订单的瓷器从家族名称和历史、订单的资料、定制人的身份地位等都有记载。

1720 年，欧洲结束了 18 世纪中最大规模的战争——奥地利王位继承战争。虽然这场战争把欧洲各国都卷了进去，但却没有影响贸易。战争结束后，中产阶级开始加入到外销瓷的贸易之中。西班牙、荷兰的中产阶级暴发户自己租船来中国贸易，使外销瓷的私人订单越来越平民化。原本订购外销瓷基本上是皇家和贵族的专利，但 1720 年后，逐渐有商人和中产阶级加入进来。1760 年后，私人订单已经基本平民化了，18 世纪后半叶的瓷器绘画越来越多是在广州完成的。百年间前中晚期风格各自不同，1720 年的纹章瓷，五彩的绘制，精细的画工，基本上是平面感很强的风格。而 1740 年订制的纹章瓷，精细而丰富的粉彩瓷，很小的局部花卉都画出了深浅的层次。毫无疑问，1740 年的艺术风格最为成熟，绘画手法非常丰富。到了 1760 年的纹章瓷，用类似素描渲染的手法，与西方绘画的方式非常接近。1760 年之后的瓷器很多是在广州绘制的，边饰基本上以西方纹样为主，颜色也有一些变化，特别亮、鲜的橘红色就是 1760 年之后才有的。

17 世纪时，欧洲的家庭没有什么室内装饰，到了 18 世纪，开始出现挂画和壁毯以及陈设陶瓷等，并出现了洛可可等新式家具样式。收藏陶瓷也是从 18 世纪开始的，随着生活越来越讲究，陶瓷的器型也越来越多。1760 年之后，外销瓷质量明显下降，但有些西洋画法的瓷器却品质特别好。例如，这件描写西方绅士骑马狩猎的大碗（图 5–22），直接由西方绘画样式中临摹而来，画工非常严谨细致，但这时候的品质不稳定。有一些少量的绘制精美的纹章瓷也是 1760 年之后的产品。1790 年的贸易量最多，画工开始机械化生产，就像现在画行画一样，流水线作业，品质也就粗糙起来，仿欧洲的纹样也画得很差。

图 5–22 清乾隆西方绅士骑马狩猎图碗

18 世纪中晚期，广彩瓷渐渐增多。广彩就是在景德镇购买白胎在广州按照欧洲订单的需要和西方人喜爱的手法绘制的一种釉上彩样式。这种样式画得比较满，富丽堂皇，而且有大量的金彩，衣服和人的脸上都会画上一点淡淡的阴影。清代刘小芬在其《竹园陶记》中说：“海通之初，西商之来中国者，先到澳门，后则达广州。清代中叶，海舶云集，商务繁盛，欧土重华瓷，我国商人投其所好，乃于景德镇烧造白器，运至粤垣，另雇工匠，仿照西洋画法，加以彩绘，于珠江南岸之河南，开炉烘染，制成彩瓷，然后售之西商”这里指的就是广彩瓷。一位美国旅行者于1769年在广州珠江南岸参观广彩加工场后说：“在一间长厅里，约二百人正在忙着描绘瓷器上的图案，并润饰各种装饰，有老年工人，也有六七岁的童工。”这种工场当时有一百多个。广彩采用满构图彩绘的方式，不仅构图繁杂拥挤，而且还加上描金，是复杂到了极点却不显高档的一种方式，这种方式日本和东南亚国家也有模仿。

19世纪之后中国外销瓷转向北美，以美国贸易为主。销售到美国的瓷器中，凡是有船的（美国商船）以及老鹰和美国国旗的都比较贵。还有一些著名的纹章，如纽约市纹章（图5-23），以及一些特别的纪念瓷，如有纪念华盛顿签署《独立宣言》画面的纹章瓷，都是比较难得的瓷器。销往美国的瓷器，和整个19世纪中国瓷器一样，品质较差。

图5-23　清乾隆纽约市城市纹章粉彩杯

19世纪有一些仿康熙的瓷画出口，仿得很好。像背后写有“康熙年制”四字款的青花瓷器，瓷质薄而坚硬，釉面和绘画都很好，但它不是康熙年间绘制的，而是19世纪仿制的。盛宣怀有后人居住在旧金山湾区，有一次他们拿出一大批家传的瓷器来卖，其中有盛宣怀夫人七十寿辰的瓷器，由上面的题款能查出他们的年代。但对于“康熙年制”款的盖杯，大家猜不出究竟是什么年代的产品。19世纪仿康熙的瓷器很多，20世纪初期开始不仿康熙了，而改仿乾隆。到20世纪中叶，仍有大量的仿乾隆的瓷器。19世纪，欧洲东印度公司退出历史舞台后，外销瓷订单零零散散，到八国联军入侵后也就停止了。20世纪初的出口瓷上标有“CHINA”矾红字款，20世纪60年代以后改为“Made in China”矾红字款。

第二节　陶瓷出口之路引起的瓷器普及与对世界语言文化的影响

一、日用器具的普及——全民的一种文化刻印

时至今日，陶瓷几乎成为了中国每家每户的必备日用器具，而追本溯源，这正是古代陶

瓷在其传播活动中所产生的重要影响之一。陶瓷的出现是以满足人们的使用需求为前提的，而陶瓷亦凭借着自身制造成本的相对低廉与对生产资料的较少占用成为其他日用器具的绝佳替代品。在商周时期，青铜器成为中国古代社会的主要生产资料，但资源的有限造就了不同阶层对生活器具的不同层面的把握，这个时期陶器的出现便成了平常百姓家生活器具上的替代物。而随着古代陶瓷的不断传播，陶瓷尽管依然存在着工艺品质的区别，产生了诸如官窑与民窑的区分，但最终彻底打破了不同阶级对日用器具类别上的区分使用。

随着古代陶瓷传播活动带来的陶瓷日用器具的普及，陶瓷在与中国传统文化的不断结合下，成了一种全民的文化刻印。在古代社会中的饮食、茶酒、宗教、丧葬、文艺等方面，陶瓷都留下了自身深刻的印记。以陶瓷与宗教文化为例，佛教约在西汉末传入中国，在魏晋南北朝逐渐开始在中国盛行。按佛教教义，菩萨是助佛宣扬佛法、教化众生的先知，观音是大慈大悲救苦救难的化身。两晋时期，菩萨与观音的信仰开始逐渐流行。中国唐代产生了以白釉罗汉像为代表的瓷质佛像，而宋代则出现了观音瓷像。菩萨在佛教的世界是“善”的代表与“美”的化身。尽管佛教中的菩萨是男子的化身传世，但在中国古代文化的不断演变下，菩萨的形象被赋予了女性化的特征，同时加以不断的美化，这种不断女性化与美化的菩萨形象与瓷器细腻白润的胎质，以及造型整体上的圣洁温润，构建成了一个和谐的整体，充分体现出宗教文化与陶瓷文化的自然结合。菩萨、观音的信仰与陶瓷雕塑的这种结合，也是将宗教的精神架构与具象显现的统一，将宗教信仰的传播加之以陶瓷的具象承载，中国古代陶瓷亦在这一过程中构建陶瓷自身的传播结构。在信仰普及之地建庙立像、泥塑金身，在朝廷庙宇与百姓家庭之间，供奉塑像如供奉神明。而这，便是古代陶瓷在传播活动中进行文化刻印的代表之一。

二、文化与符号交互流通的繁荣

作为文化与符号承载物与独特言语系统的陶瓷在古代中国各地乃至中国和世界各地的交互流通中展现出强烈的对话意愿与丰富的对话结果，而其中，尤以古代陶瓷的对外传播为代表。从唐代至明清时期，古代陶瓷经由丝绸之路不断远销亚非欧与美洲，遍及世界各地，在中国古代陶瓷不断对外对话的过程中，产生了两个结果。

首先，在于中国古代陶瓷对外传播的影响。

在亚洲，承载中国饮茶文化的陶瓷茶具传入日本，催化了日本在平安时代盛极一时的饮茶风尚与陶瓷茶具文化，奠定了日本茶道文化的开展基础，形成了中国茶席制式的日本茶道。在东南亚，陶瓷则彻底改变了众多地区的日用器具习惯，日用器具使用习惯则同时伴随着饮食、丧葬等文化内涵。明代张燮在《东西洋考》中写道：加里曼丹人民“初盛食，以蕉叶为盘，及通中国，乃渐用瓷器，又好市华人瓷器，画龙其外，人死贮瓮中以葬”。

在欧洲，中国陶瓷神秘的东方色彩符号成为欧洲的神话，《马可·波罗游记》记述了福建德化瓷器的生产过程：“从某个地下坑洞采掘一种特殊的黏土，把它堆成堆，任其曝晒、风吹、雨打，从不翻动它，历时三四十年，黏土质地变得更加纯化精炼，就可以把它做成上述碗杯形状，再用他们所想要的色彩在其上着色，入炉烧制。人们挖泥堆土，是为了他们的子孙储备制瓷原料。”此后，在陶瓷打破欧洲单一使用铁、铅、银为代表的日用器具的同时，欧洲也开始了不断仿制中国陶瓷的历程。然而，欧洲的仿制瓷器依然难以媲美中国生产的精致瓷器，一时间，中国陶瓷成为了贵族阶级在日用与装饰两个使用方面上的身份象征。中国古代陶瓷在欧洲的另一个影响在于对艺术特征与符号表达的结合。以18世纪为例，欧洲出现了“洛可可”艺术风潮，其代表特征是纤巧轻薄，华丽律动，注重曲线的应用——而这正与这一时期中国古代传播的青花瓷的特点相吻合。同时，青花瓷的淡青色又符合洛可可艺术的淡色色调风格。瓷器“象征了洛可可时代特有的光彩色调、纤美”。中国瓷器的符号特征与洛可可时代审美趣味的结合，成为陶瓷艺术特征与符号和欧洲艺术审美相结合的代表之一。

其次，在于中国古代陶瓷在对外传播过程中外来文化的传播反馈。

中国古代陶瓷在对外传播过程中由外销瓷产生的巨大利润驱动着各地瓷场的制作热情，在陶瓷所承载的中国符号的热潮逐渐褪去后，为迎合异国文化的不同审美情趣与文化风格，定制瓷应运而生，而其中以对欧洲的陶瓷传播为代表。

在陶瓷的器件造型方面，在欧洲特定文化的传播反馈下，中国古代窑场生产了众多以大、扁、方为造型的外销陶瓷，以适应欧洲的餐饮宴会等习惯，另出现了装饰盒、调料瓶、钟表座、剃须台等生活器具的新类目。而一些具体雕塑上，古代陶瓷受到欧洲雕塑的表征影响，开始用立体写实代替写意表达的雕塑风格，生产了许多人物、动物装饰雕塑。

在陶瓷的装饰符号方面，在绘画装饰中，中国古代陶瓷开始出现构图繁复，形象众多，画面色调明暗分明、层次多样、透视效果明显的绘画装饰风格。中国的山水文人形象褪去，出现了具有明显油画风格的人物肖像、神话事件与事典画面。在文字装饰中，中国文字符号的装饰被欧洲字母所代替，由灵动飘逸又各有区分的风格转为连续的纹样风格，内容也不再是具备中国文化表征意义的诗词，而转化为众多的宗教用语与帝王话语。在图案装饰中，面对欧洲文化独特的纹章艺术，出现了中国古代陶瓷全新的类目——纹章瓷，成为对欧洲封建等级文化的独特的陶瓷符号记录。古代陶瓷传播的对话构建中传播与反馈不断地进行着，造就了文化与符号的交互繁荣。

三、中国陶瓷对世界陶瓷文化发展的影响概述

从世界陶瓷的发展来看，作为古代文明地区之一的美洲，直至欧洲人进去之前，仅仅停留在无釉陶器的阶段，至今在非洲和大洋洲的某些地区，仍未从原始陶器向前发展。西亚、北非、欧洲，构成了另一个古代文明的地区，但西亚和北非的陶瓷艺术仅在古代和中世纪取得了辉煌的成就，到了近代则基本上没有多大发展；而受西亚陶器文化的影响并形成独特风格的欧洲，其陶瓷艺术的发展却从古代、中世纪、近代直至现代从未间断。东亚是另一个古代文明的世界，东亚的陶瓷艺术以中国为中心，无论是古代，或是中世纪，都曾对世界陶瓷艺术的发展起到促进作用。尤其是中国陶瓷对世界的影响，在

程度、力量和持久方面都是显著的。没有任何一个国家的陶瓷像中国的陶瓷艺术那样历史悠久、风格多样，而且艺术珍品多得惊人，并且流传四方。但是还应看到，西亚、北非的釉陶曾经对唐三彩的诞生起到引发的作用，而中国的唐三彩又给西亚彩釉陶器、日本奈良三彩，以至欧洲锡釉陶提供了范本。中国的青瓷、青花瓷、五彩瓷等对于世界的影响，已是有目共睹的事实。

纵观世界陶瓷艺术，在古代时期可分为三大区域，即东亚区域，西亚、北非、欧洲区域，美洲区域三大部分。中世纪时期则大致来自两大源流，并分为三大体系。所谓两大源流，一是中国，二是西亚。以中国为源的东亚陶瓷（主要指朝鲜、日本）呈直线发展，或者说东亚各国的陶瓷艺术虽然都有本民族的独特风格，但总的面貌又明显地保留着中国陶瓷的影响痕迹。以两河流域和埃及为源的西亚、北非以及欧洲的陶瓷艺术，却呈现比较复杂的发展趋向：一方面欧洲陶器受西亚的影响，但在发展过程中却形成了独立的艺术体系；而西亚、北非无论是古代陶器还是伊斯兰时代的陶器，都保持着比较统一并且比较稳定的地区风格。

总之，古代世界的陶器艺术都是农业文化的产物，它反映了人类在物质需要和意识形态上的一种共识；中世纪的陶瓷艺术则像国家和人种一样出现自然边界，分别形成东亚的儒学和儒教类型、西亚北非的伊斯兰文化类型、欧洲的基督教文化类型等鲜明的艺术风格，也可以说这是一种民族的共识；近代的陶瓷艺术日趋繁荣，而且名家辈出，从某种意义上讲，可谓是人的自觉创造意识的延展。

而以中世纪世界陶瓷的发展状况为例来分析，显然，中世纪世界陶瓷史仅限于亚洲、欧洲大多数国家和非洲北部（埃及）等发展成封建国家的地区，而且整个中世纪的世界陶瓷都接受了中国陶瓷的影响，并分别具有本民族的艺术内容和鲜明的民族风格。

首先来分析东亚陶瓷。以中国陶瓷为源的东亚各国，其陶瓷艺术实际上是从中国这一主流分出的支流。朝鲜高丽时代的青瓷、李朝时代的白瓷；日本桃山时代的茶陶文化、江户时代的青花和五彩瓷器，都是在中国文化和中国陶瓷的直接影响下产生和发展起来的。或者说，朝鲜、日本的陶瓷艺术与中国陶瓷艺术是一脉相承的。但是，高雅秀丽的高丽翡色青瓷、清淡隽美的李朝白瓷，充满了朝鲜民族对儒学佛典的新的理解，并形成飘逸淡泊的民族风格。而以中国陶瓷为父、朝鲜陶瓷为母产生的日本陶瓷，尤其是日本的茶陶文化，已经深化为生活的艺术。在日本掌权的将军，大名以及茶道名师的倡导下，茶陶文化历经千利休的“幽茶”而诞生“乐”茶碗、古田织部的“大名茶”而发展了美浓陶并形成“织部好”、小掘远州的“清秀古雅”而发展成“远州好”以及“远州七窑”，将日本的陶瓷艺术推向纯化而又促人感悟的审美境界。

再来分析西亚、北非的伊斯兰陶器。自公元 8、9 世纪中国唐三彩、邢窑白瓷输入西亚、北非等伊斯兰世界，促使波斯三彩（多彩釉陶和多彩刻线纹釉陶）、白釉蓝彩等伊斯兰陶器得以产生，并进一步发展。从这些伊斯兰陶器中可以看到唐三彩的富丽和华美。当然，这些中国式样的陶器，绝非全盘照搬，而是渗入伊斯兰特有的文化风采。自公元 11 世纪中期起，以青瓷为主的宋瓷大量输入伊斯兰世界，又促使原有的绚丽色彩变成清一色的格调。这时的陶器造型基本是仿制中国样式，甚至与中国青瓷放在一起几乎可以乱真。中国青瓷确实对伊斯兰陶器产生了决定性的影响。但是，伊斯兰陶器在其特定的文化背景下，完全演化成独特的民族风格。而且，波斯的彩绘陶器、白釉蓝彩陶器、铜釉彩绘陶器，对后来中国五彩瓷器、青花瓷器、釉里红瓷器的产生，起到了推动作用。此后，中国青花瓷、五彩瓷又给予伊斯兰陶器的发展以极大的影响。总之，西亚、北非的伊斯兰陶器，像华丽的清真寺一样神奇，像“天方夜谭”一样神秘，还像波斯地毯一样光怪陆离。尤其是伊斯兰华丽彩陶器，可谓集伊斯兰艺术之大成。其闪闪发光的纹样，彩虹般绚丽的色泽，已成伊斯兰艺术的象征。伊斯兰陶器上的装饰，将中亚的旋律、北部游牧民族的主题、亚美尼亚的石刻、中国的卷草等各种因素融汇一起，升华为独特的艺术形式。精美的伊斯兰陶器，在中世纪世界陶瓷艺术中，是一朵绚丽的奇葩，它可以唤起人们对整个伊斯兰文化的遐想。

中世纪欧洲陶瓷艺术的发展，最初是伊斯兰陶器经西班牙传入意大利，在意大利发展成风格独具的锡釉花饰陶，再越过阿尔卑斯山，在法国出现锡釉软质陶，直到公元17世纪荷兰代尔夫特锡釉陶以仿制中国青花瓷和五彩瓷而闻名天下。可以说，中世纪欧洲陶瓷艺术是在伊斯兰陶器和中国瓷器的影响下发展起来的。当然，欧洲中世纪锡釉陶还伴随文艺复兴的兴起，形成独特的艺术风格。它一方面从伊斯兰陶器和中国瓷器中吸收蔓藤翻卷的艺术形式，又在现实植物中寻求更为生动的形态，还从古罗马的装饰中寻求粗犷有力的结构。因此，平面的陶器纹样由于借助明暗法而产生立体感，这无疑是希腊罗马艺术精神的复苏。其翻卷律动的纹样结构中，常常增添鸟兽等动物形态，最终形成欧洲大陆所特有的奇异风格。此外，陶器装饰出现神话和宗教故事，表现方法也与同期的绘画趋向一致，多种釉色又为绘画性的装饰提供了工艺条件。我们在欧洲中世纪陶器艺术中，可以感受到奇异的力量、奔放的热情和理性精神。

因此，可以说中世纪时期世界主要陶瓷文化的发展都受到中国陶瓷不同程度的影响，这与中国陶瓷的普及程度紧密相关。

第六章　瓷器贸易对国内外语言文化产生巨大影响的原因

第一节　瓷器本身具有艺术性和实用性

一、陶瓷的艺术性与文化性

陶瓷是陶器和瓷器的总称。陶瓷是一种工艺美术，也是民俗文化。中国是世界上几个历史悠久的文明古国之一，对人类社会的进步与发展做出了许多重大贡献。在陶瓷技术与艺术上所取得的成就，尤其具有特殊的重要意义。在中国，制陶技艺的产生可追溯到纪元前公历4500年至前2500年的时代，可以说，中华民族发展史中的一个重要组成部分就是陶瓷发展史，中国人在科学技术上的成果以及对美的追求与塑造，在许多方面都是通过陶瓷制作来体现的，并形成各时代非常典型的技术与艺术特征。

（一）陶瓷艺术

1. 陶瓷艺术发展史

早在欧洲掌握制瓷技术之前一千多年，中国就已能制造出相当精美的瓷器。从我国陶瓷发展史来看，一般分为陶和瓷两大类。胎体没有致密烧结的黏土和瓷石制品，统称为陶器。其中把烧造温度较高，烧结程度较好的那一部分称为“硬陶”，把施釉的一种称为“釉陶”。而经高温烧成、胎体烧结程度较为致密、釉色品质优良的黏土或瓷石制品称为“瓷器”。中国传统陶瓷的发展，经历过一个相当漫长的历史时期，种类繁杂，工艺特殊，所以对中国传统陶瓷的分类除技术上的硬性指标外，还需要综合历来传统的习惯分类方法，结合古今科技认识上的变化，才能更有效地得出归类结论。

从传说中的黄帝尧舜及至夏朝（约公元前21世纪～公元前16世纪），是以彩陶来标志其发展的。其中有较为典型的仰韶文化以及在甘肃发现的稍晚的马家窑与齐家文化等。

在西安半坡史前遗址出土了大量制作精美的彩陶器，令人叹为观止。这数千年间，除日用餐饮器皿之外，祭祀礼仪所用之物也大为发展。从公元前206年至公元220年之间的汉朝，艺术家和工匠们的创作材料不再以玉器和金属为主，陶器更加受到重视。在这一时期，烧造技艺有所发展，较为坚致的釉陶普遍出现，汉字中开始出现“瓷”字。

同时，通过新疆、波斯至叙利亚的通商路线，中国与罗马帝国开始交往，促使东西方文化往来交流，从这一时期的陶瓷器物中也可以看出外来影响的端倪。

（1）六朝时期

六朝时期（公元220年~581年），迅速兴起的佛教艺术对陶瓷也产生了相应的影响，在此时期作品造型上留有明显痕迹。公元581年隋朝夺取了权力，结束了长期的南北分裂局面，隋朝瓷器也开始兴起于市。

（2）唐代

唐代（公元618年~907年）被认为是中国艺术史上的一个伟大时期。陶瓷工艺技术改进巨大，许多精细瓷器品种大量出现，即便用当今的鉴测标准来衡量，他们也算得上是真正的优质瓷器。唐末大乱，英雄竞起，接踵而来的是一个个朝代争夺局面，即五代，这种局面一直持续到公元960年。连年战乱中却出现了一个陶瓷新品种——柴窑瓷（萧窑），质地之优被广为传颂，但传世者极为罕见。

（3）宋代

陶瓷业至宋代（公元960~1279年）得到了蓬勃发展，并开始对欧洲及南洋诸国大量输出。以钧、汝、官、哥（官窑）、定（民窑）为代表的众多有各自特色的名窑在全国各地兴起，产品颜色品种日趋丰富。

（4）元朝

公元1280年，元朝建立，枢府窑出现，景德镇开始成为中国陶瓷产业中心，其名声远扬世界各地。景德镇生产的白瓷与釉下蓝色纹饰形成鲜明对比，青花瓷自此起兴，在以后的各个历史时期也一直深受人们的喜爱。

（5）明朝

明朝统治从1368年开始，直到1644年。这一时期，景德镇的陶瓷制造业在世界上是最好的，在工艺技术和艺术水平上独占突出地位，尤其是青花瓷达到了登峰造极的地步。此外，福建的德化窑、浙江的龙泉窑、河北的磁州窑也都以各自风格迥异的优质陶瓷蜚声于世。

（6）清朝

清朝统治二百余年，其中康熙、雍正、乾隆三代被认为是整个清朝统治下陶瓷业最为辉煌的时期，工艺技术较为复杂的产品多有出现，各种颜色釉及釉上彩异常丰富。到清代晚期，政府腐败，国运衰落，人民贫困，中国的陶瓷制造业日趋退化。

（7）民国

民国成立以后，各地相继成立了一些陶瓷研究机构，但产品除沿袭前代，就是简单照搬一些外国的设计，无发展可言。民国初，军阀袁世凯企图复辟帝制，曾特制了一批“洪宪”年号款识的瓷器，这批瓷器在技术上不可谓不精，以粉彩为主，风格老旧。由于内战频仍，外国入侵，民不聊生，整个陶瓷工业也全面败落，直到新中国成立以前，再未出现过让世人注目的产品。

2. 陶瓷艺术的历史传统

中国传统陶瓷艺术，尤见装饰匠心。中国传统陶瓷装饰形式，大体上有刻镂、堆贴、模印、釉色、化妆土、彩绘六大类型。图案纹样装饰于陶器早在新石器时代的仰韶文化中的彩陶上就已出现。先民们感受生活的自然现象创造出波折纹、圆形纹、编织纹等图案，以二方连装饰形式呈现在陶瓷器物上，在西安半坡遗址出土的一件绘有精美的人面和鱼纹的彩陶盆是新石器时代彩陶中的精品。陶器上的纹饰是先辈们对于自然和人自身观察的结果，陶工们对于点、线、面的熟练融合，对花纹繁密的组合以及对于旋纹与弧线的审美感，不但表明他们对于自然和人类自身有了一定的认识，而且还表明自然界已经脱离了它的原貌，增加了人的思想和人的想象力以及人对自然的美化和崇拜。

商、周时期是以青铜器为时代标志的历史阶段，这一时期的陶瓷纹饰和青铜器纹饰相似，刻纹白陶的烧制成功是制陶工艺上一个重要的里程碑。它用高岭土制坯，烧成温度达 1 000 多摄氏度，素洁可爱的造型与优美的纹饰相结合，引人喜爱。

春秋战国时期，陶器主要朝建筑用陶和冥用陶两个方向发展。当时各侯国大兴土木，亟须大量陶制材料，这样就促进了建筑用陶的工艺水平。秦汉时期，“秦砖汉瓦”更成为制陶艺术的佳话，陕西省西安市郊的秦始皇陵附近出土的兵马俑，形体巨大，数量众多，生动地反映出秦兵剽悍雄伟的真实面貌，隋唐时期的三彩也是陶器中的瑰宝。

从商周到汉唐时期的陶器造型来看，它更多的是反映人和社会，人已成为陶器造型的主体，陶瓷艺术装饰反映了人间生活的千姿百态，陶器反映出人们对于自然和人类自身认识的深入，体现出汉唐文化的人文精神。魏晋南北朝的中国，进入了瓷器时代。隋代，中国窑工烧成了白瓷，隋代这项伟大的成就改变了青瓷一统天下的局面，以邢窑白瓷最为有名，有“类雪”之誉，开创了“南青北白”的新格局。有“诸窑之冠”美称的越窑，在唐代创造了中国青瓷艺术的高峰境界，唐代诗人陆龟蒙曾经写出这样的诗赞：“九秋风露越窑开，夺得千峰翠色来”。他把越窑的青瓷形容为“千峰翠色”，正是对越窑瓷青翠莹润之釉色特点的诗意写照。

宋、元时期的瓷器在工艺技术上达到了更高的水平。宋代是中国传统瓷艺达到最高美学境界的时代，也是“玉的精神”和类玉的品质体现得最为深刻的时代。钧、汝、官、哥、定五大窑所取得的卓越成就，使中国在人类制瓷上登峰造极。它那冰肌玉骨般的素雅、沉静品格，成为后世瓷业执着追求的审美风范。明清时期的瓷器在宋、元制瓷技术的基础上，达到了制瓷业的顶峰。永乐年间的白瓷洁净如玉、薄如纸，给人以甜美的感觉，永乐年间的青花瓷也很有特色，宣德年间的青花瓷达到了完美无缺的地步。明朝在高温单色釉方面也取得了辉煌的成就，祭红见于成化，鲜红夺目，祭蓝以氧化钴为色料，蓝色纯正。宣德年间的祭蓝瓷尤为精致。清代的瓷器在康熙中后期有所发展，康熙时期的青花纹饰采用西洋画技。雍正、乾隆时期彩釉瓷发展最快，雍正时期以清丽媚见长，乾隆时期以富丽堂皇为特点。这期间烧制的仿古窑精品，无论纹饰、造型、款识都达到了足以乱真的地步。

追溯中国历史各个时期的陶瓷产品，陶瓷装饰有两大特点：一类是以适合陶瓷器皿的图案纹样装饰形式，另一类是以中国绘画形式在陶瓷器皿上进行的工艺转换表现形式。

陶瓷艺术装饰形式从唐、宋、元、明、清到现代可分两类：一类是写意绘画，另一类是工笔绘画。这两种绘画装饰形式都是中国绘画艺术发展时期在陶瓷产品上呈现的特征。唐代长沙窑出现釉下彩绘花鸟，正值唐代花鸟画艺术已有相当高水平时期，技法成熟、笔法流畅，一气呵成，自然生动，是唐代民间花鸟画的艺术风格。而宋代的陶瓷刻划花的精细都是反映了花鸟绘画风正转化为工细的工笔画的鼎盛时期，也为元青花、明清的陶瓷工笔画、粉彩的出现奠定了基础。陶瓷艺术装饰形式无论是写意还是工笔画都是中国特有的绘画艺术装饰形式在陶瓷上的表现。陶瓷艺术装饰反映了中国人文画的历史性影响，形成了中国陶瓷装饰特有的艺术风格。

陶器和瓷器是人为制作的物品，他们在反映客观世界的同时，必然反映人的主观意识，陶瓷艺术装饰表达了人的自然观念，人的想象、情绪和理想。陶瓷艺术装饰精致地表现了中国自古以来人与自然和谐统一的人文思想，历代陶器和瓷器装饰纹饰既有自然界的山山水水、花鸟鱼龙，又有人类自身，而且在这一纹饰中，总是执着地追求人与自然和谐统一。陶瓷艺术装饰表现了人物内心纯真的感情和潇洒的风度，使人成为真正优美的形象。中国瓷器还体现了中国人民对历史的尊重，瓷器所表现出的人文精神，反映着中国人民对美好生活和美好事物的艺术化追求，它不愧为中国传统文化的典型代表。

陶瓷艺术装饰的传承和发展都与中国传统文化息息相关。如何在传统文化中提取精华，汲取养料，如何在传统和创新中寻找平衡点，不放弃任何新的发展途经正是我们这一代乃至几代陶瓷艺术工作者共同追求的目标，使陶瓷文化更广泛地传播与发展是我们陶瓷艺术工作者义不容辞的责任，让我们广大陶瓷艺术工作者们共同努力，给陶瓷艺术装饰赋予新的审美理念、新的表达方式，相信陶瓷艺术装饰的明天将更加辉煌。

陶瓷艺术装饰是中国优秀文化之中的重要组成部分，它是我国民族的宝贵财富。中国瓷器从隋唐时期便开始向外域流传，宋、元、明、清各代，瓷器都作为重要商品行销全国，走向世界，陶瓷艺术装饰品作为商品在流通的同时，也在不断地传播中国的陶瓷文化，促进了中国文化发展，所以中国素有“瓷国”之称，誉满全球。制瓷工艺代代都有传承和创新，中国生产的各具特色的陶瓷对满足人民的生活和审美需要及对外经济、文化交流都起着重要作用。

（二）陶瓷文化

1. 陶瓷文化的概念与特征

以往对陶瓷的研究，多从陶瓷发展史、陶瓷技术史、陶瓷贸易史和陶瓷的实物鉴定等角度对陶瓷进行研究，偶尔从文化角度进行研究，但都缺乏系统性。对陶瓷进行文化学研究，是对陶瓷所进行的更为系统、更为全面、更为综合和更为深入的研究。

（1）关于陶瓷文化的研究与探索

陶瓷无论就其自身存在的形式，还是用于生活中的各方面发生的联系，都和整个文化发展分不开。研究历史有时要借助于陶瓷，研究文化发展史更离不开陶瓷。陶瓷与许多文化均有相当密切的关系，翻开中国美术史，无论是绘画还是雕塑，都有陶瓷作品成为某一时期发展的重要标志。还有似乎与陶瓷毫不相关的中国音乐史和中国舞蹈史，也都有陶瓷作品记载着他们发展的过程，如陶埙、陶瓷腰鼓、瓷箫以及绘有舞蹈人物的彩陶盆，汉唐时代的舞乐陶俑等，无一不说明陶瓷作为一种文化形态所涉及的范围是相当广泛的。而且由于陶瓷材料本身的坚固耐久性，能把久远的历史遗迹保留下来，提供给后人翔实而又可靠的形象资料，所以陶瓷是研究文化发展中不可缺少的一个部分。

陶瓷只是一种物质材料，但它一经人们的智慧和双手创造成具体作品后，便将物质与精神融为一体，这是一个非常引人入胜的问题，也是一个充满五颜六色、丰富而多彩的问题，需要诸多专家和学者广泛而深入地研究探讨，才能提炼出问题的丰富内涵。

对陶瓷进行美学研究，这也是对陶瓷深入研究的一个方面或者说是一个反映，但文化学研究应该比美学研究更加广泛，更加全面。《中国工艺美学思想史》和《手艺的思想》两书中，也涉及对陶瓷进行美学的、历史的和文化的研究，有的观点颇有见地。

近年来，在陶瓷文化研究中，方李莉的《新工艺文化论——人类造物观念大趋势》《传统与变迁——景德镇新旧民窑业田野考察》两本书，都是从新的视角对陶瓷文化尤其是景德镇陶瓷文化进行研究的学术成果。她的研究角度是新的，是从社会学和人类文化学的角度，对景德镇陶瓷文化进行研究，其研究方法是田野考察，强调个案和社区研究，从而得出一般的结论。这种方法无疑是独特的，其观点也是新颖的，其研究成果得到了导师的赞赏和广泛的好评。周星在评价她的《传统与变迁——景德镇新旧民窑业田野考察》时指出："方李莉则是要描写陶瓷这类器物的一个造物文化丛。'瓷文化丛'，是指那些与瓷器相关的各种文化特质的集合体。其载体如方李莉所说，不是一个部落而是一个行业，不仅有器物，还是那些陶工和陶艺匠人，包括对理解这些民窑生产出来的器物显得至关重要的所有社会及文化的背景因素的总和，这就跳出了以往只关注陶瓷本身的叙述倾向。例如，相关的工艺流程，不同的时代精神与审美趋向，器物造型及流脉、陶工、陶瓷艺术和陶瓷业经销者的行会组织与社会人际关系网络，形形色色的瓷俗及风火神的信仰，海内外需求的变化等，所有这些都在方博士的视野之中。"这种研究视野，应该是文化研究的视野，这是陶瓷文化研究日益深入的表现和反映。

程金诚近年来涉足陶瓷文化的研究，相继出版了《人性的容器和文明的载体——中国陶瓷文化》《远古神韵——中国彩陶艺术论纲》和《中国陶瓷艺术论》等著作。程金诚这样评述陶瓷文化："陶瓷是一种最为普遍而又极为重要的文化承传的载体，陶瓷以其特殊的方式不断延展着人类前进的足迹，通过一个个的、一代代的陶瓷器物，把人类的智慧和文化意蕴'固化'并世代相承，这种文化历史的链条从来没有中断过。从这个角度说，陶瓷是人类的另一种生命符号，这是任何其他文物都不能比拟的。"

（2）对陶瓷文化定义及其特征的探讨

从以上的探讨，可以对陶瓷文化下如下定义：所谓陶瓷文化是指在陶瓷的泥做火烧与销售、消费的过程中和各个环节中所呈现的材质文化、工艺文化、制度文化、行为文化、物质文化形态和情感、心理、观念、习俗等精神文化的面貌，它是由中国文化传统所决定的。它是一种独特的传统文化，也反映和表现了中国的文化传统，它以功能性与审美性相统一为特色，以满足人们实用的和审美的需要为目的，以科学技术和造型艺术相统一为特性，是中国民族文化的精粹之一。

如此一来，陶瓷文化不仅局限于陶瓷的器物，还应包括以下几个方面：制造陶瓷的工艺过程、方法、技巧、原料、材料、燃料、窑具、烧制、选瓷、包装、运输；制造陶瓷过程的制度、风俗、习惯；用瓷、赏瓷；制造陶瓷的思想、文化、观念、情感；陶瓷制造过程和器物中所寓含的传统文化内涵的文化传统和中国近百年的陶瓷积淀看作陶瓷文化；即陶瓷文化包括了陶瓷的非物质文化和物质文化两个方面，它是两个方面的总和但不是两个方面的简单叠加，只有这样来定义、看待、把握陶瓷文化才是正确的、全面的。

根据以上陶瓷文化概念的定义，可以从中归纳出陶瓷文化的特征：① 泥做火烧，这是陶瓷的本质语汇，是给陶瓷文化下定义时不能忽视的一个根本问题。“泥做”，这里指陶瓷器的原料、胎骨特征，也是指陶瓷器的成型过程和方法；“火烧”，这是陶瓷的独特之处，陶瓷是火的艺术，如朱琰在《陶说》中所说：“画器调色，与画家不同，器上诸色，必出火而后定。”② 实用性与审美性的统一，这是陶瓷品的定位问题。陶瓷属于工艺美术，它既具有美术的一般特性，也有它独特的工艺美术的个性，正是因为这样的定位特征，陶瓷品既要满足人们的物质实用需要，也要满足人们的精神需要，它是物质产品和精神产品的统一体。需要说明的是，这种特性的概括是把陶瓷定义于工艺美术的范畴而做的，基于现代陶艺术已是独立的艺术种类，不在此文论述。③ 科学技术与造型艺术的统一，这是与泥做火烧相关联的，这是陶瓷器的独特性问题。任何一件陶瓷器，都不是单由科学技术或造型艺术所造就的，即使如颜色釉制品也不单纯由科学技术决定，还必须考虑造型和造型块面分割以及流动效果。任何一件成功的陶瓷品，都是由科学技术和造型艺术完美的结合所造就的。④ 陶瓷文化的民族性、区域性特征。探讨陶瓷文化的特征，必须综合考虑人、水、土、火四个要素，必须考虑制造、生产、包装、运输、销售等各个过程与环节以及在各个过程与环节中，人的行为和以心理的、情感的和审美的各种因素，还必须考虑民族性、传统文化和时代因素以及区域性的影响。这是陶瓷文化的深层背景因素，是决不能忽略的，或者说这是界定陶瓷文化的民族属性、文化属性和地域特性的一个前提性问题。⑤ 陶瓷文化的文化传统特征。要正确的阐述和理解陶瓷文化，还有两个问题必须说明：传统文化和文化传统。中国的陶瓷文化，都天然地与中国传统文化和文化传统相关联。

所谓中国传统文化，就是中国文明历史长河的文化积淀，其内容包括自然科学、人文科学的各个门类，包括中国历史发展过程中各个历史时期的文化积累，包括中国社会和中华民族的风土人情等。所谓中国文化传统，就是中国传统文化中绵延流传，通古贯今的文化内涵。这大体上也就是钱穆所说的“一民族文化之传统，皆由其民族自身递传数世数十世数百世血液所浇灌，精肉所培壅，而始得开此民族文化之花，结此民族文化之果”。徐复观则说：“我们所说的传统，是某一集团或某一民族，代代相传的生活方式和观念。因为是代代相传，所以从时间上看，有其统绪性；因为是某集团的，所以从空间上看，有其统一性。”其内容包括自然科学、人文科学各个门类的思维方式、文化样式及其价值取向，包括中国各民族的生活习惯等。

因此，我们说中国陶瓷文化是中国的传统文化，也可以说是中国的文化传统，而且只有把中国的陶瓷文化看作中国传统文化和中国文化传统的统一体，才是全面的和正确的，也才会是深刻的。

2. 陶瓷文化的类型

陶瓷文化的类型是指陶瓷文化处在不同的空间环境中的历史延续的形态特征。陶瓷文化类型一个重要的方面就是文化的横向比较，即比较陶瓷文化表现类型上的差异。这种差异不是一般性的差异，而是本质属性的差异，因而可以反映文化的丰富多样性。不仅反映了不同文化的个性和民族性，而且反映了民族性独特的创造能力和特殊发展道路。陶瓷文化类型有以下特点：

（1）互动性

在陶瓷文化研究当中，所谓的陶瓷文化类型实际上指的是陶瓷文化的宏观视角，因为就陶瓷文化的空间来讲，它的范围既超出了一般工艺品的范畴，又超出了民族国家的领域，但是这种超出却是以工艺品为基础，又服务于工艺品的，同时，它又是以民族国家为基础而服务于民族国家的。陶瓷不只是一种单纯的工艺品，而且是人类创造和赖以生存的造物。从后一点来讲，在人类早期的生活资料，甚至生产工具中，陶瓷扮演了举足轻重的角色，在人类后来历史发展过程中，陶瓷的作用依然十分重要，其表现形式也更加丰富。例如，陶瓷既可以用作器具、陈设，也可以用作装饰和高科技材料等。陶瓷作为一种物质而存在，但是其本身并非一种单纯的物质，其发展的过程是由物质到精神，再由精神到物质的循环过程。例如，前面叙述的文化结构，作为工艺文化的陶瓷本身就凝结了文化结构的不同层次，而同时它本身又启动了文化结构的新因素。陶瓷与社会生活的其他方面处于一种互动状态，因而形成了一个整体。同时，陶瓷文化根植于一定的民族文化空间，但其发展却呈现出多民族或者说多国家的互动性，即使在最大的空间，即文明空间中也能够形成整体。因而从内部结构到外部层次与范围，陶瓷文化类型的意义就显示出来了。

（2）比较性

陶瓷文化类型的比较，首先，陶瓷文化结构诸因素作为工艺文化与文化结构诸因素之间的比较。例如，陶瓷文化结构中有艺术文化，即陶瓷艺术文化，它与文化结构中的艺术文化具有可比性，即陶瓷绘画与绘画之间的比较，陶瓷雕塑与雕塑之间的比较，陶瓷装饰艺术与总体装饰艺术之间的比较。陶瓷绘画与绘画之间存在着相同与不同的因素。所谓相同指的是绘画艺术起源于陶器绘画艺术，绘画艺术的发展相对薄弱的时期，往往以陶瓷绘画艺术的实例作为补充。陶瓷绘画追求绘画的艺术特点和风格，以求达到别开生面的艺术和装饰效果。而不同之处指的是陶瓷绘画是在一个器体上展开，而绘画艺术属于平面艺术。因而从整体来讲，两者的空间展示不同，所产生的效果也就不尽相同。

从构图上讲，陶瓷绘画着眼于周体，即围绕器物进行具有围度的展示，因而构图往往展得很宽，经常表现出重复的连续特征。绘画除了册页一类的形式，往往构图较为集中和单一。从描绘上讲，陶瓷绘画一般是把形象描绘在坯体表面，或施了装饰釉的器体表面，经烧结后完成，而烧结前后的效果除了珐琅彩装饰外，很难有一致的时候。绘画则直接绘在纸绢上，并且可以直接显现出效果。此外，两者的表现手段也不尽相同，陶瓷是工艺，因而其绘画是随着工艺品种而展开的，不同的工艺品种不仅可决定陶瓷绘画的效果，而且可以传达的思想境界也不尽相同。比如，青花、粉彩、釉里红的绘画，不仅效果不同，而且分别反映着皇权的中心地位、封建宫廷的雍容华贵和封建文化体系的虚弱。而绘画虽然也有不同的表现形式，但是没有陶瓷品种那样的器类表现，也没有陶瓷品种那样较为直接的意境。

从陶瓷的情况来讲，陶器的起源是多元的，瓷器则发明于中国。从世界范围来说，除中国陶瓷外，还有朝鲜陶瓷、日本陶瓷、欧洲陶瓷、阿拉伯陶瓷、美洲陶瓷等，即使这样作为陶瓷文化的类型与汤因比的文明社会类型的划分一样牵强，但是这样至少可以从一个尽可能宏观的角度来考察世界陶瓷文化和各种陶瓷文化之间的关系，从而可认识到陶瓷文化的丰富性、个性和民族性。人类处于不同的地理位置，就会生活于不同的自然环境和社会环境中，并且在这种不同的环境中进行物质资料的创造和生产，形成不同的生活方式，并创造出文化总体结构中独特的内涵，也创造出陶瓷文化总体结构中的独特内涵。不同的文化特质不断实现功能上的整合，并且在文化体系中体现本质，陶瓷文化在其中成为一种积极的因素，因而随不同的文化形态形成不同的独特形态。

陶瓷文化类型特别与民族性格和民族心理直接相关。陶瓷文化属于不同的种族，因而具有自身的永恒的特征，而这种特征是它与自身周围可以相互繁殖的因素结合而形成和固定的。于是存在于不同种族，陶瓷文化所获得的感受力和想象力也有所不同。陶瓷文化的历史是一个充满生命活力的过程，它有发生、起伏、成长、衰落的表现，而不同的陶瓷文化既有各自独立的发展过程，也有相互影响相互联系的过程，必然与偶然的因素并存，按照其内在规律进行运作。陶瓷文化的整合性体现于某一文化的整体特征及与其他文化的联系，但是整合性同时具有重心，即使在重心存在之前的积淀过程中也存在整合的因素，但在形成特征的过程中，必定有一个向心力，这个向心力就是整合的结晶，同时也是不同特质断别和比较的出发点。考察陶瓷文化，不是去考察一种单一的因素，而是考察陶瓷文化内外空间结构的形态关系。从总体上说，陶瓷文化是文化群体的一种符号，代表和反映着这个文化群体的本质内涵。它集中体现着一个民族的灵魂，一个社会的精神风貌。

陶瓷文化强调的不是中心性，而是重心性。所谓的重心性强调的是侧重，同时具有兼顾性。我们在强调陶瓷文化的时候，切不可忽视社会的发展及在这种发展过程中人与人之间的相互关系。我们在强调一个民族的陶瓷文化的时候，切不可忘记它的组成部分就是其他民族的文化因素。同时，在研究陶瓷文化类型的时候，要充分认识到它的可比较性和不可比较性。所谓可比较性就是根据文化发展的普遍规律和特殊规律来设定不同的文化按照同一个程序进行发展，因而他们之间便可以显示出可对位的实际比较。所谓不可比较性是指每一种文化都有自己特定的程序和演变规律。

（3）相对性

这里所讲的相对性，是指衡量陶瓷文化的价值没有一个统一的标准。这是由于不同地理环境的人类群体及其生活方式，发展方向是不相同的。世界上的陶瓷文化有具体的和特殊的一面，也有抽象的和共同的特征。陶瓷文化固然具有互动性和可比较性，但是这些特性都不是无限的，而是有限的，即有限的互动性和可比较性。例如，以工艺的形式反映社会上人与人之间的关系，只是一个反映而已，无法全面地直接地进行体现，特别是不能直接体现社会关系中的制度因素。社会关系、制度因素是现实当中的事物，是直接而全面地作用于人们生活的因素，而工艺形式对于人们的生活的作用虽然也可以是直接的，但是却十分有限。文化群体的互动有强势和弱势之分，也有强势吞灭弱势的例子，但是作为互动而言，往往是两个强势文化群体之间的互动，即一种均势。如果没有均势的话，就会大大减少互动的几率，如中国古代陶瓷文化与伊斯兰古代陶瓷文化之间的互动就是典型的例子。然而在另一面，均势也决定了互动的有限性，即对于强大的文化群体，互动便是对象双方都要通过获得对方的因素来作为自身发展的营养，那么自身的因素则是决定因素，不可能通过互动把对方的自身变成自己的自身，也不能把自己的自身变成对方的自身。从比较的角度讲，任何一种比较都是有局限性的，因为文化有自己特定的发展环境，有自己赖以生存的特定土壤。一种文化在一种土壤上可生根开花，在另一种土壤上却未必可以。因此，要在文化之间比较优劣是不现实的，所谓的比较，只能是一种文化通过与其他文化的比较，更清晰地显示出自身的特征。

中国封建社会的陶瓷文化反映了精神方面的内容。欧洲的陶瓷文化特别是瓷器文化来源于中国，在这种来源产生的时候，西方社会的君主专制形态恰与中国明末清初时期的封建专制形态相同，因而中国当时的瓷器文化传到欧洲以后，使西方艺术掀起“洛可可艺术”运动。陶瓷文化追求庄重华丽的风尚，而这种艺术特色又回传到中国，对中国瓷器文化也有一定的影响。

从以上叙述可以看出，陶瓷文化模式的出现通常是通过其发展的诸多因素整合统一的结果。中国青花瓷器的产生和成熟是根植于自己本民族的社会发展和文化发展的土壤，这种土壤显然是陶瓷文化整合的基础，决定着陶瓷文化模式的面貌和发展方向。这同时也表明，整合也显现了差异，一种陶瓷模式的出现总是含有比较性，即与之不同的陶瓷模式的出现。

二、陶瓷的实用性

不同于其他文化艺术品，陶瓷是一个既可以深入到各阶层琐碎生活中去，又能成为各种文人雅士创作的媒介和鉴赏的名作。它可能是家中宠物吃饭喝水的器皿，也可能是文物拍卖会上众人哄抢的瓷雕。瓷器制作的本意也就是使用，在上面添彩绘画只是满足上层阶级使用者使用精致物品的需求以及审美需求。而随着陶瓷技术的不断精进和延伸，制瓷成本下降，陶瓷产量升高，于是兼具艺术性和实用性的各种瓷器也就逐渐遍及世界各个角落。毕竟不是所有的人都能够深入欣赏陶瓷的美，并为其买单，但是每个人都需要更加结实耐用又方便的容器或者其他日用品。下面笔者将从实用性的角度来分析陶瓷的特征与发展史。

（一）陶器的产生

纵观陶瓷发展的历史，我们发现，是人类自身生产和生活的发展而产生的对于特定用途的器皿的需求，促进了陶器的发明。人类在与大自然共处时，缓慢地产生了对于水、火、泥土的性能的认识，在不断深入的认识和实践中，推动了陶器产生的进程。至于那些被认为是“陶器发明者”的历史人物，不过是这个历史过程中的必然代表而已。

陶器的产生与农业的出现和发展有着密切的联系。我们通过对新石器时代早期的前陶时期和有陶时期文化遗址的比照，可以发现，农业经济相对发达的黄河和长江流域的文化遗存中，制陶业比较发达，而渔猎和采集经济比较发达的地区，如我国东南沿海一带，其制陶业就相对滞后，这说明农业经济所带来的定居生活和随之而来的熟食、贮藏、灌溉、制酒、洗涤、饮水等一系列生产生活方式，促进了陶器的产生。早期陶器的出现，同时也给农业经济带来了巨大的发展，使农业开始居于社会生活的核心地位。在我国漫长的农业经济社会中，制陶业和其他手工业一样，都是为农业生产服务的“副业”。

在社会生产力发展之后，人们的劳动产品有了剩余，这样就产生了贮存和保管食物的需求；在房屋和村落形成之后，为了获得生活必需的水，就有了汲水和贮存水的需求；在取火和熟食的生活方式形成之后，为了烹煮食物，就有了对于耐火容器的需求，凡此种种，都是刺激古人去探求陶器制造技术的最直接的因素。不可否认，在陶器产生之前，人类曾经长期以自然物为容器（如贝壳、兽角、兽皮、葫芦之类硬果的壳、植物编结的篮子，乃至动物的颅骨或者尿泡等），用来满足汲水、储物等功能，但这些自然物都存在着这样或那样的缺陷，如为了耐火，人们往往不得不采用在外部涂上泥土层等办法来补救。在后来的实践中，人们发现经过火的煅烧之后，泥土会变得坚硬、耐水，从而启发了他们直接用泥土来制作器皿。

恩格斯在《家庭、私有制和国家的起源中》说：“可以证明，在许多地方，或甚至在一切地方，陶器的制造都是由于在编制的木制容器上涂上黏土使之能够耐火而产生的。在这样做时，人们不久便发现，成型的黏土不要内部的容器，也可以用于这个目的。”莫尔根也在他的《古代社会》一书中，提到了不少有关制陶术起源方面的实地调查材料：“在没有陶器以前，则采用一种粗陋的方法：即将食物盛于涂了黏土的篮子中，或置于张有兽皮的土坑中，然后用烧热了的石头投之，使之煮沸。”他还提道“古奎是十九世纪最早提出陶器发明的方法的第一人，即人们将黏土涂于可以燃烧的容器之上以防火；其后他们发现只有黏土一种也可以达到这种目的，因此制陶术便出现于世界之上了。”

古奎在他的笔记中记录了1503年漫游新大陆的冈内维勒上校叙述的当地土著民族的生活情景。在南美洲东南海岸，土著民族所使用的容器，甚至煮沸食物的壶、罐之类，都涂有大约一指厚的黏土，以达到防漏和耐热的目的。在北美洲的土著部落中，最初制造的陶器，似乎是以灯芯草的茎秆或柳枝做成的篮子作为器模，待泥浆硬化后将篮模烧掉，然后得到印有篮纹的粗陶器。

由此可见，最初陶器生产的根本动力就是日常生活需要。随后，应生活所需，陶器的器类品种日益增多。新石器时代早期器类一般只有炊煮器的砂质陶罐与夹炭陶釜，食器中的泥质陶钵与碗、细砂质或泥质汲水器中的陶瓶与陶壶等三类，其品种比较单纯。到了距今五六千年前的新石器时代中期发展阶段，陶器的器类与品种则较前大为增多，其中炊煮器有罐、鼎；饮器中有杯；食器中有钵、碗、豆，汲水器中有小口双耳或三耳尖底瓶与大口双耳尖底罐等，并新出现了较多的盆、瓮、壶等盛储器、器座与器盖，当进一步发展到距今四千多年前的新石器时代晚期阶段时，陶器的器类与品种较新石器时代中期又有明显变化。其中除汲水器、尖底器所见较少外，常见的炊煮器有鼎、罐、鬲、饭、甑；食器有钵、碗、豆、簋；盛储器有盆、瓮、罐、缸、尊等；饮器则有较多出现，有杯、高柄杯、斝、鬶、盉、觚等，另有一些器盖与澄滤器等。

（二）陶瓷的器形变化

在器形方面，陶瓷的演变也几乎脱离不开实用性。

1. 日常饮食用具

碗类在所有陶瓷器物中，形体结构是比较单纯的，最早的碗多是圆底，类似切开的半球形，在这一基本形态基础上不断演进，碗类所发展出来的造型样式丰富而具有形式美感。盘类的特征是采取了横向展开的扁平状造型，径大腹浅，四周有斜向围起的边沿。主要用途是盛装菜肴、水果、点心之类物品。盘类造型的变化也很多，常见的有窝式盘、平盘、翻沿盘、折沿盘、高足盘、攒盘（组合盘）、多角盘、椭圆盘、扇形盘等。其中的高足盘也称为“豆”，下有喇叭形高足，上有深浅不同的盘体。宋以前就食无高桌，皆以几为案，席地而坐，豆与盘高低错落，可以达到充分利用有限空间的目的。杯，适用于饮水、饮酒和饮用各种饮料之用，体积比碗略小，通常呈圆筒形，有把。或侈口，或直口，也有碗形杯、高柄杯、盖杯、把盏、酒盅等异形变化。

2. 酒类器具

用粮食发酵酿酒的锅也依赖于陶器。《礼记·月令篇》记载：“……陶器必良……大酋监之，毋有差贷。”黄翰《石门（现石家庄）五铭》记载：“一线之漏，足以败酒”。《北山酒经》记载：“东南多瓷瓮，洗净便可用。西北无之，多用瓦瓮。若新瓮用炭火五七斤，罩瓮其上，候通热以油蜡涂之。若旧瓮初冬用时，须薰过”，由此可见，陶器是酿酒必须的器皿。在山东，曾有距今约 5000 年的大汶口文化时期的大量酿酒器具出土，如谷物发酵的大口尊，过滤用的漏缸，接酒用的陶盆，蒸谷物用的甑、鼎，蓄酒用的陶瓮、陶罐以及其他大量酒器。

而酒作为古时贵族喜爱的饮料，饮酒的专用器皿样式也十分繁多，容庚在其《商周彝器通考》中，把青铜器类的酒器划分为煮酒器、盛酒器、承酒器、挹酒器四目，二十二类。1989年，台北故宫博物院所出《商周青铜酒器》，有陈芳妹《商周青铜酒器析论》专文，则划分为饮酒器、注酒器、盛酒器、挹酒器四目，十三类。

就陶瓷酒具来讲，杯、碗、壶、瓶的器类组合，逐渐在魏晋南北朝时期形成体系，并逐渐成为日常酒具的主要组合。碗、杯等敞口器，器皿口沿部可以与人的嘴有良好的接触，且圆形口沿不易撒漏，非常符合人体的使用尺度；而壶、瓶等主要作为盛酒器，瓶小口短颈，壶可以加盖，这都是为了防止酒香发散，且更易于倾倒。有两种器物的出现是与后来普遍使用的酒具不相同的，一个是梅瓶，另一个就是青瓷莲花尊。在陶瓷发展的进程中，古代的陶瓷匠师根据使用要求的不同，分门别类地制作出适合盛放不同液体物质的储运器。由于酒类容易挥发，所以酒瓮的品质要比较致密，烧成温度一定要较高才行。梅瓶作为盛酒的容器，其储酒的实用功能对器物造型有着主导意义，小口、短颈，既便于倾倒，而酒香又不易散发，并衬托出瓶身的挺拔和修长。梅瓶在我国宋代得到了较大发展，宋磁州窑系白地黑花梅瓶，器腹有"清沽美酒""醉乡酒海"等字句，说明其用途与酒有密切关系。明、清时期逐渐由日用瓷器转变为陈设瓷，像明定陵出土的青花瓷瓶就是一例。青瓷莲花尊是我国南北朝时期的大型盛酒器，1972年南京麒麟门外灵山的梁代大墓中出土有一件，另外在河北景县北朝封氏墓中也出土有一件，二者年代相近，形制相同，甚至花样纹饰都相差无几，是并不多见的酒具珍品。

除此之外，实用陶器还有茶具、文具（瓷砚、笔格、瓷印等）、洁具（洗、匜、唾壶、薰炉等），均是依据日常生活所需而制。

综前所述，最初发明陶器的原动力，首先是满足人们生产和生活中的功能需求，因此器形的考虑往往更处于优先的地位。杨永善先生说："在陶瓷造型的形态中，包含着功能效用、材料技术和形式美感三种主要因素。三者相互交融，相互渗透，相互作用构成完整的造型统一体，构筑了造型的基本结构形式。在不同类型的陶瓷造型中，三种因素的主次关系有所不同，这是由器物的目的性决定的。……器物的制造原本基于使用的要求，在造物的同时产生了造型，创造了各种适应生活需求的造型类别。由于生活方式和水准的不断变化，引起陶瓷造型的变化，出现了许多新的样式。同时，还有一部分实用的造型演化为装饰陈设陶瓷的造型。"可见陶瓷确实是集实用性与文化性、艺术性于一体的器物。

第二节 瓷器贸易分布范围广、延续时间长

一、陶瓷贸易的源头与时间

众所周知，我国是陶瓷生产与输出的源头，关于陶瓷贸易的起始时间尚未发现具体史料论证，但是在瓷器出现之前，我国的陶器与制陶技术就已传播到东亚和东南亚等地。

朝鲜半岛新石器时代发明篦纹土陶，公元前1000年左右，青铜时代出现无纹土陶，

公元100年至200年出现无釉印纹陶。可见，中国制陶技术最早影响到近邻朝鲜半岛，早在朝鲜半岛无纹土陶器时陶器和制陶技术已经传入朝鲜半岛。在汉江流域、琴湖江流域、草岛等地发现无纹土陶器时代黑陶，应该是受中国龙山文化影响的结果。中国山东龙山文化以黑陶为代表，陶器以面或磨光为主。公元前后的朝鲜半岛三国（高句丽、新罗、百济）时代，受中国战国、秦、汉时期灰陶、瓦当和原始瓷影响，生产灰陶和褐绿色陶器，出现了象生的陶塑，如女俑、骑士俑等。

中国大陆及台湾地区与菲律宾群岛之间很早便有先民的航海活动，中国陶器很早就输入到了菲律宾。早在公元前，菲律宾就流行瓮葬习俗，这种习俗可能是从中国南部传入的，考古发现菲律宾不少地方都出土了内藏遗骸的大陶瓮。

越南汉墓出土物中的甕、壶、鼎、甑、罐、盆、灶、碗、杯、匙、盘、烛台、乳钵、香炉等，与中国汉墓出土物形制相同。

中国云南很早就与泰国地区发生文化交流，在发源于西藏的湄公河沿线均发现有陶器。

据近代考古学家在马来半岛柔佛河流域的发掘，发现了许多中国秦汉时期的陶器残片，可以判断早在1世纪前后，中国与马来半岛居民就已有贸易关系。柔佛河是马来西亚柔佛州的重要河流，源于勃仑末山，向东南注入柔佛海峡。

荷兰考古学家奥赛·德·弗玲尼斯在印尼的巴厘、加里曼丹、苏门答腊、爪哇和苏拉威西各岛，均发现了中国汉代的陶器。在西爪哇的万丹发现用于祭祀和随葬的汉代陶器，可能是死在当地的中国人的坟墓，说明公元前后已经有中国人在此活动，甚至定居。

另一位荷兰考古学家海涅·赫尔德恩在中苏门答腊克灵齐古墓中发现一件陶制明器灰陶三脚鼎，底部刻有“初元四年”的汉字，“初元”是西汉元帝年号，初元四年即公元前45年，这说明公元前1世纪已有中国人到达了苏门答腊。他还发现一只碗，上面刻绘着穿戴中国服饰的人物和汉代式样的马匹图样。

雅加达博物院工作人员在中苏门答腊东岸英德拉吉里的关丹发现汉代的双耳陶钵，钵上刻绘图画与中国汉代山东嘉祥武氏祠石刻人物画像类似。该院还在西加里曼丹的三发收集到汉代薄绿釉瓷龙勺，被认为是1世纪时的中国瓷器。汉代制有盖大瓮在中苏门答腊克灵齐出土，瓮盖有山形图案。雅加达博物院收藏的一只存放尸骨的大陶瓮，时代相当于中国汉代，在南苏门答腊出土。总之，在印尼，中国汉代陶器出土之丰富可说明当时对华贸易之繁盛。

汉武帝平南越国后，汉朝使节已沿海上丝绸之路到达今印度和斯里兰卡，而马来半岛和印尼诸岛正是中国与印度贸易的中继港，柔佛和印尼诸岛则是古代中西航线的重要中继港。陶器的传播是瓷器传播的先声，后来的瓷器就是沿着陶器外传的道路走出亚洲，走向世界的。由此可见，陶瓷贸易的历史十分悠久。

二、中国陶瓷贸易地域分布

中国陶瓷输出历史悠久，丝绸之路以及海上陶瓷之路都是陶瓷贸易的路线。20世纪

60年代，日本以小山富士夫、三上次男为首的调查团在南洋、中东、东非等地进行考古调查与发掘，在各地陆续发现了唐代瓷片。三上次男说：“9至10世纪以后，即便经由陆上交通道路，尚有几许中国陶瓷运往西方，但主要担任普遍运往西方世界的任务，乃由海路实现。”下面将以明清时期瓷器外销为主要依据来分析我国陶瓷贸易所涉及的地域。

由于郑和下西洋和西方殖民主义势力的扩张活动，明代瓷器输出在规模上大大发展，瓷器不仅供国内各阶层人士使用，而且远渡重洋销往域外不少国家和地区。明代瓷器通过各种途径输出海外，一是明朝政府对外国的赐赠，二是永乐、宣德年间郑和下西洋的远航贸易。三是各入贡国家使节入华常以所产换回中国的瓷器，他们在回程时常常违法购买中国瓷器归国。四是民间的海外贸易，明代中期特别是成化、正德年间，民间海外贸易十分发达，瓷器的输出是重要内容，其中以青花、五彩瓷器外销数量较多。明代瓷器遍及亚、非、欧、美各大洲，从东南亚、南亚、阿拉伯、东非直到欧洲，从装饰品、陈列品扩展为日用品，清朝的陶瓷贸易更是在此基础上更进一步扩展。

（一）东亚

朝鲜半岛：景德镇的青花瓷器，朝鲜史籍称为“青画瓷器”“青花瓷器”或“釉里青”等。明代景德镇御窑烧造供宫廷使用的青花瓷器，是赠送给朝鲜的珍贵礼品和贸易品，大量流传到朝鲜，引起了李氏王朝的重视，其青花瓷器在中国影响下烧制成功。1428年，明朝使节尹风献给李世宗景德镇青花瓷器，李世宗命官窑仿制烧造精细青花瓷器。在李世宗的倡导下，青花瓷器生产非常兴旺，不惜耗费重金从中国进口青花颜料。为满足宫廷和贵族的需要，朝鲜王朝大规模生产青花瓷器，造成青花颜料的短缺。在李朝的奖励和倡导下，全罗道顺天府发现了类似中国回青的颜料，于是便开始仿明初景德镇的方法烧造青花瓷。

日本：明朝时期，中日贸易活动中瓷器是大宗商品之一。明代中国青花瓷在日本被誉为“冰肌玉骨”，大批天启时期青花瓷的订货和所谓的“祥瑞”青花瓷器，对于日本大规模烧制青花器有直接影响。16世纪，日本饮茶之风日盛，中国式陶瓷器为日人喜爱，需求量增加。日本一方面从中国大量输入，一方面开始试制新瓷器。

（二）东南亚

越南：越南古代被称为占城，我国和越南自古以来关系密切。《明史》第329卷记载，洪武十六年（1383年）赐赠占城瓷器各19 000件。永乐年间郑和七下西洋，首航便达占城港口（新州港，今归仁）。据跟随郑和下西洋的马欢《瀛涯胜览》记载，占城与郑和宝船进行青瓷交易。巩珍《西洋番国志》记载，占城“所喜者中国青磁盘碗等器及纻丝绫绢硝子硃等物，皆执金来转易而去”。

菲律宾：中国瓷器通过海上贸易不断输入菲律宾。据《星槎胜览》记载，三岛、苏禄用“瓷器”进行博易。在菲律宾人的社交生活中，瓷器是作为珍贵礼品使用的。1574年，菲律宾各酋长为了向西班牙国王表示忠诚，赠送“珠宝、黄金、丝绸、瓷器、贵重的大陶瓮及其他贵重的东西”。留存菲律宾的中国明代外销瓷，不仅有龙泉青瓷，还有明代前期青花盖罐。韩槐准《南洋遗留的中国古外销陶瓷》详细记载了作者亲见或收藏的明代外销瓷。菲律宾许多地方把中国陶瓷用于随葬品，因此中国陶瓷在那里被称为“坟墓里的器皿”。

文莱：《明史・外国传》“文郎马神”条记载：“初用蕉叶为食器，后与华人市，渐用瓷器”文郎马神在加里曼丹岛南端。

马来西亚：费信《星槎胜览》记载，中国商船至满剌加、龙牙犀角用“青白瓷器”进行博易。亨利・裕尔《古代中国闻见录》第一卷记载，1514 年（明正德九年）1 月 6 日，安德鲁葛沙列斯致鲁伦初美德旗公爵的信中说：“中国商人，亦涉大海湾，载运麝香、大黄、珍珠、锡、瓷器、生丝及各种纺织品……至满剌加贸易。”《明史》记载：“柔佛，近彭亨，一名乌丁礁林。永乐中，郑和遍历西洋，无柔佛名。或言和曾经东西竺山，今此山正在其地，疑即东西竺。万历间，其酋好构兵，邻国丁机宜、彭亨屡被其患。华人贩他国者多就之贸易，时或邀至其国。”又云：“王用金银为食器，群下则用瓷。”张燮《东西洋考》记载柔佛：“王用金银器盛食，民家瓷器。”

印度尼西亚：马欢在《瀛涯胜览》“爪哇国”条记载，其“国人最喜中国青花瓷器，并麝香、销金纻丝”。费信《星槎胜览》记载，中国商船在旧港用“大小瓷器”“青白瓷”博易，在苏门答腊用“青白瓷”博易，在花面、阿鲁用“瓷器”博易，在淡洋、吉里地闷用“瓷碗”博易，在交栏山用“青碗”博易。阿鲁，一名哑鲁，15 世纪苏门答腊岛上的小国，近满剌加，顺风三日夜可达。“永乐九年，王速鲁唐忽先遣使附古里诸国入贡。赐其使冠带、彩币、宝钞，其王亦有赐。十年，郑和使其国。十七年，王子段阿剌沙遣使入贡。十九年、二十一年，再入贡。宣德五年，郑和使诸蕃，亦有赐。其后贡使不至。”吉里地闷，即帝汶岛，马来群岛南端的岛屿。帝汶岛是檀香的重要产地，很早就被中国古籍提到。《星槎胜览》作“吉里地闷”，《东西洋考》译作“迟闷”和“池闷”，《海岛逸志》译作“知汶”，《海录》译作“地问”。交栏山在今印尼加里曼丹岛西南岸外的格兰岛，又作勾栏山。明代张燮在《东西洋考》中记载，在加里曼丹的文郎马神，“初盛食以蕉叶为盘，及通中国，乃渐用瓷器。又好市华人瓷瓮。画龙其外，人死，贮瓮中以葬”，加里曼丹土著居民还用中国瓷器酿酒。

泰国：中国瓷器输入泰国，有经朝廷的赐赠。《明史》第 329 卷记载，洪武十六年（1383 年）赐赠暹罗瓷器 19 000 件。郑和第二次下西洋，至泰国湾，曾将丝绸、瓷器赠送给暹罗的王公大臣。有经郑和下西洋时至此地的贸易所得，据费信《星槎胜览》记载，中国海船在暹罗用“青白花瓷”进行博易。明朝成化、正德、嘉靖年间民间海外贸易发达，也有中国商人贩运至此。万历三十六年（1608 年）荷兰东印度公司的一份备忘录中记述一位中国商人回大泥国（在今马来半岛东岸泰国北大年府一带）时贩运去的瓷器，“有奶油深盘五万个，细盘五万个，细芥辣壶一千个，大盘一千个，大细碗一千个，并配套适量小碗，能装二十英两的酒壶五百个，有把壶五百个，精美大杯五百个，精美小盘五百个，精美果盘二千个，盐碟一千个及大盘二百个”。

缅甸：中国商人从云南经陆路和从闽广经海路到缅甸经商，他们把制瓷技术带入了缅甸。明人朱孟震《西南夷风土记》记载普坎（蒲甘）“器用陶、瓦、铜、铁，尤善彩漆画金，其工匠皆广人，与中国侔”。该书还记载中国福建、广东海船运销瓷器至勃固。勃固位于缅甸南部，是今缅甸勃固省的首府，距仰光约 80 千米。缅甸的马达班湾（今莫塔马湾）的毛淡棉是东西海上交通的转运中心，也是中国瓷器的转运中心。自 13 世纪 80 年代至 15 世纪 40 年代的 150 年间，中国瓷器从福建泉州运至此地，在这里大量转运出口，或在当地仿制。这些瓷器被称为马达班瓷器，销往缅甸各地和东南亚各国，甚至欧洲。

柬埔寨（真腊）：《明史》卷 329 记载，洪武十六年（1383 年）赐赠真腊瓷器 19 000 件。19 年后，又“遣行人刘敏、唐敬偕中官赉瓷器往赐”。据元代周达观《真腊风土记》记载，中国商船至真腊以金银、瓷器和丝绸交换当地土产。明张燮《东西洋考》卷三“柬埔寨”条记载了中国商船到彼国时的贸易情况。近代发掘柬埔寨吴哥窟遗址，发现很多中国瓷器碎片，其中就有明初产品。

老挝：清代老挝遣使来华 20 多次。在两国之间的朝贡贸易中，清朝回赠的物品中有瓷器。两国边民的马帮贸易中，中国商人销往老挝的以及老挝边民购入的商品中也有许多瓷器。在老挝万象市郊古代的陶瓷遗址中，发现了中国瓷器碎片，其中有靛蓝花纹和用橙色及红色描绘的器皿等瓷器。

（三）南亚

斯里兰卡：据马欢《瀛涯胜览》记载，锡兰与郑和宝船进行青瓷盘碗、瓷器交易，锡兰即今斯里兰卡。费信《星槎胜览》记载，锡兰用“青花白瓷”进行博易。

印度：费信《星槎胜览》记载，中国商船在古里用“青花白瓷”进行博易，在柯枝用“青白花瓷”进行博易，在大唄喃用“青白花瓷器”交易。古里，又作“古里佛”，其境在今印度西南部喀拉拉邦的科泽科德一带，为古代印度洋海上的交通要冲。柯枝，即古盘盘国，亦译作“国贞”，故地在今印度西南部的柯钦一带，今印度喀拉拉邦最大的城市和主要的港口，是中西间航道要冲和重要港口，自小葛兰西北行，顺风一日夜可至。宋、梁、隋、唐皆入贡，15 世纪初与我国有友好往来，这里现在还可以看到许多完整的明代青白花瓷器，可能与郑和下西洋的活动有关。

孟加拉国：据费信《星槎胜览》记载，中国商船至榜葛喇用“青白花瓷”进行博易，榜葛喇即孟加拉国及印度西孟加拉邦。

马尔代夫：费信《星槎胜览》记载，中国商船至溜洋用“瓷器”进行博易。溜洋，印度洋上岛国，在今马尔代夫共和国。

（四）西亚

17 世纪以前，西亚和非洲是早期“陶瓷之路”的终点。景德镇瓷器输往西亚和非洲的主要是青白瓷、青花瓷（青白花瓷）等。广东、福建沿海地区生产比较粗的日用瓷器，也成为外销瓷的一部分，被称为“汕头器”的产品即属此类，其中的产品有的书写有汉文和阿拉伯文。在西亚，阿拉伯商人控制了大量的瓷器贸易，还有中国和印度商人。

伊朗：伊朗历代君王都大宗订购中国瓷器，在古波斯王室档案中曾发现萨法维王致明朝皇帝的17封书信，其中有4件明确要求中国运送瓷器。明代烧制的青花瓷器，有的有阿拉伯经文和波斯经文。例如，故宫博物院收藏的明正德年间的瓷器，有20多件带有阿拉伯经文和波斯经文。一件青花鸡心式瓷碗，开光后内有波斯文“君王”“永恒”“兴盛”“君王常存”“万世昌盛”等字样，说明这是明代瓷窑应对方需要特意烧制的，这些瓷器可能就是萨法维宫廷订制的。1611年，萨法维王朝阿拔斯一世（1587—1629年在位）一次就献给神庙中国瓷器1 162件。伊朗百姓中也使用中国瓷器，甚至“早餐喝牛奶也用瓷杯”。伊朗各地都有中国历代瓷器出土，各博物馆都保存有中国明代瓷器，数量品种众多。据费信《星槎胜览》记载，中国商船至忽鲁谟斯用“青白花瓷”进行博易。忽鲁谟斯，即霍尔木兹，是郑和下西洋的主要目的地之一，也是在有关郑和航海的文献中出现频率最高的地名之一。

叙利亚：16世纪初，在波斯的伊斯伯罕已有中国技师烧制瓷器，此后这种技术传入叙利亚，叙利亚有了自己的制瓷业。

阿曼：据马欢《瀛涯胜览》记载，祖法儿与郑和宝船以青瓷盘碗、瓷器进行交易。费信《星槎胜览》记载，佐法儿用“瓷器”进行博易。祖法儿，古国名，亦译“佐法儿”，在今阿拉伯半岛东南岸阿曼的佐法尔一带。史载自古里西北放舟，顺风十昼夜可至。明永乐十九年，遣使偕阿丹、剌撒诸国入贡，明成祖命郑和赍玺书赐物报之。二十一年，贡使复至。宣德五年，郑和再使其国，其王阿里即遣使朝贡，八年至京师。正统元年还国，赐玺、书奖其王。在阿曼苏哈尔古城遗址出土有中国明代青花瓷。

巴林：巴林，中东国家，位于亚洲西南部，为波斯湾西南部岛国，邻近卡塔尔和沙特阿拉伯。这里收集到的青瓷大部分是明朝初期龙泉窑产品。

沙特阿拉伯：郑和远航，派往麦加的使者携带的商品有瓷器。费信在《星槎胜览》中记载，天房用“青花白瓷”进行博易。马欢《瀛涯胜览》记载，明宣德七年（1432年），郑和船队至古里，内官太监洪保见当地人赴麦加，曾派“通事等七人，赍带麝香、瓷器等物，附本国船只到彼，往回一年，购得当地特产”。明朝后期，瓷器不仅从海路输出，也有从陆路输出的，陆路运送瓷器，比较艰难。刊刻于万历年间的《野获编》记载：“鞑靼、女真诸部及天方诸国贡夷归装所载，他物不论，即以瓷器一项，多至数十车。余初怪其清脆，何以陆行万里，即细叩之，则初买时，每一器物纳沙土及豆麦少许，选数十个辄牢缚成一片，置之湿地，频洒以水，久之，则豆麦生芽，缠绕胶固。试投之牢确之地，不损破者，始以登车。既装车时，又从车上扔下数番，坚韧如故者，始载以往，其价比常加十倍。”

也门：据费信《星槎胜览》记载，中国商船至阿丹用“青白花瓷器”进行博易，剌撒用“瓷器”博易。阿丹，古国名，今译作亚丁，故地在今亚丁湾西北岸一带，古时为宝石珍珠集散地，15世纪前期与中国互通使节贸易。

土耳其：16 世纪时，土耳其奥斯曼王朝已经建立起地跨欧亚非的庞大帝国，苏丹苏里曼一世时期西连法兰西，东通中国，曾在明嘉靖年间五次遣使到中国。随着政府使节的到来，土耳其传教士、商人、旅行家亦接踵而至。他们的活动对沟通中西之间的交流起了重要作用。著名的土耳其托普卡帕皇宫博物院收藏有属于明代正德、嘉靖年间的接受国外订制的中国瓷器。陈列室摆满了中国陶瓷，元末明初的大碟、大钵和元明时代出产的各种类型的青瓷，造型美观，色泽醒目。其中一只明代白底蓝花的瓷碗，上有苏轼《赤壁赋》全文和苏轼泛舟游赤壁图。中国瓷器是土耳其宫廷中招待尊贵的外宾时使用的餐具，博物院收藏的一幅画描绘奥斯曼帝国苏丹穆罕默德二世宴请外国使节的情景，餐桌上的餐具全部是来自中国的瓷器。土耳其语里“中国”（Cini）和“瓷器”是同一个词。

（五）非洲

唐宋以后，东非地区成为中国新的重要贸易伙伴，中国陶瓷大量流入瓜达富伊角以南的东非沿岸地区，东非沿岸所有古代遗址都发现了大量中国陶瓷残片。郑和下西洋，直接访问了东非海岸许多城邦，中国与东非和埃及之间人员的交流空前扩大，瓷器继续大量输入非洲。

索马里：索马里古代城镇遗址都发现明代的青瓷和白瓷的残片。据费信《星槎胜览》记载，竹步、木骨都束、卜剌哇用“瓷器”进行博易。竹步，古国名，在今索马里的朱巴河口一带，同木骨都束国接界。《明史·宦官列传》记载，郑和访问西洋诸国时曾到此。木骨都束，古国名，在今非洲东岸索马里的摩加迪沙一带，见于《明史·外国列传》和《星槎胜览》，郑和曾两次到此。卜剌哇，在今索马里境内非洲东岸。1950 年，在索马里和埃塞俄比亚交界处的三处古城废址发现了 13—16 世纪的中国瓷器，与沙埃丁岛发现的陶瓷碎片相同，青瓷居多，青花瓷次之，也有釉里红瓷器。

埃塞俄比亚：在埃塞俄比亚境内塔那湖的一个岛上的古代教堂内，一个精美的明代瓷罐装盛着死于 1597 年的国王顿加尔的内脏。

埃及：福斯塔特遗址曾出土宣德和成化青花瓷。十四五世纪，埃及开始仿制中国青花瓷器，造型和纹饰基本上模仿中国的青花瓷，往往有阿拉伯文的瓷工姓名。这种碎片在福斯塔特遗址中有不少发现，曾在开罗进行过调查的霍布林说：“在开罗周围到处散布着青花瓷片”。

肯尼亚：肯尼亚拉姆群岛发现了 16~18 世纪中国的青花瓷片。拉姆群岛上的帕塔城遗址出土了很多 16 世纪特别是十七八世纪中国古瓷片，绝大部分是青花瓷片。

坦桑尼亚：坦桑尼亚是非洲发现中国瓷器较多的地区，出土的不仅有宋代瓷器残片，也有明代至清初德化窑的青花瓷器残片。首都达累斯萨拉姆博物馆收藏有宣德青花瓷，还有釉里红瓷器和晚明瓷器。怯尼亚麻林附近的古城发现明代的青瓷和永乐至成化年间的青花瓷，还大量出土了明正德至万历年间的青花、白瓷和粗瓷中的“广东罐子”。当地大清真寺内水池底部两头各嵌有一个中国青花瓷。英国考古学家莫谢·惠勒在完成坦桑尼亚考古时总结说：“我一生中从没有见过如此多的瓷片，正如过去两个星期我在沿海和基尔瓦岛所见到的，毫不夸张地说中国瓷片可以整锹地铲起来。”他还说：“我认为公平地说，就中世纪而言，从10世纪以来的坦桑尼亚地下埋藏的历史是用中国瓷器写成的。”

莫桑比克：郑和海船到达东非后，中国瓷器在非洲的分布更向南方扩展。2001年，在位于莫桑比克岛上的圣塞瓦斯蒂安堡垒附近水域水下三米深的沉船残骸中发现明代青花瓷碗，布齐河三角洲发现有质量较差的青花瓷。

津巴布韦：津巴布韦有11处遗址发现中国青瓷。1929年，在津巴布韦一处号称“东方废墟”的遗址，发现两块中国明代青瓷碎片。在布拉瓦约以西德赫洛遗址发现一只17世纪明代的瓷碗。

南非：在南非林波波河南岸的马蓬古布韦废墟中，发现两块中国明代青瓷瓷器碎片，这可能是西方殖民势力东侵之前，中国古代瓷器向非洲传播最远的发现。跟津巴布韦、刚果境内出土的零星瓷片的发现一样，可能是非洲人从东海岸经陆路辗转传递的结果。

（六）欧洲

中国瓷器在很早以前就已经传到了欧洲，但是基本上都是通过西亚和北非商人间接传入的，数量非常稀少，而且往往被当成最珍贵的礼物送给国王和贵族，平常百姓是看不到的。

西方殖民势力东来，最初是葡萄牙商人，后来是荷兰与英国商人贩运中国瓷器转销欧洲。但连当时进口中国瓷器最多的葡萄牙，也不清楚中国瓷器的成分。17世纪，中国瓷器开始风靡欧洲，对欧洲宫廷生活和室内装饰影响很大，欧洲皇室和贵族都以收藏中国瓷器相互炫耀，1670年，法国国王路易十四在凡尔赛宫内修建托里阿诺瓷器宫，陈列中国青花瓷器。至18世纪，中国瓷器遍销全世界，并深入到了一般家庭之中。

明清外销欧洲的瓷器中有一种叫纹章瓷，把纹章即欧洲诸国贵族、都市、团体等的特殊标志烧在瓷器上，故名。纹章瓷始于明代，1974年英国出版的《中国纹章瓷》一书中收集纹章瓷两千件左右。据瑞典统计，有300多家贵族曾到中国订烧过纹章瓷。

葡萄牙：明正德十二年（1517年），葡萄牙人安德拉德到澳门西南的上川岛，1521年至北京。1557年，经明朝政府批准，葡萄牙人在澳门定居，葡萄牙与中国商贸总部设在澳门。在葡萄牙人运返里斯本的亚洲产品中，瓷器是大宗商货。达·伽马首航印度，就从加尔各答购置了一批中国瓷器，送给葡萄牙国王。此后每次葡属东印度公司商船东来，葡王都要委托购买中国瓷器，中国从这时起开始烧造适应西方市场的瓷器。

在葡萄牙人主导印度洋贸易并控制着欧洲东部的贸易路线时，欧洲各国都要从葡萄牙进口中国瓷器，里斯本成为当时欧洲销售中国瓷器的中心。万历年间，葡萄牙人从中国贩运的瓷器数量大大增加，每年有数以千计的瓷器进入葡萄牙，并由此运往欧洲各地。

西班牙：西班牙人掌握了中国与欧洲之间的另一条贸易航道。1519年（明正德十四年），西班牙殖民者攻取墨西哥，1521年—1522年横渡太平洋，1570年占领菲律宾吕宋岛。开辟了西班牙—墨西哥阿卡普尔科—菲律宾马尼拉—中国闽粤之间的“马尼拉大帆船贸易”海上航线，从而控制了欧洲西部的贸易路线。墨西哥阿卡普尔科港成为大帆船贸易在美洲的到岸港口，也是中国商货转运欧洲的一个中转站，运至其地的中国商货大部分转运到西班牙，瓷器是大宗商货之一。正如顾炎武书中记载的，“江西瓷器”也是西班牙人的嗜好之物。在菲律宾马尼拉湾发现的西班牙大帆船“圣迭哥”号沉船上，发现约 500 件克拉克瓷，此船大约在 1600 年沉没。

荷兰：荷兰在 17 世纪成为了亚洲贸易的主导力量。1601 年，即明朝万历二十九年冬季，范纳克带领的荷兰船队来到广东要求通商。1602 年，荷兰东印度公司正式创建，并从国会取得在好望角以东至麦哲伦海峡一带的贸易专利权。此后，荷兰从中国获得瓷器的数量大大增加，荷兰人还在海上劫掠载有中国瓷器的商船。荷兰人在圣赫勒那岛海边俘获葡萄牙商船“圣杰戈”号，船上货品于 1602 年在米德尔堡出售，又俘获葡萄牙商船“圣卡塔琳娜”号，货品于 1604 年在阿姆斯特丹拍卖。两次中国货物的拍卖激发了荷兰人对中国物品的欲望，荷兰东印度公司打破了葡萄牙商人的贸易垄断，成为 17 世纪从事东方贸易的最大公司，其亚洲总部设在巴达维亚（今印尼雅加达）。

德国：中国瓷器最早出现于欧洲时，被欧洲人视作奇珍，只有宫廷和贵族才能享用。1435 年，德意志黑森家族卡泽尼博根公爵藏有一只素身瓷碗，是 14—15 世纪中国青瓷器，被镶以银座，视为传世家宝，为人称羡。德国克赛尔朗德博物馆收藏的青瓷碗，附件金属饰具上有克宋·冶令伯克伯爵（1435—1455 年）的纹章图案，被认为是现存欧洲最早的具有可靠年代的明代瓷器。

意大利：那不勒斯收藏中国正德、嘉靖年间的外销瓷，多属接受域外订制的中国瓷器。意大利人最早尝试生产瓷器，最先是阿拉伯蓝色，随后又模仿中国青花。1470 年，经过阿拉伯人的传授，威尼斯炼金术士安东尼奥制成一种轻薄半透明的陶瓷器，1500 年左右便开始批量生产。托斯卡纳大公法兰西斯科·梅狄基（一作美第奇）于 1580 年试制成一种“梅狄基瓷器”，颇类华瓷，但器身粗糙，色泽粗黄。梅狄基在佛罗伦萨宫廷作坊生产的这种瓷器并不符合技术含义上的瓷器，而是“软胎”的半瓷器。意大利人不懂制造瓷器必须用黏土和彩釉，也没有提高窑温的能力，他们使用主要由白黏土和磨碎玻璃组成的混合物仿制瓷器，制作困难，损耗极大。1587 年，梅狄基去世后，梅狄基陶瓷便停止了生产，据说只有约 60 件产品传世，大部分保存在欧洲和北美洲的公共收藏机构。至 1627 年，皮萨城工人制成了软质青花瓷碗。

英国：英国人 16 世纪才了解到中国瓷器。在伊丽莎白女王时代以前，英国人很少收藏中国瓷器，其父英皇亨利八世只有一件瓷器，其他人也往往只有一件。女皇的亲信大臣威廉·西西尔曾得到几件中国青花瓷器，镶上银边并配以银座，可见其珍贵。1592 年，正处在与西班牙交战状态的英国海军舰队，在亚速尔群岛附近截获葡萄牙商船“圣母”号，船上满载东方珍奇之物，价值 50 万英镑。英国人从船上获得一部写于 1590 年（明万历十八年）在澳门出版的书，用拉丁文写作，内容是关于包括中国在内的东方国家的介绍。书中关于中国的内容被翻译成英文，发表在地理学家哈克卢特编辑出版的《航海全书》中。书中提到中国瓷器有三等，甚为葡萄牙人所宝重，他们不惜费事把中国瓷器运到日本、印度和欧洲各地。“圣母”号所得宝货，除最好的归于女皇外，其他的分给了与截船有关的人和商人冒险家，其中便有瓷器。1599 年，有一位旅行家汤姆 · 普拉特记载他在英的旅行见闻，讲到威廉 · 西西尔的下属瓦尔特 · 科帕是一位有钱的收藏家，他的一间屋子里满是奇奇怪怪的外国东西，其中就有中国的陶壶和瓷器。

法国：中国瓷器最初被法国人视为神奇之物，16 世纪时法国订制的徽章瓷数量比较多，可能跟法国民族崇尚有关系。17 世纪后期，法王路易十四曾命其宰相马札兰创立中国公司，到中国广东订制带有法国甲胄、军徽、纹章、族徽图案的瓷器，此后纹章瓷在欧洲大为盛行。

1698 年，第一艘法国商船“昂菲德里特”号来华，1700 年回国，带回 181 箱瓷器，其中有一件就是绘制了法国王室徽章现存于法国国家博物馆的康熙五彩瓷罐，而另外一件则绘有法国太子结婚的场景。1701 年，“昂菲德里特”号再次来华，从中国运去大量丝绸、瓷器和漆器。1734 年（清雍正十二年），运至法国的瓷器达 6.8 万件。1743 年，法国用七艘船运走华瓷 126 捆，345 包。1756 年，在中国境内付瓷器款 1 925.252 万里维尔。1769 年，有三艘法国船至中国经商，获利 525 万里维尔。据法国罗兰海军工厂记载，这些船只都是 1 000 至 2 000 吨位的货船，宜于瓷器运输。

瑞典：1731 年，瑞典东印度公司成立，次年从哥德堡派出第一艘商船驶向广州，揭开了中瑞贸易的新篇章。欧洲人对中国瓷器的喜爱和追求可谓如痴如醉，位于北欧的瑞典亦不例外，1759 年，瑞典公司在广州的代理人接到指示，要他们“购买重的和耐用的瓷器”。1781 年（清乾隆四十六年），运到瑞典的瓷器有 30 万件。瑞典王后乌尔利卡在斯德哥尔摩的皇后岛上建造了一个中国宫，里面摆满了从中国运来的漆器、屏风、家具、瓷器及丝绸制品等。1731—1813 年，瑞典东印度公司共进行 132 次亚洲航行，有 129 次皆至广州贸易，从广州进口共计 5 万件瓷器。

俄罗斯：18 世纪，中国与俄国之间有了早期接触，西欧的“中国热”影响到俄国，其宫廷和上流社会热衷于中国器物，中国瓷器成为他们喜欢收藏的珍器。建于 1704 年的彼得大帝夏宫，有陈设中国瓷器、按中国格调装饰的厅堂。舒瓦洛夫宫内的蓝厅摆满了形形色色的中国花瓶，餐厅里使用中国餐具，书房和卧室放有中国家具和工艺品，伊丽莎白女皇时期，从中国采购的器物中，也有瓷器、餐具。

（七）美洲

墨西哥：通过大帆船贸易，中国货物输往拉丁美洲，包括各种日用品和工艺品。1572 年，中国商船为西班牙在菲律宾的殖民当局运来丝货、棉织品和陶瓷等。1573 年 7 月，两艘马尼拉商帆装载 720 匹中国丝绸和 22 300 件精美中国瓷器，首航驶往墨西哥阿卡普尔科港，获利不菲，此后中国瓷器源源不断输往墨西哥。17 世纪初，西班牙史家德摩加记载中国商人携往马尼拉的货物，其中有“各种精美的陶器”。清代张荫桓《三洲日记》记载：“查墨国记载，明万历三年，即西历 1575 年，曾通中国。岁有飘船数艘，贩运中国丝绸、磁、漆等，至太平洋之亚冀巴路商埠，分运西班牙各岛。其时墨隶西班牙，中国概名之为大西洋。”阿卡普尔科港是大帆船贸易在美洲的到岸港口，成为中国商品集散地。从墨西哥城南通向这个太平洋港口的道路，被称为“中国之路”。每当满载中国货物的商船到达该港，均举行盛大的集市。来自美洲和西班牙的商人从这里把中国商品转销至中美、巴拿马、南美北部海岸、加勒比地区、秘鲁、智利、阿根廷等处。据说，中国瓷器初入拉美时，价值等同同量的白银。墨西哥的西班牙殖民贵族以拥有中国瓷器数量为财富和文明的标志之一。1968 至 1970 年间，墨西哥城修建地铁，出土 291 片中国陶瓷残片，其中有明代嘉靖至万历年间的青花瓷与五彩瓷，其中有桃形寿字青花瓷片，还有绘制莲塘水禽与长颈凤凰图样，且底部书“富贵佳器”“万福攸同”字样的瓷片。

巴西：16 世纪初，生活在巴西的葡萄牙贵族家庭里已使用中国瓷器。万历二十七年（1599 年），玛利亚贡萨尔维斯的家用器具中，购自印度和马六甲的三件中国瓷器，价值 250 瑞斯。17 世纪，巴西上层社会家庭已经普遍使用中国瓷器，用以装饰房间，充当赌注，抵现金偿付官员。巴西贝达卡绍埃拉学院一座教堂用中国瓷器装饰其钟楼塔尖。据记载，葡萄牙殖民当局没收一位叫席尔瓦的神父的货物时，查出 300 余件中国瓷器。

美国：纽约艺术博物馆收藏有中国明朝正德、嘉靖年间的外销瓷，属于接受特殊订制的产品。

三、其他国家与地区的陶瓷外销贸易

在陶瓷贸易的研究过程中我们得知，随着中国陶瓷贸易的延伸，中国制瓷技术也渐渐外传，随后，日本、欧洲、东南亚、美洲等地区的瓷器制造业也逐渐发展起来，融合当地风俗文化的陶瓷也在世界陶瓷贸易中占据一席之地。下面以日本陶瓷和欧洲陶瓷为例介绍其他国家与地区的陶瓷外销贸易。

日本瓷器最为著名的是肥前瓷器和伊万里，它以有田为中心，包括有田烧、波佐见烧和平户烧等周边瓷业在内，形成了一个大面积产瓷区。日本瓷器最早见诸外销的记录始于 1647 年，据记录，郑成功的船队在 1647 年经由泰国运输了 174 捆“粗制”的肥前瓷器去柬埔寨。随着 1650 年开始向荷兰东印度公司出口瓷器后，外销数量就迅速上升，据不完全统计，1652 年为 1 265 件，1654 年为 4 258 件，1658 年为 5 257 件，1659 年跃升为 56 700 件，即至迟于 1659 年日本瓷器就进入了大规模外销的阶段。可以说在日本瓷器大规模外销的这一阶段，日本瓷器与中国瓷器之间在外销市场上是存在互有上下的竞争的。

日本瓷器的主要外销市场有东南亚、欧洲、中东等地区。在明末清初战乱时期、清朝海禁时期，中国陶瓷产量减少，景德镇瓷器在东南沿海的销路中断，与荷兰东印度公司的瓷器贸易也暂时终止，此时欧洲为求满足市场需求，以风格相似的日本陶瓷代替，在东南亚地区出土的遗物中也有大量日本陶瓷现世。

“伊万里”，就是日本出口到欧洲高档瓷器的代称。由于日本出口到欧洲的精品瓷器有田烧均从伊万里港口出运，故欧洲对日本外销瓷一律称为“伊万里”（Imari）瓷，即以出口港命名，无论是“柿右卫门”风格还是以“金襴手”为代表的“古伊万里”风格。这些“伊万里”瓷装饰表现出的日式审美趣味，恰又符合欧洲人的趣味。当时欧洲正流行洛可可风格，其基本特点是华丽精巧、甜腻温柔、纷繁琐细，这与同期日本纷繁华丽、富丽堂皇的“金襕手”瓷风格是一致的。所以，日本“伊万里”瓷在欧洲颇受欢迎。

而欧洲的陶瓷贸易则在18世纪，当时欧洲许多国家瓷器制造业发展迅猛，成为工业革命中最重要的新型行业之一。欧洲工业化进程中的许多观念与做法，如工厂发展及分工明确的装配流水作业法，都首先出现于陶瓷业。这一时期，欧洲瓷器业不断研发新产品，开拓新市场，精品陶瓷成为中产阶级的收藏品。瓷器开始出口到欧洲列强的殖民地，其中以英国殖民地为多，尤其是向美国的出口贸易更为重要。

第三节　世界范围内的陶瓷大规模贸易与瓷器普及

在最初，陶瓷贸易量较小时，陶瓷是只有皇室贵族才能使用的器物，欧洲皇室与贵族疯狂地订制和收藏瓷器，许多国家的皇宫都设有瓷器陈列室，那时的英国首相华波尔还是鉴定华瓷的专家；英国瓷器研究学者简·迪维斯在《欧洲瓷器史》中对此类现象评述道：“皇家或贵族是否占有东方瓷器或者后来的欧洲瓷器，关系到他们的声望。瓷器增加宫廷的光彩。”日本一直认为最好的茶陶就是从中国进口的，中国陶瓷是各地领主、武士所向往的。东南亚地区的中国陶瓷最开始也是皇室、酋长才能拥有的。

而后，皇室王族的狂热带动了其他阶层人民的喜爱，各国与华的陶瓷贸易往来愈加频繁，贸易的陶瓷数量也十分庞大，再加上后期各国都纷纷开始自己的制瓷业，陶瓷产量大幅度上涨，陶瓷逐渐在中外社会的各个阶层普及起来。

一、陶瓷贸易的庞大规模

（一）中日陶瓷贸易规模

宋代崇宁四年，两浙路市舶司签发给泉州客商李冲的公凭中记载“今将自己船壹只，请集水手，欲往日本国，转买回货。经赴明州市舶务抽解，乞出给公验前去者。”所带货物有“象眼肆拾匹，生绢拾匹，白绫贰拾匹，瓷碗贰佰床，兹瓦堞（瓷碟）壹佰床”。记载中所谓的“床”应为安置器物的架子，据日本研究者考证，估计一“床”可装20件瓷器，按照此说，“兹瓦垸贰佰床”就等于4 000件碗，“兹瓦堞壹佰床”就等于2 000件碟，加起来共计6 000件瓷器，而这只是一只船上所载，可见当时舶商自中国贩往日本的瓷器数量相当可观。

（二）根据考古发现分析中国与东南亚地区的陶瓷贸易规模

宋元时期中国与东南亚地区的陶瓷贸易多从福建地区向外经海路运输，北向航线有两条：一条是往朝鲜半岛的航线，即从泉州或福州港沿岸北上至明州等港口，再沿岸北行至连云港附近海面，然后横渡黄海，抵达朝鲜半岛南侧岛屿，再逐岛航行至朝鲜西海岸；一条是往日本的航线，从泉州、福州港出发，上行至明州等港口，然后横渡东海，到达肥前的值嘉岛一带，再转航筑前的博多港或越前的敦贺地区。南向航线也有两条：一条是西线，即从福州或泉州港出发，往南沿岸航向至广州，再从广州出海；或直接从福州或泉州港出发，过海南岛东北端，穿过西沙群岛，经越南东南海岸，直插马来半岛南端，越新加坡海峡，到苏门答腊岛。随后一部分往西，经马六甲到达斯里兰卡和南印度，另一部分则向东南通爪哇等岛。另一条是东线，即从福州或泉州等港出发，向东南到达澎湖，再穿过巴士海峡到达吕宋岛、加里曼丹岛等地。在这几条航线所经流域有大量考古发现，其中有大量已证实的中国外销瓷。由这些丰富的考古发现足以证明中国与东南亚地区的陶瓷贸易的盛大规模。

1. 福建海域

泉州港与福州港是重要的海外贸易港口，宋朝福建生产的外销瓷主要通过这两个港口或转运或直运海外市场，在考古发现当中，从北部的福州港所在海域至南部泉州港所在海域，有许多宋元时期的沉船遗址和水下遗存点，其中有大量陶瓷器，比较重要的考古发现有：① 平潭小练岛东礁沉船遗址，采集的水下遗物均为陶瓷器，以各式陶瓶、陶罐为多。瓷器主要是龙泉窑青瓷，南平茶洋窑生产的仿建窑黑釉碗、兔毫盏及闽清义窑生产的青白瓷碟、碗、盘、执壶等。② 连江定海湾白礁一号沉船遗址，黑釉盏及白瓷碗是主要船货。③ 连江东洛岛元代沉船遗址，出水成批的青白瓷大碗。④ 莆田东吴门峡仔宋代水下文物点，遗物主要是福建窑场生产的青釉碗、罐等。⑤ 甫田兴化湾北土龟礁一号宋代沉船遗址，出水瓷器大部分为青瓷碗、盘、碟。⑥ 莆田兴化湾北土龟礁二号元代沉船遗址，沉船遗物均为白瓷，有碗、盘、碟等。⑦ 莆田湄洲湾文甲大屿元代沉船遗址，沉船遗物主要是陶瓷器，瓷器绝大部分为白瓷，另有少量青白瓷、酱釉器。

除此之外，还有莆田湄洲湾门峡屿水下元代文物点、泉州港后渚沉船遗址、漳州龙海半洋礁一号沉船遗址、漳浦县沙洲岛元代沉船遗址等，遗物也大多数为陶瓷器。

2. 福建北向航路海域

（1）新安海底沉船

位于韩国西南部新安郡，沉船出土了大量龙泉窑青瓷、景德镇窑瓷器，还有建窑黑釉系、钧窑系及其他窑口瓷器，和各色釉粗瓷器。建窑系黑釉盏为南宋时期建盏，其他一些黑釉盏出自南平茶洋窑，此外，沉船中还有一部分出自闽清义窑的白瓷，以碗、碟等日用器皿为主。而各种色釉的粗瓷器有一部分可能来自福建地区的窑口。

（2）日本奄美大岛仓木崎海底沉船遗址

除去产地不明的陶器，打捞上来 1 593 件瓷器，主要是龙泉窑青瓷、福建瓷器、景德镇青白瓷。福建瓷器占四分之一，主要是福建莆田窑口仿龙泉窑青瓷，闽清窑口生产的青白瓷，还有一件福建窑口生产的黑釉碗。

3. 福建南向航路海域

（1）中国阳江海域的南海一号

沉船年代约为南宋中期前后，出水陶瓷器以福建外销瓷窑口占船载数量、种类比重最大，还有景德镇窑青白瓷器、龙泉窑青瓷。福建瓷器产品主要是德化窑青白瓷碗、瓶、壶、盘、罐、盒等；闽清义窑青白瓷碗；晋江磁灶窑酱釉四系罐、小口陶瓶、扁瓶、绿釉印花葵口碟等。

（2）西沙群岛海域水下遗址群

主要包含华光礁一号沉船遗址、西沙北礁东北侧礁盘内的2010XSBW4遗址等。遗物包括青瓷、青白瓷、酱黑釉器、白釉、青白釉等瓷器，数量庞大，种类繁多。

（3）东南亚海域沉船遗址

包括布雷克海滩沉船，遗物大部分为青瓷、青白瓷、褐釉瓷等；鳄鱼岛沉船，出水船货大部分是广东、福建窑口的瓷器，多为青白瓷碗、青白瓷花口瓶、酱釉小口瓶；越南广义省元滨州沉船，水的瓷器主要是龙泉青瓷、景德镇青白瓷、福建青白和酱釉瓷，还有部分景德镇生产的青花瓷，除此之外，还有多处以陶瓷为主的沉船遗址。

（三）中欧之间的陶瓷贸易规模

在苏丹的宫殿里，自15世纪就一直使用中国瓷器做餐具，并特别建造了一座名为“中国哈奈”（Chian Khane）的建筑，以收藏这些珍品。有10 000多件中国瓷器的巨大收藏，其中青花瓷器约3 000件，被幸运地保存下来，现在陈列在伊斯坦布尔创造者塞拉格利奥的大厨房里，足见当时陶瓷贸易的盛大。

17世纪初期，荷兰东印度公司对中国瓷器文化的接触，也是从葡萄牙的carrack船开始。1602年，他们在大西洋的圣赫勒拿岛外俘获到一艘葡萄牙的cararck船“圣地亚哥”号，翌年，又在柔佛岛外俘获到一艘“圣·凯瑟琳娜”号。这两艘葡萄牙船装运有大量的中国瓷器，仅“圣·凯瑟琳娜”号就装有将近30 last的“数不清的各种瓷器”。根据荷兰著名瓷器研究专家沃尔克说：“1 last是2 000千克，为估计这‘数不清的各种瓷器’，我称了carrarck瓷器的一个大碟、一个盘、一块大碗、一块小碗和一个杯，他们的平均重量是550克，由此类推，这‘数不清’的数量大约是100 000件，这在当时的确是一个惊人的数字。”

同时，为了满足欧洲对中国瓷器需求的急剧增长，荷兰东印度公司迫不及待地想与中国建立直接的贸易联系。在达不到目的之后，他们则在中国商船经常去的邻近几个地方购买，如1623年，“莫里图斯”号从巴达维亚航行到阿姆斯特丹，在其载运清单中可看到63 931件中国瓷器，其中51 455件购自北大年，6 586件购自宋卡，5 890件购自巴达维亚，总共花了10 516荷盾，平均每件0.16荷盾，瓷器种类有盘、热饮料杯、浅碟、碗、罐、壶等；另一艘“瓦尔切伦”号从巴达维亚航行到米德尔堡，在其载运清单中可看到10 845件中国瓷器，价值2 826荷盾，平均每件0.26荷盾，瓷器种类与“莫里图斯”号装载的一样。1614年，巴达维亚总督燕·彼得逊·昆写信给荷兰东印度公司董事会说，他将运去大量中国瓷器，总价值 25 000 里亚尔，按当时的平均消费价计算，这批中国瓷器大约是 350 000 件；1615 年，亨德里克・詹斯从北大年写信给昆说："运回荷兰的货物仍是些不甚重要的存货，有价值约 1 700 里亚尔的中国瓷器。"如以每件 0.17 荷盾计算，这批中国瓷器约 24 000 件。

每当巴达维亚较长时间没有运回中国瓷器时，荷兰东印度公司董事会就会写信催促，如 1620 年 5 月 6 日，董事会写信给昆说，他们已很长时间没有收到任何中国瓷器，目前仍很需要，要求他购买一大批优质的、中等的和平常使用的粗瓷，特别要大盘 500 个、中盘 2 000 个、小盘 4 000 个、双层黄油碟 12 000 个、单层黄油碟 12 000 个，水果盘 3 000 个、小水果盘 3 000 个，热饮料杯 4 000 个、小热饮料杯 4 000 个，大碗 1 000 个、小碗 2 000 个，浅碟 8 000 个，餐盘 8 000 个；1622 年 9 月 17 日，董事会又写信给昆说，他们可以送来 20 000 里亚尔银元，要求购买大盘 400 个、中盘 2 000 个、小盘 4 000 个，双层黄油碟 4 000 个、单层黄油碟 25 000 个，水果盘 9 000 个、小水果盘 3 000 个，带卷边的热饮料杯 8 000 个，大碗 1 000 个、小碗 200 个，浅碟 8 000 个，餐盘 5 000 个。

与此同时，荷兰东印度公司还派人到福建漳州一带从事走私活动，或者伺机掠夺，如 1626 年，"希达姆"号从巴达维亚航行到阿姆斯特丹，其载运清单中有 12 844 件细瓷器是购自漳州河，价值 1 645 荷盾，平均每件 0.13 荷盾；1627 年，航行到荷兰德尔夫特的"德尔夫特"号的载运清单中，有各种瓷器 9 440 件；1632 年，"西伯格"号与"格鲁坦布鲁克"号分别从漳州河起航到巴达维亚，其载运清单中有细瓷器 4400 件。

1625 年，荷兰殖民者在我国台湾南部建立了殖民基地，称为"热兰遮城"，把中国台湾作为荷兰东印度公司贩运中国瓷器的中心。由商船载运到台湾的瓷器，被装上荷兰船和公司船运到巴达维亚，然后再载运到马来群岛以外的公司所设商站，而返航船队则把瓷器直接从巴达维亚载运到荷兰。在 1633 年 2 月 18 日，台湾瓷器的存货量是 1 800 件细瓷与粗瓷，但至 5 月 31 日，存货量则增加到各种细瓷 20 337 件。总督汉斯・帕特曼斯写信告诉巴达维亚，有 23 868 件瓷器将由"米德尔伯格"号运走。1636 年 9 月 30 日，在台湾地区运到巴达维亚及荷兰的商品备忘录中，有瓷器 212 144 件，10 月从台湾地区和澎湖运到巴达维亚的商品备忘录中，有瓷器 90 356 件，分别由"特谢"（Texel）"博米尔"（Bommel）"达曼"（Daman）"霍卡斯比尔"（Hoockcarspel）和"克莱・布里达"（Cleyn Bredam）号 5 艘船载运。台湾总督还与中国商人签订瓷器供应合同，以满足欧洲市场的需要，如 1643 年 4 月 25 日，一份台湾的备忘录详细记录了与中国商人朱西特、戴克林签订的瓷器合同，其数额相当之大，一次要求为欧洲市场提供 355 800 件瓷器。总督报告说，大量瓷器已汇集在台湾，其中多数较前次送来的样品好。他证实，同朱西特、戴克林的订货是以见过的最好样品为基础，要求"尽可能做得又好又精致"，一次给予 1 600 里亚尔，另 925 里亚尔做订金。总督已得到消息，这些瓷器将在 1645 年 1 月交货。贮存在台湾的细瓷由"黑伦"号运走一半，计 146 564 件，另一半连同预订的茶杯一起由"斯韦恩"号运走。

至 17 世纪 30 年代以后，随着欧洲市场对中国瓷器要求的不断增加，荷兰东印度公司亦不断加大贩运中国瓷器的数量，如 1636 年，集中了 6 艘船组成从巴达维亚到荷兰的返航船队，载运各种细瓷器及普通瓷器 259 380 件，外加散装的 1 855 件及 156 个装有冰糖和蜜生姜的瓷缸；1637 年，巴达维亚命令台湾地区运到荷兰的瓷器共 250 000 件；1639 年，巴达维亚运到荷兰的细瓷总数 366 269 件。有人做过这样的统计，在 1602~1657 年，荷兰东印度公司载运到欧洲的中国瓷器达 300 万件，此外，还有数万件从巴达维亚转贩到印度尼西亚、马来西亚、印度和波斯等地出售。对此，戴维斯在《17 世纪荷兰海外贸易概述》一书中感慨地说："世界对瓷器的要求是如此之多，以至于最后都充满了中国的杯和茶壶。"

以上数据和资料只是关于中国某一时期对外瓷器贸易的数量，此外，欧洲、越南、日本等国家均有瓷器出口，数量也十分可观。由此可见，在历史上，陶瓷贸易是世界范围内的规模庞大的重要贸易。

二、瓷器在世界范围内的普及

从前文叙述中可知，瓷器贸易遍及亚洲、欧洲、非洲、美洲等地，在明清时期，欧洲、日本等地的陶瓷制造业更是飞速发展，能与中国陶瓷的质量和产量相媲美。大范围的瓷器贸易以及大量瓷器生产必将导致瓷器在各国的社会各个阶层普及。欧洲也有史料记载，到了 18 世纪中国瓷器已不再是王公贵族的专有物品，欧洲中产阶级以及稍显富裕的下层阶级也已经开始消费陶瓷。菲律宾国立博物馆复原了一套 16 世纪末"圣地亚哥号"沉船中西班牙商人使用的餐具，其中除刀叉、酒杯为银器和玻璃器皿外，其余的盘、碗、酒壶及水壶均为中国青花瓷，可见青花瓷已经普及到东南亚商人阶层。明清时期，东南亚地区对华进行陶瓷贸易时已经进行有针对性的贸易，居民日常所用的瓷坛、瓷盘、瓷碗、瓷杯等开始流行，可见瓷器已经开始大量进入普通人的生活当中。美国独立战争之后，中美直接贸易开始，这为瓷器大量销往美洲创造了条件，并且受欧洲殖民者的生活习惯所影响，美洲人也逐渐将瓷器作为日常生活所需。日本、朝鲜等地作为中国的邻邦，日本更是作为瓷器出口的一个重要国家，其瓷器普及度无疑十分广泛。

正是由于瓷器贸易范围的广泛以及在社会各阶层的普及，瓷器才能作为文化习俗的载体，影响世界各国的语言文化与习俗。

第七章　出口贸易与语言之间的相互作用与启示

第一节　出口贸易与语言的相互影响与促进

一、语言与国际贸易之间的相互影响

（一）国际贸易活动中语言的特性

1. 对外贸易中的语言规范化特性

由于对外贸易活动的特殊性，就要求在此项活动中，要注意语言使用的规范化。在对外贸易活动中，由于涉及不同国家的不同文化，语言的交流也会在特定的文化环境下产生出不同的内涵，这就需要对外贸易中语言的使用必须重视规范化应用。在对外贸易活动中，如果双方想要表达的意思，没有通过正确的语句表达出来，就会给双方的交流带来各种不便和干扰，给双方的经济活动带来损失。在双方进行交流时，有时针对不同的商品、不同的贸易内容、不同的谈判场合，就要有选择地使用规范语言，准确表达出对外贸易活动中的想法，才能在很大限度上保证对外贸易的顺利进行，提升对外贸易的整体水平。

2. 对外贸易中的语言表达方式非直接性特性

在对外贸易活动中，要尽量避免采用直接、生硬的表达方式，这样会伤害到对方的情感，不易于对外贸易活动的继续进行。如果双方出现争执或存在利益纷争时，更要注意语言表达方式的婉转性，尽可能地为对外贸易活动创造良好气氛。非直接性的语言表达方式，可以让双方更好地接受不同的观点或想法，使对方能够听得进去，并逐渐向共同的想法趋近。对外贸易活动中出现争执是不可避免的，如何应对对外贸易活动中的观点争执，就成了考验对外贸易工作人员的一项重要标准。如何做到不伤害对方的情感，让对方能够最大可能地接受自我观点，这就需要对外贸易工作人员能够灵活处理对外贸易活动中的纠纷和不同。如果对方暂时不同意观点和想法时，可以考虑通过“需要时间考虑下，暂时不能做决定”等语句，为谈判争取时间，或是通过其他方式赢得思考时间和缓冲机会。

（二）语言对国际贸易的影响

语言在国际贸易活动中的影响十分巨大，首先，在双方语言不通的情况下贸易无法

进行。在这种情况下，就必须借助翻译人员或者翻译设备来进行沟通，但是这样无疑会增加贸易成本；同时，机械翻译与人工翻译都有可能造成语言的意思表达失真，对沟通环节不利。其次，在双方不了解对方的语言文化的情况下，极有可能造成沟通或者宣传过程中的表达错误，因为每个国家的语言习惯以及词汇释义不同。在这个国家寓意极好的词语在其他国家人民看来可能并没有什么感觉。例如，美国通用公司在雪弗兰车系中以“NOVA”为标志，在美国，“NOVA”代表的意思为“神枪手”，然而“NOVA”在西班牙的语言中却是“跑不动”的含义。美国通用公司采取的这一标语，就会受到语言差异的影响，导致雪弗兰车系在西班牙的销量比其他地区的销量低很多。而通用汽车公司的广告语“身在比利时（Body in Belgium）”译为法兰克斯语则是“渔夫旁的尸体（Corpse by Fisher）”的意思。中国的某款“羊牌”闹钟，品牌直译为英文是 goat，英语中含有“不正经的人”的意思。在日语中“祭”字表示节日，但是在中国“祭”字是丧礼上使用的词汇，在不了解日本文化的人眼中，带有“祭”字元素的产品是非常不吉利的。

语言对国际经济贸易发展的影响主要体现在两方面，即积极的促进作用和消极的制约作用。

从语言的交际功能来看，语言的趋同发展有利于交际性作用的发挥，共同的语言能提高经济活动的效益，融洽经济交往的氛围，最终成为促进经济发展的润滑剂。然而，任何语言都具有民族性，每个民族都有其自身约定的语言规则和符号体系，当全球化的趋势改变了交往的范围时，语言的同化发展成为新交往体系的要求和必然选择，反之，语言的多样化妨碍了人们进行有效的沟通，进而制约着经济一体化的进程。以英语为例，英语对经济的影响是显著的。一方面，英语作为世界语，在外交、经贸、科技、教育等众多国际领域和场合是第一大语言，为母语是英语的国家带来直接而显著的经济效益，促进了英语国家经济的进一步发展。英语对经济发展的积极影响也惠及那些把英语作为官方语言，但民族语言非英语的国家，诸如印度就是得益于国家早期发达的英语普及教育所带来的语言优势使其在 IT 业占据国际软件业的领先地位，在 IT 业尚未全球兴起时就向众多英语国家输出 IT 产品。相反，非英语国家和民族为融入英语国家构建的世界语言体系，不得不投入高额的语言学习资金来培养国际型人才，打造对外交流平台，无形中为国际交往增加了额外成本，但是无法拒绝英语全球通用的事实，否则，要么被孤立，无法获得世界经济发达国家的先进经验，滞后于全球经济发展的步伐，要么在国际交往中蒙受比投资学习英语更大的经济损失。由此可知，英语全球化对英语国家具有促进经济发展的优势，但对其他国家经济具有一定程度的制约作用。

从语言的思维功能来看，语言是人类的思维载体，不同的语群拥有不同的思维方式、意识形态和价值观，因此会形成不同的文化背景。语言这一载体特性影响着人们的经济行为，进而对经济发展产生影响。耶鲁大学的华人经济学副教授基思·陈认为德国人尊崇节俭和金融纪律；美国人无法说服中国多消费少储蓄；希腊人不考虑明天的存在而疯狂用钱等原因归结于语言，这是因为讲不同语言的人对时间概念不一样所导致。英语和希腊语的未来时间参照（FTR）强，而汉语的 FTR 比较弱，认为未来并不那么遥远，因而不同的人做出不同的经济学行为和决策，进而对经济发展带来不同后果。按基思·陈的论断稍加推理，如果希腊人像中国人一样，则会善于规划未来，或许可以避免如此沉重的债务危机。此外，语言差异也是导致文化多元化的重要原因。欧盟保护其文化多元化的局面，但是在进行国家间的交流时，不仅要支付相当一笔翻译费用，而且存在翻译过程中文化差异引发的翻译失误，从而蒙受经济损失所付出代价的风险。

此外，从语言本身出发，语言的某些特性也会对经济发展造成影响，如语言本身能构成人力资源的一部分，投入经济建设，促进经济的发展；语言自身具有产业性特征和经济价值，能发展成语言产业，为一国或地区带来经济效益，成为经济的增长点；语言是一种信息工具，在经济活动中需要语言符号进行信息交换，因而语言使用的效率和得体成为经济的利益点，广告语言就是充分利用语言满足经济运行的需求，对经济发展产生不可估量的影响；语言符号的任意性会致使部分人出于经济、意识形态等目的而随意篡改词语的意义，操纵人心，从而使得语言的交际功能破坏，不能传递真实信息，即所谓的“语言腐败”现象，将给社会经济改革和发展造成极大的危害。

也正是由于国际贸易中语言的特性与重要性，使得国际贸易对一国语言的发展变化有着潜移默化的影响。首先，国际贸易对语言的要求会促使本国的贸易从业人员和贸易研究人员、学子努力熟悉他国语言文化和语言习惯。在学习过程中，这些人员的语言习惯也会随之发生变化，经过多年发展与变化，逐渐沉淀为对本国语言和文化的改变。其次，国际贸易进口的产品也带有出口国的文化印记，如影视文化产品、国际化品牌等，这些产品的广泛宣传、消费和使用必然也会引起接触者对他国语言文化的好奇和探索，进而演变为对两国语言文化的融合和衍生。

二、语言与国际贸易间的相互促进

随着全球国际贸易的发展，语言在国际贸易中的地位也越来越受到人们的重视。从上文的各种事例中不难得出结论，语言文化与国际贸易之间存在相互促进的作用。以瓷器贸易为例，各国对中国陶瓷语言文化的向往、崇尚和喜爱促使他们疯狂地与中国进行瓷器贸易，在这一过程中，不仅其他特色产品，如丝绸、茶叶、香料、颜料等的贸易逐渐增长，国际贸易也逐渐向着规范化、规模化发展，产生了诸如东印度公司这样的大型贸易公司。同时，贸易的兴盛也使得国与国之间的语言及文化产生更多的交流和融合。例如，舶来词的产生，洋彩瓷、纹章瓷和“蓝色洋葱”团图案的产生，都是贸易带动语言文化交流的结果。

（一）国际贸易的发展推动了语言的发展

1. 国际贸易地位影响其他语言区域国家语言政策的设定和语言培养体系的建立

经济体通过自身经济实力产生的影响力，影响着其他语言区域国家语言政策的设定和语言培养体系的建立。首先，表现在经济贸易交往中，使用不同语言的贸易双方，由于经济实力在贸易双方中占主导地位，从而导致语言的主导地位。其次，由于经济实力强大，经济贸易的频率高，从而导致使用该语言的频率高，被认知度高于其他语言，从而逐步提升和确立语言的使用地位。在经济贸易活动中，贸易双方处于主导地位的经济体，通过商品的输出过程同时伴随着语言的输出，从经济交往的协商过程到商品的宣传、包装、说明等，整个流程都伴随着语言的应用。在贸易双方处于非主导地位的一方，为了扩大经济利益，同时也为了更好地实现经济目标，满足经济需要，必然会在语言政策的设定和语言人才的培养上与之相照应。例如，我国在新中国成立初期至20世纪70年代末期培养了大量的俄语人才，20世纪80年代改革开放初期，我国整体经济实力相对较弱，为了吸引外商投资，为了满足经济发展的需要，调整了语言政策，建立了新的语言培养体系，我国开始培养大量的英语人才和日语人才，俄语的主导地位下降。

2. 国际贸易地位影响着人们对于语言学习的选择

经济体通过自身经济实力产生的影响力，影响着人们对于该语言学习的选择，从而推动该语言的传播速度和传播范围。我国改革开放后，外资的引进，通过经济交流和外来商品的接触，让我们接触英语的频率增加，一时间“英语热”席卷全国。至今，对于英语人才的培养，仍然是我国外语人才培养的主要任务。外资的引进，也增加了更多需要英语的就业岗位，并且英语的就业岗位在薪金上会高于普通岗位，由于好就业、待遇好，因此吸引了大量的学习者主动选择学习英语。同样，随着改革开放的深入，我国总体经济实力全面提升，经济总量位居世界第二。伴随着国家经济影响力的提升，在商品输出的同时，汉语也逐渐为世界所熟悉。经济实力的提升、国民生活水平的提高、购买力的增强、旅游消费的需求增加，也直接导致了语言的传播。伴随着经济的发展，汉语的传播也更为迅速和广泛，各国对于汉语专业人才的培养也更为重视，建立了各自的汉语人才培养体系。到2012年，中国已经在100多个国家建立了350多所孔子学院。在2013年1月，美国国务卿希拉里·克林顿宣布成立“十万人留学中国”基金会，韩国、日本等国家在公共场所的广播、标志也在使用本国语言和英语之后开始加入汉语。

语言能力作为劳动能力的一部分，早已经是不争的事实。劳动力市场对劳动者的要求已经从对于母语的口语表达能力和书写阅读能力发展到对于外语的口语表达能力和书写阅读能力。例如，我国实施的职称外语等级考试，已经将外语能力作为衡量职业能力的重要标准之一。当人们认识到学习和掌握外语有利于个人的就业和发展，会自主选择影响力相对较大的外语进行学习，在这个选择过程中，经济因素是其选择过程中的重要因素。

3. 国际贸易的发展丰富了语言的内容

国际贸易的发展增强了语言的传播范围和传播速度的同时，也促进了语言的发展，丰富了语言的内容。在国际经济贸易之间，不同区域进行经济贸易绝对不是简单的孤立的经济交流，同时必然伴随着文化和政治的交流。通过这种交流，不同区域的文化和政治的碰撞中，必然使彼此的语言得到丰富。在经济交往中，语言得以丰富最为直接的体现就是对于外来语的吸收。在各种语言中都有外来语，直接丰富和影响着本国语言。而对于外来语的吸收一直以来就是通过经济、政治和文化的交流实现的。在各种语言的发展过程中，外来语是其发展过程中新词语的主要来源之一。而对于外来语的来源，往往是来自和原有语言系统进行经济、政治和文化交流最密切的语言区域。例如，英语的外来语主要来自法语、德语、阿拉伯语、捷克语、土耳其语、印度语、荷兰语等语种。汉语中外来语主要来自英语、德语、日语和俄语。二者相比较，我们不难看出，经济、政治和文化的交流直接决定了语言新词语的来源，直接丰富了语言的内容。

（二）语言文化发展对国际贸易的促进

语言与经济活动之间的作用是相互的，语言发展滞后就会阻碍经济活动的发展和进行，而语言的先进则会促进经济发展。

人类的一切社会活动离不开语言，而作为人类最主要的社会活动——经济活动也不例外，需要语言来组织和开展经济活动。没有语言，人类将无法从事正常的经济贸易活动，所以说语言是意义交流的符号工具，是经济活动的最根本载体。现代意义上的经济活动包括产品的生产、分配、交换和消费，作为思维工具和交际工具语言，是经济活动流程中必须的纽带。

具体而言，产品的生产过程从广义上包含原材料的设计、购买、投入到成品出产以及售后服务，涉及整个过程的衔接与协调，必然需要语言进行沟通与合作，尤其是在当前经济一体化进程加快的情形下，产品要素在世界范围进行跨界流动，语言的作用尤为突出。分配是指把生产资料分给生产者或消费资料分给消费者，其方式都需要按照一定的社会制度进行，而社会制度的生成与语言及其语言的运用密切关联，种种制度和规范存在于语言中，并以语言来作为制度存在的载体，用语言来界定、表述和呈现。换言之，正如市场交换需要货币这种中介一样，制度规则的存在需要语言这一中介来实现。交换既包含生产过程中人们活动或能力的交换，又包含一般产品或商品的交换，贯穿于生产过程、分配环节以及消费领域。随着社会分工精细化发展，社会经济生活也越来越依赖于交换，交换范围的扩展，交换主体间的频率越来越高，语言运用的频度、广度以及需求程度也相应提高。如果没有语言这一交际工具，交换将不能顺利进展乃至终止。消费是社会再生产的最重要环节，指的是人们购买社会商品或服务来满足自身需求的过程，涵盖消费者需求的诱因、购买行为、消费方式，还牵涉其复杂的选择或决策过程。其中，语言对消费过程的影响不可低估。在消费者的购买行为发生前，商品或服务的提供者利用语言的工具性功能使得消费发生，完成经济活动的最终一环。譬如，语言是思维的载体，通过言语的内化作用影响人的思维，进而影响受体的某些经济决策。最典型的例证就是广告语言、商标品牌以及其他营销手段，改变了语言的表达方式或呈现形式，从而诱发消费者的购买欲望，进而做出购买的决定。在国际经贸往来的过程中，不同的语言表达方式和表达技巧对经济活动的完成与否会带来截然不同的后果，一旦缺失语言这最基本的要素，商品和服务无法被相应的消费者知晓，更不用说激发其购买欲望或导致购买行为的发生。

同时，本国语言文化对其他语言的包容性、本国语言在国际上的地位也在一定程度上影响了本国经济贸易活动的发展。举例来讲，正因为英语在国际语言体系中的重要位置才使得英语国家以及英语普及度较高的国家在贸易中取得优势。假设在日后的发展过程中，汉语取代了英语世界通用语言的位置，那么以汉语为主要语言的国家则在国际经济活动中会占有一定优势。同样，近些年汉语对其他国家语言文化的包容以及汉语在世界范围内掀起的热潮也使得我国在国际贸易沟通过程中较为顺畅。

由此可见，语言发展和国际经济贸易的发展之间是相互影响、相互促进的。没有国际经济贸易活动的迅速发展，一国的语言也不可能迅速在国际上取得更高地位，也不可能大量吸收他国的文化，而一国在没有取得语言优势，即没有掌握国际通用语言的情况下，也很难在国际经济贸易活动中获得长足发展。

第二节　瓷器贸易所产生的语言文化对我国语言发展的启示

一、陶瓷语言文化发展中的融合现象

陶瓷文化的发展伴随着对世界各国语言文化的吸收与融合。在今天学者们了解的陶瓷文化当中，包含了每个朝代的独特审美，包含了各贸易国的文化反馈，也包含了其他文化赋予陶瓷的不同风格。美国学者本尼迪克说：“一种文化，就像一个人，或多或少有一种思想与行为的一致模式，每一文化之内，总有一种特别的，没必要为其他类型的社会分享的目的。在对这些目的的服从过程中，每一民族越来越深入地强化着它的经验，并且与这些内化力的紧迫性相适应，行为的异质项就会采取愈来愈一致的形式，当那些最不协调的行为被完全整合的文化接受后，他们常常通过最不可能的变化而使他们自己代表了该文化的具体目标。我们只有先理解那个社会的情感与理智的主要动机，我们才能理解这些行为所采取的形式。”

例如唐三彩。唐三彩陶瓷不仅在中国陶瓷史上，而且在中国文化史，中国社会史上都占有重要的地位。这不仅是因为它卓越的工艺成就，同时也因为它是中国封建社会发展最辉煌时期的一个符号，即盛唐的一个象征。然而这种符号和象征的内涵却并不单纯，因为唐三彩陶瓷除其制作的功用服务于厚葬这一点上属于中国汉族的传统文化习俗外，其他方面却是彻头彻尾的中国西域及伊斯兰文化的产物。我们知道，唐三彩的色彩充分地利用了天然矿物质的呈色性能，呈现出色彩斑斓的效果，所谓的三彩，实际上与后来所称的五彩一样，色彩不限于几种，所代表的含义也不是少数的意思，而是对多种色彩的一种概称。

三彩的色彩形式来源于伊斯兰文化中常用的繁复的装饰图案，在唐三彩器物装饰上，尤其引人注目的是用色彩组成图案的形式。这样的图案往往是用两种以上的色彩或交替装饰，或组成几何图案。不过，唐三彩陶瓷上也出现了单彩装饰，其中的蓝彩装饰就十

分典型。它单纯点染色彩的形式，其效果很像后来出现的青花装饰。唐三彩陶瓷以蓝彩作为装饰的例子屡见不鲜，然而大多数只是一种蓝彩的单纯点染，并没有什么具体的图案，即使是蓝彩点染或许也不是单纯的蓝彩装饰，而更像是着蓝彩的唐三彩半成品，或许这就产生了一种启发作用。蓝色为美传统上的确不符合汉民族的审美偏好，然而由于当时中国与周边伊斯兰国家瓷器贸易频繁，因此三彩也在我国逐渐发展起来。

又如珐琅彩。珐琅彩则是从铜胎画珐琅器物上移植而来，来源于铜器上的装饰原本浓重、热烈，移植到瓷器上则使瓷器原有华美风尚又上了一个台阶。铜胎画珐琅原本是一种西洋的工艺，它被移植到了瓷器上，一方面说明瓷器比画珐琅铜器在当时具有更为重要的审美和精神的功能，另一方面也反映出康熙帝对西洋科技的一种热衷。

康熙珐琅彩瓷是清代珐琅彩瓷的开端，它无疑有着与中国传统五彩很不相同的艺术特征，从珐琅彩瓷的创制初期就确定了其异化的风格特征。

康熙珐琅彩瓷在研制试烧过程中，先是以西方珐琅器作为参考仿效，然后再配合以中国传统陶瓷釉彩技术，因而具有非常显著的中西方工艺与艺术合璧的鲜明特征，而在过去中国传统彩绘瓷中，这种风格形式十分罕见，体现出了一种釉上彩瓷艺术新风，并使清代釉上彩瓷与之前的产生了显而易见的区别。

康熙珐琅彩瓷艺术新风的形成在于釉上彩工艺技术和绘制技法的全面引进与创新。在工艺技术方面，康熙珐琅彩瓷所使用的珐琅彩颜料完全是从西方进口的，绝大部分为西方传教士携带入宫，珐琅彩料的国产化也只是在雍正六年后的事情了。虽然彩料是由西方进口的，但胎釉制备却完全是国产工艺技术。康熙珐琅彩瓷所用瓷胎主要分为两种，一类是清宫内旧藏的明代永乐瓷盘，其他的则来自于景德镇官窑制作的素胎。在施釉方面，永乐瓷胎原有瓷釉，而景德镇官窑瓷胎却只在内里施釉，外面并没有施釉，也就是所谓的“反瓷”。造型上亦是中国瓷器传统式样的碗、杯、瓶等，因而，从工艺角度上来讲，珐琅彩瓷是中西工艺融汇的结晶，并因此确定了其中西合璧艺术新风的基调。

由于康熙珐琅料完全依赖进口，因而其彩绘技法亦基本模仿西方珐琅彩料施彩技法，西方传教士画家则担任技法传授与监制工作，这样就使得珐琅彩瓷绘制技法中融入了大量的西方绘制技法。康熙珐琅彩瓷以各色地为主，来自于对铜胎画珐琅的模仿，色料堆填较厚，玻璃质感强烈并有明显凸起感，绘制时运用了许多西方油画的明暗处理技法和透视技法，与中国传统五彩比较，显得更加细腻逼真。但从纹饰题材上来看，却均为中国传统花卉纹饰，其中以牡丹最为多见，其他为四季花卉、莲花、秋葵、罂粟、芙蓉等，都是中华民族喜闻乐见的纹样。康熙珐琅彩瓷纹饰风格与题材均由宫廷画师来制定，从其中西融汇的特色来看，反映出来的正是清代宫廷绘画的新趋势，反映出郎世宁等西方传教士画家在宫廷中已经确立了非常重要的地位，并使包括珐琅彩瓷在内的宫廷艺术均呈现出与传统彩绘的显著不同。

陶瓷文化反映着文化的一些普遍的特性。如一种文化因素在不同目的的文化整合中具有不同的意义，这就是说文化因素的价值具有相对性，而不具有绝对性。即使在一般情况下显得不那么重要的文化因素，在特殊条件下也能够释放出巨大的能量，成为体现目的性的重要因素。它既可以从属于一个有机的文化现象，也可支配一个有机的文化现象。显然，文化现象的内部各个因素之间是有内在联系的，这种联系把文化现象整合成一个统一体，而且这个统一体系统不是封闭的，而是处于动态当中吸收和吐出自己需要与不需要的因素。在陶瓷文化中，无论有怎样的原因，规模和程度，各种统一体都会随着时代的发展而不断发展。

就五彩瓷器来说，其工艺因素，或者说工艺条件自金元以后就开始具备，如色彩鲜明的釉上彩，逐步成熟的青花。但是这些工艺在明代嘉靖、万历年间却突然聚合在一起，形成一种新的工艺，即五彩，其原因不是偶然的。

在明代，特别是中期以后，由于社会危机日益严重，封建统治者日益为自己统治的权威性而担心。由于资本主义萌芽的发展带来了社会观念的变化，使士大夫感到自己的传统思维方式受到威胁，一时间从宫廷到社会，思想文化意识形成了儒、释、道并举，或者以三者的其中一者为主，其他两者为辅的局面。

明代嘉靖、万历时期，无论是当时封建统治的实际，还是瓷器工艺的面貌，都反映出强烈的道教色彩。嘉靖皇帝是明代皇帝中信奉道教最为强烈的一个。这种强烈表现在明代其他皇帝在信道的同时，亦兼顾理佛，并且把儒、释、道放在一个较为均衡的关系上；而嘉靖帝则打破了这种均衡，采取以道为主，理、佛为辅的方针，这样，这一时期的道教就显得较明代其他时期更为兴盛，甚至在某些方面达到造极的程度。嘉靖皇帝宠信方士，并授以高官厚禄。他不仅封给道士各种道教称号，而且加封离官给予良田，参与重要活动，并为了道士而排挤他人。

从记载来看，万历帝的信道事迹并不突出，与嘉靖帝相比更是无法并论，但是万历瓷器的特色表明，万历帝在精神实质上完全继承了嘉靖帝的精神追求，因而把明王朝一步步地推向灭亡。嘉靖、万历瓷器追求奢华、侈靡的格调到了无所复加的地步。在明清时期，这一点似乎只有清代乾隆时的瓷器可与之匹敌。

明代前期凡是封建统治者需要一种文化的氛围来慰藉精神世界时，瓷器中的青花和釉上彩工艺就十分发达，而且这两种彩饰就有机地结合在了一起，宣德和成化斗彩无不如此。到了嘉靖、万历时期，封建统治者还希望以这种文化氛围来为自己祝福，但他们这时候已经没有心思专注于文化修养，而是单纯借用前人的成果来为自己服务。嘉靖、万历时与弘治、正德时的瓷器的不同之处之一，就是摹仿成化斗彩瓷器，反映出对成化帝精神境界的向往。而五彩瓷器的发展更让人寻味：在明代，真正称得上五彩的实例就是嘉靖、万历五彩。其特点是彩饰繁多，并且青花也作为彩饰之一而得到应用，所谓的“青花五彩”即是指此。在明代中晚期，理学体系僵化保守，功利意识形成很大冲击的历史条件下，封建统治者虽有成化帝那样的追求，但已经无法静下心来欣赏精致的纹饰，而只有绚丽多彩才能满足精神的需求。也只有像嘉靖、万历皇帝那样精神极度空虚的帝王，才会用“五彩缤纷”的景象来填补自己的内心世界。嘉靖万历五彩的表现，说明嘉靖、万历时期的道教，不过是封建统治者为自己寻求精神寄托的一种手段而已，为使这种手段更加有效地为自己的精神境界服务，于是传统的所有反映繁荣兴旺的内容和形式，都来作为烘托。因此五彩这种彩饰并不是单纯的道教意味的形式表现，而是传统的“理藏”意味前来祝福的一种方式而已。

明代理学即明代中晚期出现的阳明心学以心即理，物则是其服务手段，而心则是“染静”，以贪为心，以贪为理。这样瓷器发展到明代中期，其装饰的总体趋势是愈加繁密，色调愈加俗艳，寓意愈加外露。明代中期后，王阳明的心学力图对理学进行改造。但王学之所以所不同于宋代陆学，就在于他集合了元代以来封建统治者的“心”路历程，并加以系统化，以求更有效地为封建统治者的“心”服务。因而王阳明的心学尽管掺入了禅宗，但“心”的本质已经确定。他的“致良知”和“知行合一”就是致天理，知就是行，就是求理于“吾心”。由于王学的“心”的本质已经确定，嘉靖、万历时，瓷器上不仅出现了渲染“五彩缤纷”的五彩，而且装饰空前密集，寓意空前外露、造型空前高大而烦琐。

五彩出现后，其生存和命运也十分令人瞩目。入清以后，五彩在康熙朝得到很大发展，但是其整合的过程与明代相比有所差异，这就是康熙五彩工艺虽然更为精进，但是不像明代中晚期那样反映的是宫廷审美格调的华美与庄重，而是反映民间审美的淳朴与率真。如“刀马人”一类纹饰的出现就是典型的例子，这说明明末清初之际的社会功利风尚及市井文化的发展对瓷器的审美风格深有影响。然而就整个中国封建文化体系和陶瓷文化的发展趋向来看，追求外在的形式因素已经成为主流，而且变得日益强烈，这一点即使是五彩也没有例外。这一趋向最后对五彩瓷器的整体作了否定，使它被珐琅彩和粉彩瓷器所代替。

值得注意的是陶瓷文化模式也是一定的社会经济发展的产物。如青花瓷器，如果仅仅作为蒙古族统治者信奉藏传佛教而对自我精神进行弘扬的寄托物，或许它永远不会成为我们今天所看到的青花瓷器的风貌。它的发展和成熟首先得益于元代畅通无阻的东西方贸易把中国与西域伊斯兰地区连成一体，得益于西域伊斯兰地区对于蓝彩瓷器的需求，这种需求又反馈回中国，逐渐融进了中国社会，中国的封建宫廷，直至中国百姓的生活中。明代永乐宣德青花的繁荣，更是当时明王朝日益走向成熟，社会经济得到发展的产物。如“明代初年，社会相对安定，洪武、永乐年间，除了原有的城市继续有所发展外，南北各地又出现了一批新的商业中心。成祖朱棣把首都从南京迁到北京以后，疏浚会通河，修整自济宁至临清的一段运河，畅通漕运，使运河沿线的一些城市也繁荣起来，居住于城市的政府官吏，大中地主和富裕商人，以及为这些人服务的各阶层的城市居民，都需要包括瓷器在内的手工业品。加之永乐三年（1405）至宣德六年（1431）郑和七次出使‘西洋’，促进了海外贸易的发展，刺激了手工业生产的繁荣，因此永乐、宣德年间瓷器生产出现了新的局面。”至于明代中晚期和清代前期瓷器发展的繁荣，更是商品经济的发展和资本主义萌芽的发展带来的直接结果。

由此可见，陶瓷文化在每朝每代的发展均受到当时主流思想与审美、中外文化交流的影响。而这种现象也不止在我国出现，其他地区的陶瓷文化发展也是如此。

以高丽为例，高丽青瓷颇具盛名，而青瓷主要是乡吏以上的贵族才能使用。就此而言，高丽青瓷文化与贵族文化紧密相连，由于高丽青瓷是按照贵族的需要而制作的，所以从器型看，高丽青瓷几乎都是酒壶、酒杯、花瓶、香炉、砚滴、笔筒、化妆盒、药盒以及宗教活动用品，充分表现出了高丽贵族的审美意识和奢侈生活，充满了“和寂之境”和“宗教境界”的精神追求。

高丽的贵族，多集中于开京。地方乡吏常常离开家乡继承其世袭的官职，或经过科举考试，获得文职或武职的特权。而决定高丽政治、经济、文化的主导势力，则是文职的高官贵族。因此，高丽文化以开京为中心获得发展，高丽贵族喜爱的青瓷，多集中在贵族生活所在地——开京，青瓷也就成了高丽贵族的文化象征。

如果说一种文化具有质与量的区别，那么，高丽的贵族文化强调的是质。换言之，高丽的贵族们是以“巧”和“美”作为检验文化的尺度的，并充分体现在精美的高丽青瓷上。对此，曾使创造青瓷的中国人大为赞赏。例如，徐兢的文章中有这样一句话：“陶器色之青者，丽人之翡色。”高丽人自豪地称自己民族烧制的青瓷为翡色瓷，徐兢又说：“器皿多以涂金或以银，而以青陶器为贵。”“近年以来，制作工巧，色泽尤佳。”

高丽青瓷的发展受到我国宋朝时期瓷器文化的影响。公元 11 世纪中叶是高丽文化史产生一大转机的时代。这一时期，由于辽兴宗（公元 1031 年—1054 年）实行和平的睦邻政策，辽、宋、高丽之间出现暂时的均势，高丽与宋朝的使节往来频繁，大量的宋朝文物流入高丽，这对高丽新文化的发展起到了促进作用。高丽文宗之子，即后来以德留名的高僧大觉师义天，公元 1084 年来到宋朝，汇集了庞大的佛教经典。公元 11 世纪前半叶已达艺术顶峰的中国宋瓷，在文宗时传入发展中的高丽，高丽陶瓷的胎质与釉色在宋瓷影响下获得提高。如果说公元 11 世纪后半叶高丽青瓷还处于粗质和灰青色的阶段，那么到了宋仁宗 11 年（公元 1133 年），高丽青瓷已经发展到高峰阶段。这时的青瓷、釉、胎都经过精选，出现高丽翡色的色调。这时的高丽青瓷大多与宋瓷相近似，纹样和造型几乎忠实地沿袭了北宋越州窑、龙泉窑、定窑等。比如，青瓷素纹瓶、青瓷牡丹卷草纹梅瓶，具有明显的北宋梅瓶的特点；高丽青瓷碗与定窑的白瓷造型极其相似；青瓷阳刻双龙纹体的纹样无疑在五代、北宋越窑青瓷中可以看到；青瓷瓜型花瓶具有定窑同类花瓶的特征。

在瓷器纹饰上，高丽瓷器也融合了我国部分陶瓷装饰。例如，公元 12 世纪前半叶“绘高丽”的造型和装饰极为规整精巧，其中青瓷铁锈花一部分描绘写实纹样，如桃花、牡丹、蔓草、芍药、鸟虫等。从多数造型为梅瓶以及口沿和底部装饰菊瓣纹的装饰带来看，明显受到了宋代磁州窑的影响。另一方面，凡是写实装饰的青瓷铁锈花，几乎都是氧化焰烧成的黄褐色系的青瓷。这进一步说明“绘高丽”是在宋瓷基础上发展而成，更有高丽的独特性。

还有一部分图案纹样的青瓷铁锈花，多为还原焰烧成，其牡丹碎卷草纹、菱花纹与宋代磁州窑的白釉黑花牡丹梅瓶非常近似。而菊花卷草纹梅瓶、杜丹莲花纹瓜型梅瓶、牡丹卷草纹碗，则与磁州窑和越州窑都有关联。可以说高丽青瓷铁锈花的装饰有一部分是独立发展起来的，还有一部分是模仿宋瓷而成的。

二、瓷器贸易所产生的语言文化交流与融合对我国语言发展的启示

（一）语言文化的传播依赖于经济实力和文化实力

由近代陶瓷贸易和文化的发展过程可知，我国语言和文化之所以能够在世界各区域广泛传播，掀起“中国热”主要是因为我国在陶瓷贸易中占据主导地位以及我国的陶瓷文化的独特魅力。

在很长一段时间内我国的陶瓷技术和陶瓷品类在国际上都是首屈一指，并且陶瓷产业的集群以及陶瓷产量的增长都为我国陶瓷贸易争取到了优势，即使是在欧洲、日本等地区进行工业革命之后，我国的陶瓷也仍然是世界陶瓷贸易中的主角。因此，我国的陶瓷以及陶瓷文化才会跟随东印度公司的商船，跟随欧洲殖民者的脚步逐渐传播到世界每个角落。而这也离不开我国陶瓷文化的“软实力”，中国陶瓷独特的青花、五彩等陶瓷文化在古代陶瓷史上几乎无可比拟，无人能超越的杰作，每一件器物、每一笔勾勒都能引起世界的赞叹。在漫长的岁月中，西方社会、东亚地区只能无数次的进行试验、模仿，以求能造出和中国瓷器相像的器物。而中国的瓷器文化也深深地融入世界各地的文化发展脉络中。

（二）汉语经济价值提升的策略

1. 重视汉语文化输出

随着信息时代和全球经济一体化的到来，国与国的竞争不仅表现在以经济和军事为主的硬实力竞争，同时也表现在以文化和科技为代表的软实力竞争。把汉语语言作为一个产业，按照市场化运作模式去经营，同时采用一系列配套措施，构建汉语产业链，办好汉语语言培训产业这一上游产业，尤其是孔子学院和国内留学生语言教育培训，从知识能力、技能、职业等方面满足教育消费者和教育服务贸易的需求，使他们能更好地接受汉文化，使其在以后的国际交往中减少摩擦和误解。此外，还要逐步提高办学档次，避免专业单一。同时要充分利用本地资源，培养优势语言产业，塑造文化名牌，重视语言产品创新和观念创新，不断提高汉语国际化水平，从而带动出版业、音像业、演艺业、外宣、外包、会展、旅游以及其他语言相关产业的融合，形成规模效应。譬如，书籍影像制品等教学材料的收益与语言教学机构的商业收益就能形成聚合效应，提升汉语的经济价值。

诚然，发展语言产业离不开竞争和协作，建构产业集聚是合理竞争的前提，没有集聚的竞争就是无序的纷争。同时不能忽略协作，因为没有协作中的竞争，产业链就不会延伸，产业的核心竞争力就会下降，其社会效益与经济效益就不可能取得满意的效果。在前文已探讨了汉语产业链延伸的可能性，在此基础上，以点带面，把汉语相关产业整合成有序的业务环节、保持完整的产业链、优势互补，最终形成具有强大系统集成能力

的集聚点，从而发挥出一致对外的优势，渗透到其他语种地域，尤其是那些能为我国带来巨大经济收益的国家与区域，有效地提升汉语的经济价值。

2. 提升我国的国际经济地位，优化处理国际交往中语言热的趋势

在全球化的今天，一切国际活动都紧紧相连，互相影响，提升中国在国际经济活动中的地位，能够促使各国将注意力更多地转移到中国，同时配合文化产品的输出和影响，使得国外的人们主动、自发地了解、学习我国语言。

从语言与经济的关系视角可知，语言热与经济的作用密不可分，既是一种语言规律，也是一种经济规律，遵循语言经济学的原理。“英语热”从20世纪英国的殖民扩张就起埋下了种子，在美国强大综合国力的助推下，已成国际大气候。英语全球化的时代已来临，各国为了最大化分享英语国家的经济发展成果以及科技、文化等方面的先进知识，将英语纳入其国民教育体系，不惜时间成本和资金成本，投资英语学习，尤其在中国，从个人到企业，对英语的重视程度已达高峰阶段，甚至有过头的趋势。目前，在国家指定的政策当中，各种层次的升学，英语占了很大比例；火爆的各种类型考试，英语水平的考查大多数情况下不可或缺；企业招聘对英语的要求也列为其中，即使与工种性质关联不大，英语也是重要的参照标准。“英语热”的现象司空见惯，迫使很多人在特别重视英语的同时忽略了汉语和汉语文化。然而，按照成本收益理论，高额成本的投入并未给予相应的市场化收益，这俨然是一种非理性行为。事实上，中国汉语已走向国际化，在很多异域语境中，可以不像往常一样总是做出语言的折中处理和方便性选择，培育汉语文化自觉性和自豪感，摈弃对英语语言与文化的盲目崇拜，避免外国人利用国人的这种追捧心态而进行的投机行为，如奢侈品进入中国境内就出现价格翻倍，且质量下降，服务得不到保证的非平等交易行为。因而，国家应制定长远的语言规划和语言政策，整合国内的外语教学、语文教学、民族语言教学、海外华文教学、对外汉语教学等资源，拓展汉语规划的国际视野，形成汉语规范的国际共建，与国外“汉语热”遥相呼应，大幅提升汉语在国内外的声望，提高国人的汉语水平，内外配合，合理引导国内“英语热”和国外“汉语热”的平衡发展。其次，加强外语教育规划方面的研究，对我国外语使用忽略需求的现状做深入调查，在掌握可靠详尽数据的基础上制定出科学的规划（胡文仲，2011）。最后，对于国外“汉语热”的现状不能过于乐观，很有必要冷静探究“汉语热”背后的深层次缘由和动机，在满足国外“汉语热”需求的同时，要优化处理国家“硬实力”和“软实力”的平衡，使得语言热形成良性互动，实现真正意义上汉语经济价值的加速提升。

中国的陶瓷外销史是一段珍贵的历史记录，这当中包含了贸易的发展与演化，包含了文化的传播、交流、碰撞以及融合，包含了语言的相互引进和相互融合，是研究贸易与语言关系的最佳依据之一。通过对中国瓷器出口历史的研究，我们也能了解贸易与语言文化发展之间的紧密联系。

参考文献

[1] 赵宏 . 中国陶瓷文化史 [M]. 北京：中国言实出版社，2015.

[2] 余春明 . 中国名片：明清外销瓷探源与收藏 [M]. 北京：生活 · 读书 · 新知三联书店，2011.

[3] 陈胜利 . 英语中的汉语借词研究：接触语言学视角 [M]. 北京：中国社会科学出版社，2016.

[4] 石云涛 . 中国陶瓷源流及域外传播 [M]. 北京：商务印书馆，2015.

[5] 李喜萍 . “东风西渐”话欧瓷 [J]. 收藏，2012（05）：42–51.

[6] 何志标，吕锡鹏 . 中国瓷器外销与“海上瓷器之路”发展的历史轨迹 [J]. 武汉船舶职业技术学院学报，2012，11（05）：21–25+35.

[7] 黄玉梅 . 中国古陶瓷对中欧文化交流的作用 [J]. 中国陶瓷，2010（11）：68–70.

[8] 陈良瑜 . 浅谈中国陶瓷发展史及现代陶瓷的发展前景 [J]. 陶瓷科学与艺术，2015，49（07）：16–18.

[9] 陈娟，李诗满 . 浅谈中国陶瓷发展史 [J]. 景德镇陶瓷，2014（01）：35–36.

[10] 紫玉 . 日本茶道中的“唐物名器”[J]. 收藏界，2014（08）：54–62.

[11] 张倩 . 从长沙窑外销瓷看唐宋之际陶瓷对外贸易模式的变化 [J]. 中国港口，2017（S1）：27–34.

[12] 刘立煌 . 景德镇里弄修补和里弄文化保护的意义研究 [J]. 景德镇学院学报，2017，32（04）：127–131.

[13] 李明松 . 日本陶瓷茶碗的地域性文化比较 [J]. 装饰，2008（11）：44–47.

[14] 彭明瀚 . 荷兰东印度公司与明清时期景德镇瓷器外销欧洲——贸易全球化视野下的景德镇瓷器文化研究之一 [J]. 南方文物，2013（01）：103–113+200–202.

[15] 张媄，马尔开 . 日本陶瓷的传承及文化特征（上）[J]. 艺术市场，2009（10）：68–69.

[16] 童琳玲，沈惠娟 . 从几个陶瓷术语的英译名看中国陶瓷对世界的影响 [J]. 中国陶瓷，2009，45（02）：37–38.

[17] 陆宇澄 . 从中欧瓷器之比较看欧洲瓷器的东方情结 [J]. 艺术百家，2009，25（06）：278–280.

[18] 吕金亮 . 浅谈英语构词法在扩充英语词汇量中的应用 [J]. 吉林工程技术师范学院学报，2010，26（01）：63–64.

[19] 胡真 . 宝地景德镇——从若干陶瓷术语译名来历看“宝”之所在 [J]. 广西轻工业，2010，26（12）：195–196.

[20] 翟培义 . 话说英语构词法 [J]. 初中生辅导，2007（30）：40–42.

[21] 李学建 . 谈谈英语构词法中的“嵌合法”[J]. 外语教学，1984（01）：25–27.

[22] 杨翠萍 . 谈英语构词法与扩大词汇 [J]. 华北工学院学报（社科版），2002（04）：75–76+83.

[23] 胡甦生，朱竹芳 . 陶瓷术语的文化内含与英语译名 [J]. 东岳论丛，2005（06）：196–197.

[24] 董少葵 . 粤方言中的英语借词研究 [J]. 广州师院学报（社会科学版），2000（06）：34–37.

[25] 余殊 . 陶瓷英语在景德镇陶瓷文化对外交流传播中的作用与影响 [J]. 文教资料，2014（03）：39–40.

[26] 胡娜，谢小燕，杨华连 . 瓷博会陶瓷展品名英译方法研究 [J]. 校园英语，2015（32）：242–243.

[27] 李知宴 . 十二至十四世纪中国瓷器的发展和外销 [J]. 中国历史博物馆馆刊，1992（00）：30–36.

[28] 叶俊士，詹嘉 . 历史上的中日陶瓷文化交流——专访景德镇陶瓷学院中外陶瓷文化交流研究中心主任詹嘉教授 [J]. 南宁职业技术学院学报，2016（06）：3–6.

[29] 王芳 . 文化自信视角下陶瓷文化的传承与发展——以景德镇陶瓷文化为例 [J]. 企业经济，2017（07）：162–166.

[30] 龙元祥 . 中外陶瓷文化交流研考——中日茶文化与吉州天目 [J]. 中国陶瓷，2006（05）：82–84.

[31] 黄年凤 . 从吉州窑瓷看南北陶瓷文化交流 [J]. 收藏家，2006（11）：13–16.

[32] 童光侠 . 明清时期的陶瓷输出与世界文化交流 [J]. 景德镇高专学报，2004（01）：1–4+13.

[33] 石宪 . 日本陶瓷文化之路——中朝陶瓷文化对日本的影响 [J]. 东方收藏，2012（08）：39–42.

[34] 刘阳 . 明清景德镇陶瓷对日本陶瓷文化的影响：回顾与反思 [J]. 黑河学刊，2014（02）：55+64.

[35] 杨晓燕，何怡 . 语言的“移植”：论法语词汇中的英语借词 [J]. 科教导刊（中旬刊），2014（07）：172–174.

[36] 刘晴 . 论日本陶瓷艺术中传统文化的体现 [J]. 中国陶瓷，2010（03）：71–73.

[37] 詹嘉 . 中国文化对日本陶瓷绘画的影响 [J]. 中国陶瓷，2006（01）：63–65.

[38] 龙元祥 . 中外陶瓷文化交流研考——中日茶文化与吉州天目 [J]. 中国陶瓷，2006（05）：82–84.

[39] 谢佳宾，张哲 . 英语借词对现代汉语构词法的影响 [J]. 重庆工学院学报，2006（06）：129–130+164.

[40] 郭艳 . 从语言接触看英语借词对汉语词汇的影响 [J]. 怀化学院学报，2008（03）：88–89.

[41] 张嫫，马尔开 . 日本陶瓷的传承及文化特征（下）[J]. 艺术市场，2009（11）：56–58.

[42] 关圆圆 . 试论日本陶瓷艺术中传统文化的体现 [J]. 艺术教育，2016（07）：184–185.

[43] 沈海泳，吕明，赵海博 . 日本陶瓷艺术的审美与餐饮文化 [J]. 设计，2016（12）：114–115.

[44] 王瑜 . 长沙窑陶瓷艺术和西亚文化交流 [D]. 景德镇：景德镇陶瓷学院，2013.

[45] 刘靖 .17、18 世纪中国陶瓷与法国文化艺术的交流 [D]. 景德镇：景德镇陶瓷学院，2009.

[46] 牟晓林 . 海外需求对明清景德镇瓷器的影响 [D]. 北京：中国艺术研究院，2014.

[47] 滕雅竹 . 环渤海地区宋元时期瓷器贸易与交流 [D]. 吉林：吉林大学，2016.

[48] 李秋菊 . "中国—法国式"：从洛可可艺术审美看明清瓷器文化的渗透 [D]. 武汉：华中师范大学，2012.

[49] 许婷婷 .11–19 世纪中国陶瓷文化在东南亚的传播及其影响 [D]. 景德镇：景德镇陶瓷学院，2013.

[50] 叶茹飞 . 文明的对话与互动 [D]. 北京：中国艺术研究院，2014.